DOCUMENTA MISSIONALIA - 12

(STUDIA MISSIONALIA - DOCUMENTA ET OPERA)
FACULTAS MISSIOLOGICA - PONT. UNIVERSITAS GREGORIANA

L'EXPERIENCE DE LA CONVERSION
CHEZ LES BASOTHO

JEAN-LOUIS RICHARD, O.M.I.

UNIVERSITÀ GREGORIANA EDITRICE - ROMA - 1977

Imprimi potest: Romae, die 28 Octobris 1977 - R. P. Hervé Carrier, *Rector Universitatis*

Con approvazione del Vicariato di Roma in data 31 Ottobre 1977

Typis Pontificiae Universitatis Gregorianae — Romae

A Mgr Joseph-Cyprien Bonhomme, o.m.i. († 1973),
vicaire apostolique du Lesotho de 1933 à 1947,

et

à Mgr Emmanuel 'Mabathoana, o.m.i. († 1966),
évêque de Leribe de 1952 à 1961
et archevêque de Maseru de 1961 à 1966,

je dédie respectueusement cette thèse
en témoignage d'admiration et de reconnaissance
pour leur contribution décisive à l'oeuvre
de l'implantation de l'Eglise du Lesotho.

Qu'il me soit permis de remercier tous ceux qui m'ont aidé et encouragé tout au long de l'élaboration de ce travail. Ma reconnaissance va à l'Université Grégorienne, en particulier au Révérend Père Joseph Masson, s.j., qui, avec beaucoup de diligence et d'attention, a stimulé et dirigé ma recherche.

Je tiens également à remercier la Congrégation des Missionnaires Oblats de Marie Immaculée qui m'a libéré de toute occupation pour la réalisation de cette thèse, et tous les missionnaires du Lesotho sans qui ce travail eût été impossible.

INTRODUCTION

En 1955, alors tout jeune missionnaire, nous proposions à nos supérieurs religieux d'entreprendre d'écrire l'histoire de l'Eglise au Lesotho. Le centenaire de la fondation de la mission approchait [1] et il nous semblait que le temps était venu de tenter une appréciation du travail accompli. Malgré tout l'intérêt qu'ils manifestèrent pour le projet, ils jugèrent que les circonstances ne le permettaient pas. Dix-sept années de travail missionnaire au Lesotho, dont quinze dans les montagnes, devaient se passer avant que le projet ne reprenne vie. Encouragé par les déclarations contenues dans le décret *Ad Gentes* de Vatican II sur la nécessité de la recherche missiologique en fonction tant des problèmes doctrinaux que de l'activité missionnaire concrète, [2] et stimulé par les transformations rapides que connaissait l'Eglise du Lesotho, nous proposions de nouveau à nos supérieurs, en 1972, d'entreprendre des recherches sur l'expérience missionnaire en ce pays. Cette fois, la proposition fut acceptée.

Ces dix-sept années de vie missionnaire ne furent pas sans avoir une grande influence sur l'orientation que devait prendre la présente recherche. Au cours de ces années, il nous a été possible d'en venir à connaître, bien qu'imparfaitement et sans aucune préoccupation scientifique, non seulement la langue mais aussi la culture, la mentalité et les valeurs des Basotho. Grâce à ces connaissances, les contacts avec les Basotho ne se faisaient plus par l'intermédiaire de tierces personnes ou par le moyen des seuls écrits. Nous pouvions communiquer directement avec eux et les voir vivre comme de l'intérieur. Cette participation prolongée à leur vie nous a fait comprendre que, dans toute recherche missionnaire portant sur des expériences concrètes, l'élément primordial n'était pas d'abord le missionnaire mais le peuple chrétien. C'est lui qu'il fallait voir vivre pour connaître cette Eglise locale. Ces années nous ont aussi mon-

---

[1] Come on le verra au chapitre II, la mission catholique du Lesotho fut fondée en février 1862.

[2] Le décret *Ad Gentes,* no. 26 et 34.

tré qu'aucune étude relevant de l'ordre de l'expérience, ne pouvait être faite sans la participation active des chrétiens eux-mêmes. Le rôle qu'ils avaient joué dans la solution de nombreux problèmes de l'Eglise, montrait qu'aidés convenablement, ils pouvaient fort bien réfléchir sur les expériences chrétiennes qu'ils avaient vécues. Il fut donc décidé dès le début de la recherche que les convertis y participeraient activement et d'une façon prioritaire.

D'autre part, ayant oeuvré presque toujours dans le domaine de l'éducation, sans que pourtant les contacts constants et immédiats avec les missionnaires et le peuple soient coupés, il nous a été possible d'observer le développement de l'Eglise du Lesotho, non pas de l'extérieur, mais d'un point de vue différent de celui des missionnaires engagés dans l'évangélisation directe des Basotho. Il nous était plus facile d'observer le développement du fait chrétien. La complexité et la diversité des phénomènes missionnaires devinrent vite évidentes. Il n'était plus possible de songer à aborder directement l'ensemble des expériences chrétiennes de ce pays. Il fallait choisir et procéder par étapes. Ainsi, après avoir considéré de nombreux aspects de la vie chrétienne des Basotho, nous nous sommes finalement arrêté à celui de la conversion. Et encore, ne pouvait-il être question d'étudier la conversion dans son ensemble mais uniquement dans sa phase initiale, c'est-à-dire d'étudier la conversion en tant qu'elle est l'acte d'adhésion à la foi. Ainsi, le travail d'analyse et d'évaluation de l'expérience chrétienne des Basotho commencerait par ce point bien précis qui est important non seulement parce qu'il nous fait remonter à l'origine de cette expérience mais aussi parce qu'il nous donne des indications précieuses sur l'orientation qu'elle prit.

Une fois l'objet de la recherche déterminé, il fallait préciser les méthodes de travail qui en guideraient le développement. Le choix des méthodes fut imposé par l'objet même de la recherche. Il s'agissait d'étudier un phénomène concret de caractère religieux et chrétien. En tant que phénomène religieux historique, deux démarches s'imposaient. La première consistait à le situer dans le temps et à en reconstituer la genèse tant par rapport aux Basotho que par rapport aux missionnaires afin de savoir quand, où et comment il avait été vécu. Mais l'approche historique seule ne suffisait pas car, d'elle-même, l'histoire ne peut nous donner la structure et la signification religieuse du phénomène. Pour découvrir ce qu'a été et ce qu'a signifié pour les Basotho cette expérience religieuse, il fallait recourir à une méthode d'analyse empirique assez semblable à celle utilisée dans l'analyse phénoménologique des expériences religieuses où, tout en se servant des données de l'histoire, le chercheur se concentre sur le phénomène vécu lui-même pour en découvrir la structure et la signification. [3] Comme la méthode est empirique, les techniques utilisables pour son application devaient l'être également. Pour la présente recherche, nous nous sommes servi presque exclusivement de la technique de l'observation et de celle de l'interview. Grâce à l'emploi de ces techniques, les missionnaires et les chrétiens purent participer directement à la recherche

L'histoire et l'analyse empirique ne suffisaient cependant pas. L'objet de la recherche est un phénomène chrétien. Or ces deux approches, si elles nous permettaient de découvrir comment le phénomène était né, ce qu'il fut et ce qu'il avait signifié pour les Basotho, ne pouvaient rien nous dire sur sa valeur et sur sa signification chrétienne plénière. Aussi, à l'analyse historico-phénoménologique, fallait-il joindre l'analyse théologique afin de savoir par la révélation, la tradition et le magistère ce qu'est véritablement cette expérience voulue par Dieu. Grâce à l'analyse théologique nous pouvions, d'une part, obtenir les normes d'évaluation du phénomène concret et particulier de la conversion des Basotho, et d'autre part, procéder à son évaluation même. [4]

Ainsi, indirectement, cette recherche pourrait servir à démontrer aussi bien l'insuffisance de l'emploi isolé et séparé de ces trois méthodes de travail pour l'analyse d'un phénomène chrétien que la nécessité de leur emploi conjoint et subordonné pour arriver à des résultats valables. L'analyse théologique est nécessaire et irremplaçable pour savoir ce que doit être un expérience chrétienne donnée mais elle est incapable de dire ce que fut, en fait, cette expérience concrète. De même les analyses historiques et empiriques disent ce que fut et ce qu'a signifié pour les personnes impliquées une expérience religieuse donnée mais elles sont incapables d'en juger ou d'en donner pleinement la signification chrétienne. Par contre, si les résultats de ces trois analyses différentes sont mis en rapport, il est possible non seulement de décrire l'expérience et d'en donner la structure, mais également d'en déterminer la signification plénière

---

[3] Mariasusai DHAVAMONY, *Phenomenology of Religion,* Rome, Gregorian University Press, 1973, pp. 13-27.

[4] M. J. CONGAR, *Théologie, IIIe partie, Problèmes de structure et de méthode,* dans *Dictionnaire de Théologie Catholique*, T. XV, première partie, col. 462-483.

et de l'évaluer en tant qu'expérience chrétienne. La présente recherche pourrait donc être pour les missionnaires qui se sont engagés
sur cette voie, une occasion de juger de la valeur et de la nécessité
de l'emploi conjoint de ces trois méthodes de travail pour l'analyse
des phénomènes chrétiens en pays de mission.

En raison de son objet, le présent travail pourrait sembler
présenter un intérêt restreint. Il n'y est question que des Basotho
qui sont peu connus et qui comptent peu sur la carte politique et
économique de l'Afrique. Le Lesotho chrétien fait cependant partie
de l'ensemble du phénomène chrétien de l'Afrique contemporaine;
à ce point de vue, son apport est significatif. La divulgation de ce
qui s'est passé au Lesotho, pourra aider à mieux connaître le développement de la christianisation de l'Afrique. Plus les expériences
chrétiennes des différentes parties de l'Afrique seront connues, plus
il sera facile de les comparer et de voir la signification qu'elles
eurent pour les africains.

Le travail fut cependant conçu principalement en fonction de
l'Eglise du Lesotho. Pour qui a vécu et travaillé en ce pays, il est
évident que Dieu y a accompli de grandes choses aux points de vue
chrétien et ecclésial. Une jeune Eglise forte y vit. Il convenait de
faire connaître ce travail de la grâce divine. Mais il s'imposait également d'aider l'Eglise du Lesotho à mieux se connaître, à mieux
évaluer ce que Dieu et le Christ avaient fait pour elle, et à mieux
voir comment Leur être totalement fidèle.

Par cette étude, nous avons voulu aussi faire oeuvre utile pour
la Congrégation des Missionnaires Oblats de Marie Immaculée. Fondée en 1816 dans le but principal de prêcher des missions dans les
paroisses populaires du sud de la France, la congrégation des Oblats
ne s'ouvrit que lentement à l'idée de pousser l'évangélisation jusqu'en
milieu non-chrétien. Son fondateur, Mgr Eugène de Mazenod, qui
le désirait pourtant ardemment, savait qu'il valait mieux attendre
que les desseins de la Providence se manifestent par la voix du Pape
ou d'évêques missionnaires en détresse. [5] Lorsque les signes de l'Esprit se manifestèrent, il les accueillit avec foi et détermination, et
lança sa congrégation dans le travail missionnaire. Il fonda la première mission étrangère, celle du Canada, en 1841. En 1852, il acceptait la mission de l'Afrique du Sud. Ce nouveau territoire, qui

---

[5] Jean LEFLON, *Eugène de Mazenod, Evêque de Marseille, Fondateur des Missionnaires Oblats de Marie Immaculée, 1782-1861*, Tome III, *L'oeuvre pastorale et missionnaire, adaptation et extension, 1838-1861*, Paris, Plon, 1965, pp. 129-133.

comprenait le Lesotho actuel, lui causa beaucoup de soucis en raison
des échecs nombreux que connurent les pères auprès des Zoulous.
Mais, au soir de sa vie, prophétiquement inspiré, il encouragea ses
missionnaires en les assurant que le moment viendrait où la grâce
miséricordieuse de Dieu ferait une sorte d'explosion et leur Eglise
cafre se formerait. [6] L'histoire missionnaire des Oblats est donc
relativement courte. Elle a commencé il y a à peine plus d'un siècle.
Dans cette histoire, l'Eglise du Lesotho tient une place privilégiée.
Dieu l'a voulu ainsi, les Oblats ont été les seuls prêtres missionnaires venus de l'étranger à avoir travaillé au Lesotho depuis la
fondation de cette Eglise jusqu'à ces dernières années. Ainsi, Dieu
les a-t-il choisis pour qu'ils soient les instruments de l'implantation
de l'Eglise au Lesotho. Pour une très large part, cette Eglise est ce
qu'elle est en raison du travail des Oblats. Ils en ont été les inspi-
rateurs, les guides et les bâtisseurs. Pour les Oblats, l'Eglise du
Lesotho possède donc une signification bien particulière. Elle est sans
doute la seule Eglise particulière qu'avec la grâce de Dieu, ils ont
contribué à édifier de ses fondations à son sommet et qui s'étend
aux dimensions de tout un peuple. Ce travail voudrait être un témoignage d'admiration et de reconnaissance pour tous les missionnaires, d'hier et d'aujourd'hui, qui, pendant plus de cent ans, souvent malgré des moyens humains insuffisants, ont été les instruments
zélés de la grâce de Dieu en ce pays. Ce travail voudrait également
contribuer à l'effort actuel d'évaluation des diverses expériences
missionnaires oblates. Il est nécessaire de connaître la valeur de
l'évangélisation du Lesotho faite par le Oblats.

La recherche se divise en trois parties. La première traite de
l'histoire du Lesotho et de l'histoire de l'Eglise en ce pays (chapitres
I et II). La deuxième partie est entièrement consacrée à l'analyse
empirique de l'expérience de la conversion chez les Basotho (cha-
pitrs III, IV, et V). La dernière partie, enfin, contient l'analyse
théologique de la conversion et l'évaluation de l'expérience de la
conversion des Basotho (chapitres VI et VII).

---

[6] Lettre de Mgr Eugène de Mazenod au Père Joseph Gérard, o.m.i., 4 septembre
1860, citée par Jean LEFLON, op. cit., p. 705.

CHAPITRE PREMIER

LE LESHOTO ET SON HISTOIRE

Les transformations politiques et sociales que connurent les Basotho au cours des dernières cent cinquante années, ont été vécues au moment même où ils s'ouvrirent à la foi et devinrent un peuple chrétien. Il ne saurait être question de faire cette double histoire politique et religieuse. Mais l'ignorer totalement rendrait difficile une juste appréciation du phénomène de la conversion chez les Basotho. Cela pour deux raisons. Au contraire des Zoulous, les Basotho sont peu connus en dehors des frontières de l'Afrique du Sud et, forcément, leur histoire est inconnue du plus grand nombre. D'autre part, en raison même de leur contemporanéité, les mutations politiques et religieuses de cette période s'entremêlent sans cesse, agissent les unes sur les autres et sont provoquées par les mêmes hommes qui en sont eux-mêmes fortement influencés.

Plus importante encore que l'abrégé historique proposé, est l'analyse du rôle de certains facteurs historiques et culturels dans l'évangélisation, tant du côté des Basotho que de celui des missionnaires qui leur ont annoncé l'évangile. Certains faits historiques tout comme certains traits culturels ont retardé et desservi la cause de l'évangélisation. D'autres, au contraire, lui ont été favorables et l'ont fait progresser, parfois rapidement. [1] Replacé dans son contexte humain intégral, l'expérience de la conversion chez les Basotho laissera plus facilement percevoir sa vérité, sa grandeur et ses limites.

Tel sera l'objet des deux premiers chapitres. Dans le premier, après avoir situé les Basotho géographiquement et avoir tracé les grandes lignes de leur histoire, on indiquera les faits historiques et les traits culturels qui ont joué un rôle, tant positif que négatif, dans leur adhésion au Christ et à son Eglise. Dans le second, après un aperçu rapide de l'histoire de l'Eglise au Lesotho, on s'arrêtera

---

[1] A titre d'exemple, qu'il suffise d'indiquer l'influence qu'eut sur l'évangélisation l'unification territoriale et culturelle du Lesotho.

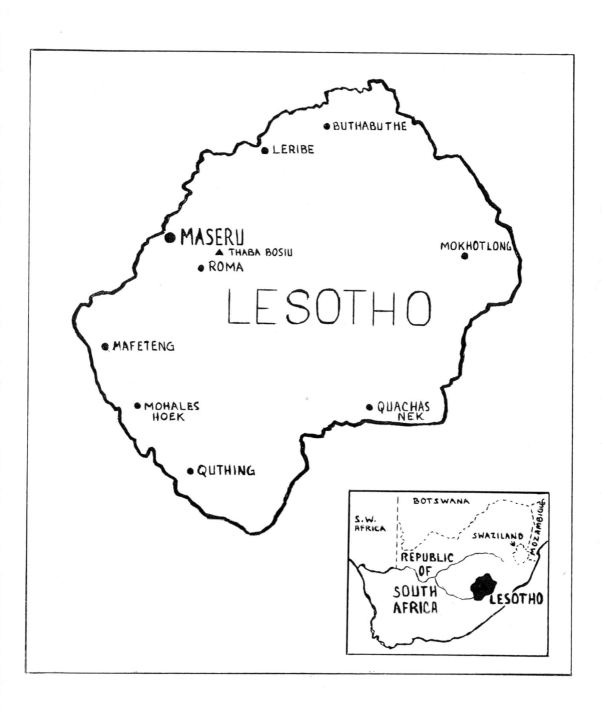

à l'apport des missionnaires étrangers pour montrer ce qui, chez eux, tant aux points de vue historique et culturel que méthodologique, a pu faire obstacle à l'évangélisation ou, au contraire, a pu la favoriser et l'accélérer.

I - LE PAYS

De 1843 à 1869, à la suite de traités qui leur furent toujours défavorables, les Basotho durent renoncer à leurs meilleures terres et se replier graduellement sur la minuscule enclave qu'ils occupent aujourd'hui. [2] D'une superficie de 30.344 kilomètres carrées, [3] le Lesotho est complètement encerclé par la République de l'Afrique du Sud, soit au nord et à l'ouest par la province de l'Etat Libre d'Orange, au sud et au sud-est par celle du Cap, et à l'est par celle du Natal. [4] Au premier abord, le pays semble être tout en montagnes. Cette impression n'est que partiellement fausse car, sauf pour un haut plateau situé à 1.600 mètres d'altitude, qui occupe le tiers du pays et est coincé entre la rivière Calédon et les montagnes, tout le reste du pays est formé de deux chaînes de montagnes, les Drakensberg et les Montagnes bleues, dont l'altitude varie entre 2.800 et 3.500 mètres. Sauf le Vaal, tous les fleuves et les grandes rivières de l'Afrique du Sud ont leurs sources dans ces montagnes. Aussi l'eau compte-t-elle comme la ressource naturelle la plus importante du pays. [5]

Depuis Lagden, [6] on aime appeler le Lesotho la Suisse de l'Afrique du Sud. Le croire serait se tromper. Bien que le climat soit sain dans cette région montagneuse, le sol est usé par l'érosion et les moyens de communications sont rudimentaires. Les routes sont plu-

---

[2] 1843, traité Napier; 1845, traité Maitland; 1848, la Proclamation de la Souveraineté de la Rivière Orange; 1849, la Proclamation de la ligne Warden; 1849, la Convention d'Aliwal.

Jusqu'à l'indépendance, en 1966, le Lesotho s'appelait le Basutoland. Dans cette étude, seul le nom de Lesotho sera employé. Tous les livres et les études qui traitent du Basutoland, concernent donc le Lesotho.

[3] *Lesotho*, British Information Services, London, 1966, p. 3.

[4] Aimé ROCHE, o.m.i., *Clartés Australes*, Lyon, Ed. du Chalet, 1951, p. 14.

[5] Jack HALPERN, *South Africa's Hostages, Basutoland, Bechuanaland and Swaziland*, Harmondsworth, Penguin Books, 1965, pp. 199-201.

[6] Sir Godfrey LAGDEN, *The Basutos, the Mountainers and their Country, being a narrative of the events relating to the tribe from its formation to the present day*, London, Hutchinson and Co., 1909, vol. I, pp. 4-6.

tôt des pistes, les rivières des torrents au fond de vallées encaissées, que peu de ponts permettent de franchir. La montagne est nue et improductive. La neige, la grêle et les gelées intempestives anéantissent deux récoltes sur trois. Mal distribuées et souvent destructrices, le pluies n'arrivent pas à vaincre le spectre de la sécheresse. [7] Malgré la conviction contraire des Basotho, le pays offre peu de perspectives favorables à l'agriculture. Plus prometteuses semblent être les possibilités pour l'élevage en raison des riches pâturages de la montagne. Excepté quelques gisements de diamant, aucun minerai en quantité exploitable n'a encore été découvert.

La population elle-même est très inégalement distribuée. Du million de Basotho que compte le pays, près des deux tiers vivent sur le haut plateau qu'ils appellent la « plaine ». [8] Dans ses limites actuelles, le Lesotho est trop petit et trop déficient en ressources naturelles pour soutenir sa population. [9] De là vient la nécessité pour presque tous les hommes d'aller travailler dans la République de l'Afrique du Sud. [10] Si les Basotho quittent leur pays pour pouvoir survivre, celui-ci n'en exerce pas moins un attrait certain sur plusieurs. Impressionnés par son excellent climat, son ciel pur et sa sauvage beauté, les touristes y viennent de plus en plus nombreux. Mais l'attrait le plus significatif n'est pas de cet ordre. Il est politique. Si les Basotho souffrent des frontières qu'on leur a imposées, beaucoup d'africains de l'Afrique du Sud désirent aller au Lesotho pour y recouvrer une liberté perdue, et rêvent de s'en servir comme d'une base de départ pour la libération de leurs congénères. [11]

---

[7] François Mairot, o.m.i., *Longue et laborieuse naissance*, dans *Vivant Univers*, no. 284, 1973, p. 2.

[8] Hugh Ashton, *The Basuto*, London, Oxford University Press, 1955, p. 1.

[9] *The Oxford History of South Africa*, I, *South Africa to 1870*, edited by Monica Wilson et Leonard Thompson, Oxford, Clarendon Press, 1969, p. 271. Dans les notes qui suivent, cette étude sera citée par l'abréviation suivante: *Oxford History of S.A.*

[10] Jack Halpern, *op. cit.*, pp. 111-113, 236-239. Ce problème sera étudié plus à fond aux pages 19-23.

[11] Jack Halpern, *ib.*, pp. 3-49; 459-460.

II - Aperçu historique

1. *Les* Lifaqane, *1820-1830*

A la suite de migrations qui durèrent des siècles, [12] les Basotho [13] s'établirent le long de la rivière Calédon au XVe siècle et y vécurent dans une paix relative pour plus de trois siècles. Mais brusquement, vers 1820, s'ouvrit l'ère tragique des *Lifaqane* ou des grandes calamités, qui durèrent dix ans et décidèrent de l'avenir des Basotho comme nation. [14] Cette période de crises, de massacres et de migrations massives, fut provoquée par Chaka et ses armées de Nguni qui se lancèrent à la conquête de ce qu'est aujourd'hui le Natal, et à la destruction des clans ennemis. Au début de ces guerres, les Bashoto ne formaient pas une nation, mais étaient divisés en plusieurs clans indépendants dont les principaux étaient ceux des *Bafokeng* (les gens de la rosée), des *Batlokoa* (les gens du porc-épic) et des *Bakoena* (les gens du crocodile). Peu belliqueux, mal organisés militairement et jaloux de leur liberté respective, les Basotho souffrirent de désastreux revers aux mains de Chaka et de ses soldats. Même les *Batlokoa* qui étaient les plus braves, ne réussirent pas à opposer une résistance efficace contre l'avance zouloue. Les envahisseurs capturaient le bétail et les récoltes, brûlaient les villages et massacraient hommes, femmes et enfants. Le pays fut vite dévasté et les Basotho acculés à la misère et à la famine. [15] Aux invasions nguni, s'ajoutèrent les razzias des Korannas qui capturaient ce qui restait encore de troupeaux. Ne connaissant pas encore le cheval et l'arme à feu, lorsqu'ils virent les Korannas ainsi équipés, les Basotho ne surent que faire et mirent du temps à mettre au point une stratégie qui leur permettrait de vaincre. [16] Les Basotho semblaient voués à la destruction.

[12] La meilleure étude sur cette période se trouve dans *Oxford History of S.A.*, vol. I, pp. 75-179.

[13] On les appelle les Basotho du sud. Mais comme il n'y a aucun danger de confusion avec les Basotho des autres régions en raison des limites précises du présent travail, il ne sera question que des Basotho.

[14] *Oxford History of S.A.*, vol. I, pp. 391-405. D. Fred ELLENBERGER, *History of the Basuto, Ancient and Modern*, written in English by J. C. Mcgreggor, London, Caxton Publishing Co., 1912, pp. 117-234.

[15] D. Fred ELLENBERGER, *op. cit.*, p. 217. C'est durant cette période qu'apparut le fléau du cannibalisme. Selon Ellenberger, de 1822 à 1831, au moins 100.000 Basotho auraient été mangés.

[16] D. Fred ELLENBERGER, *ib.*, p. 212. Les Basotho ont pourtant aujourd'hui la réputation d'être les meilleurs cavaliers noirs de l'Afrique du Sud.

Comme il arrive parfois dans l'histoire des peuples, ces circonstances permirent à un homme exceptionnel de s'imposer et de sauver la nation. Cet homme fut Moshesh. Fils d'un petit chef sans
importance du clan des Bakoena, il était doué d'une grande intelligence, d'astuce, de courage et d'autorité. Formé auprès de Mohlomi,
le grand sage des Basotho au siècle dernier, [17] il comprit que les
Basotho ne survivaient que si, à la force et au courage, ils savaient
allier la prudence et la souplesse nécessaire à la négociation, et que
si, à la division, faisait place l'unité. En 1824, établissant sa forte-
resse à Thaba Bosiu (la montagne de la nuit), Moshesh put, à partir
de ce jour, résister aux attaques. Il combattit avec succès ses ennemis plus faibles que lui et apaisa ceux qu'il savait invincibles,
tels que Chaka et Dingaan, en leur payant tribut. Il se montra
magnanime envers les vaincus et reçut tous ceux qui accoururent
vers lui et acceptèrent son autorité. Les Basotho reconnurent vite
les qualités de l'homme et les avantages de sa politique. En 1831,
les invasions cessèrent et tous les clans, sauf celui des Batlokoa, se
rangèrent sous son autorité. La nation des Basotho venait de naître. [18] C'est à la fin de ces guerres que Moshesh demanda et obtint
les premiers missionnaires chrétiens du Lesotho. Le 28 juin 1833,
en effet, arrivaient à Thaba Bosiu les trois premiers missionnaires
protestants français. [19]

2. Conflits entre les Basotho et les Boers, 1842-1868

Les *Lifaqane* venaient à peine de prendre fin qu'un nouveau
danger apparut, celui des colons blancs. En 1836, en effet, commençait le grand *trek* des Boers qui, fuyant l'autorité anglaise de
la Colonie du Cap pour retrouver leur liberté, traversèrent le fleuve
Orange et les Drakensberg. Un bon nombre d'entre eux se fixèrent
sur le territoire de Moshesh, dans la vallée du Calédon. [20] Très tôt,
un malentendu qui durera toujours embrouilla les relations entre
les Basotho et les Boers. Il était d'importance puisqu'il portait sur
les droits d'occupation de la terre. Pour le chef, la terre, qui est
un bien inaliénable, ne pouvait être vendue ni donnée. Par contre,
les colons prétendaient l'avoir acquise en échange de présents, ordi-

---

[17] D. Fred ELLENBERGER, *ib.*, pp. 95, 96.
[18] *Oxford History of S.A.*, vol. I, pp. 398-400.
[19] V. ELLENBERGER, *Un Siècle de Mission au Lessouto (1833-1933)*, Paris, Société des Missions Evangéliques, [1933], p. 11.
[20] *The Oxford History of S.A.* vol. I, p. 496.

nairement de peu de valeur, faits au chef. [21] Certains colons ne reconnaissaient même pas l'autorité du chef. Les conflits apparaissaient
inévitables. Moshesh, comprenant le danger qui menaçait son peuple,
se savait incapable de faire face seul à la puissance des blancs. Il lui
fallait un allié capable d'imposer une solution juste et durable au
problème. Certainement conseillé et encouragé par les missionnaires
français, [22] Moshesh décida, en 1842, de demander l'intervention directe des autorités anglaises du Cap afin que lui et son peuple soient
placés sous la protection du souverain britannique. [23] Plusieurs facteurs rendirent difficile la réalisation du projet. Malgré sa prospérité et sa puissance, l'Angleterre poursuivait alors une politique im-
périale de désengagement et de retranchement en Afrique. On était
opposé à toutes responsabilités nouvelles, surtout si elles imposaient
des dépenses budgétaires. [24] A plus d'une reprise, le gouvernement
impérial dut se libérer d'obligations contractées par des officiers colo-
niaux trop entreprenants. [25] D'autre part, Moshesh, malgré toutes
ses craintes et ses difficultés, ne voulait pas que son pays devienne
une colonie. Il a toujours demandé de rester le chef de son peuple
et il désirait que le souverain anglais exerce sa protection par son
intermédiaire et non directement. [26] De plus, Moshesh développa
rapidement une certaine méfiance à l'endroit des officiers anglais.
Il vit que les traités et les alliances n'étaient pas toujours respectés
et que, la plupart du temps, les accords favorisaient non son peuple
mais les colons. [27] Malgré ses craintes et ses réticences, Moshesh
rechercha l'alliance avec l'Angleterre pour sauver son peuple.

L'alliance proposée par Moshesh en 1842, fut favorablement
accueillie par les autorités du Cap et en 1843, le gouverneur, Sir
George Napier, soumit un projet de traité à Moshesh qui l'accepta
tout en laissant clairement entendre son mécontentement. La protection demandée ne lui était pas formellement garantie et les
frontières du pays n'étaient que vaguement fixées par le traité et

---

[21] Jack HALPERN, op. cit., p. 67.
[22] Les relations étroites de Moshesh avec les missionnaires français de l'époque
et le fait que plusieurs communications officielles entre Moshesh et les autorités du
Cap furent rédigées en français montrent clairement l'importance du rôle des missionnaires dans cette affaire. Voir Sir Godfrey LAGDEN, op. cit. vol. I, pp. 65-68.
[23] Sir Godfrey LAGDEN, op. cit., vol. I, p. 68.
[24] Oxford History of S.A., vol. I., p. 368.
[25] Oxford History of S.A., vol. I, p. 416.
[26] Sir Godfrey LAGDEN, op. cit., vol. I, pp. 314-315.
[27] Oxford History of S.A., vol. I, p. 443.

ne correspondaient pas à ce qu'il revendiquait. [28] En 1845, Sir Peregrine Maitland, le nouveau gouverneur du Cap, et Moshesh signèrent un nouveau traité qui était encore plus onéreux que le premier pour les Basotho. Il faisait du Leshoto une colonie anglaise, ouvrait son territoire aux colons et ne clarifiait en rien la question des frontières. Le seul avantage se limitait à la garantie d'une protection hypothétique car tous savaient que le gouverneur ne disposait d'aucun moyen pour remplir ses obligations. [29]

La proclamation de la Souveraineté Anglaise de la Rivière Orange par Sir Harry Smith, le 3 février 1848, qui par un seul acte d'autorité étendait la domination anglaise du fleuve Orange au fleuve Limpopo, accentuait encore davantage le caractère colonial de tous les territoires incorporés. [30] Pour régler la question des frontières, le gouvernement du Cap envoya au Lesotho un officier, Warden, pour en faire le relevé topographique. Les résultats de son enquête furent désastreux pour les Basotho. Influencé par les Boers et par certains vassaux ambitieux de Moshesh, il décida d'enlever aux Basotho presque tout le territoire à l'ouest du Calédon, soit plus de cent kilomètres d'excellente terre arable. Moshesh fut forcé d'accepter ce nouveau partage mais les Basotho étaient déterminés à n'en pas tenir compte. [31] Les conflits commencèrent aussitôt à se multiplier et dégénérèrent en guerre après qu'en 1854, l'Angleterre, fidèle à sa politique de tergiversations, eut abandonné la Souveraineté de la Rivière Orange et, en conséquence, le Lesotho. [32]

Après de nombreuses escarmouches, les Boers ouvrirent les hostilités en mars 1858. La guerre devait se poursuivre, avec des périodes de paix et d'accalmie, jusqu'en 1867. Cette année-là, les Basotho, épuisés, décimés et divisés entre eux, [33] ne pouvaient plus offrir aucune résistance et étaient sur le point de se rendre. Moshesh tenta une dernière démarche auprès de l'Angleterre. Modifiant de nouveau sa politique, elle accepta la demande de Moshesh et, le 12 mars 1868, proclamait le Lesotho territoire britannique. [34] Après la proclamation, les hostilités cessèrent. L'Angleterre et l'Etat Libre

---

[28] Sir Godfrey LAGDEN, *op. cit.*, vol. I, pp. 70-72.
[29] Sir Godfrey LAGDEN, *ib.*, vol. I, pp. 75-79.
[30] Sir Godfrey LAGDEN, *ib.*, vol. I, pp. 83-88.
[31] *Oxford History of S.A.*, vol. I, pp. 418, 419.
[32] Sir Godfrey LAGDEN, *op. cit.*, vol. I, p. 176.
[33] Un fils de Moshesh, Molapo, avait cédé son territoire aux Boers et était devenu leur allié. Voir *Oxford History of S.A.*, vol. I, p. 444.
[34] Sir Godfrey LAGDEN, *op. cit.*, vol. II, pp. 436, 437.

d'Orange entamèrent des négotiations qui aboutirent aux accords de paix d'Aliwal North le 12 février 1869. [35] Le Lesotho sortait de cette guerre non seulement ruiné mais grandement diminué. Il perdait pour toujours tout le territoire à l'ouest du Calédon, soit le tiers de sa superficie. [36] Pour Moshesh qui mourut un an plus tard, la seule consolation fut d'avoir sauvé son peuple en évitant le démembrement complet de son pays. [37]

3. Sous le régime anglais, 1868-1966

La paix rétablie, les Basotho se relevèrent rapidement de leur prostration et de leur misère. Les hommes retournèrent à leurs occupations de pasteurs et d'agriculteurs. Pour des milliers, s'ouvrait le marché du travail de l'Afrique du Sud. [38] La relative prospérité des Basotho restait pourtant fragile car le pays manquait de stabilité politique interne, condition qui durera jusqu'en 1884. La première cause d'instabilité fut la politique du gouvernement anglais vis-à-vis du Leshoto. Depuis Moshesh, les Basotho avaient toujours insisté sur deux points dans toutes leurs negotiations avec les Britanniques: qu'ils dépendent directement du souverain anglais et que les colons ne soient pas autorisés à s'établir dans leur pays. Or, sans consulter les chefs, le gouvernement anglais, pour des raisons financières, demanda à la colonie du Cap d'annexer le Lesotho, ce qu'elle fit par une loi de 1871. [39] Par cette mesure, le Lesotho devenait une colonie soumise aux lois du Cap et offerte à l'exploitation des colons. Les chefs protestèrent, mais sans résultat. Se sachant trahis, les Basotho décidèrent de résister à ces mesures, par les armes mêmes, si nécessaire. De connivence avec les chefs, ils commencèrent à s'armer. Lorsqu'en 1879, le gouvernement du Cap, au nom d'une loi votée en 1878, ordonna aux Basotho de remettre leurs armes, ils se révoltèrent. Ce fut la guerre des fusils. Le conflit éclata en septembre 1880 et se poursuivit jusqu'en avril 1881. Après

---

[35] Sir Godfrey LAGDEN, op. cit., vol. II, pp. 452-462. Oxford History of S.A., vol. I, p. 444.

[36] Lord HAILEY, Native Administration in the British African Territories, Part V, The High Commission Territories: Basutoland, the Bechuanaland Protectorate and Swaziland, London, Her Majesty's Stationery Office, 1953, p. 43.

[37] Jack HALPERN, op. cit., p. 76.

[38] Oxford History of S.A., vol. II, p. 267. C'est à cette époque que l'économie des Basotho, établie sur le partage et l'échange, se transforma pour prendre l'argent et le profit comme bases. Voir AHLPERN, op. cit. p. 118.

[39] Lord HAILEY, op. cit., p. 47.

ces mois de guerre sans issue, le Grand Chef comprit qu'il avait tout à perdre en continuant ce conflit avec l'Angleterre. Il proposa donc un armistice qui fut immédiatement accepté. Moralement, la victoire allait aux Basotho. Ils purent conserver leurs fusils et reçurent la promesse d'être rattachés directement à l'Angleterre. [40]

La seconde cause d'instabilité provenait de la division des chefs parmi lesquels certains contestaient, même par les armes, l'autorité du Grand Chef. Plusieurs conflits éclatèrent. Mais lorsqu'il devint évident que l'Angleterre n'assumerait directement la protection du Lesotho que si l'unité se faisait autour du Grand Chef, les autres chefs, à l'exception de Masupha, se soumirent et la paix revint. Pour eux, la protection anglaise avait encore plus d'importante que leurs discordes. Elle leur fut définitivement consentie le 18 mars 1884. [41]

Avec 1884, s'ouvrait une ère de paix qui devait durer plus de quatre-vingts ans. Les chefs poursuivirent leur oeuvre d'unification et le peuple leur sut gré de lui avoir assuré la paix et la sécurité. Pour sa part, le gouvernement anglais qui avait accepté la responsabilité du Lesotho sans beaucoup d'enthousiasme, [42] commença à suivre une politique de laissez-faire qui limiterait le plus possible ses responsabilités. Privés de moyens, les administrateurs ne pouvaient du reste intervenir avec force dans le gouvernement interne du pays. [43] Les changements constitutionnels qui se firent, comme la création du Conseil National en 1903, sont dûs aux nécessités du moment plutôt qu'à une politique cohérente de l'administration anglaise. Le développement scolaire qui fut prodigieux, fut presque entièrement l'oeuvre des églises chrétiennes. [44] Sauf dans le domaine de l'agriculture, [45] aucun plan sérieux de développement économique ne fut élaboré. Le mérite de l'administration anglaise a donc été d'avoir préservé l'intégrité du Lesotho et d'y avoir maintenu la paix.

Jusqu'en 1959, la grande crainte des Basotho fut d'être incorporés à la République de l'Afrique du Sud, comme le prévoyait l'Acte d'Union de 1910. La seule sauvegarde contre l'incorporation était une annexe à l'Acte d'Union, spécifiant qu'elle ne pourrait se faire sans en référer au parlement britannique et sans consulter les

---

[40] Lord HAILEY, *op. cit.*, pp. 50-55.
[41] Sir Godfrey LAGDEN, *op. cit.*, vol. II, pp. 556-560.
[42] Lord HAILEY, *op. cit.,* p. 133.
[43] Jack HALPERN, *op. cit.*, pp. 117-119.
[44] Jack HALPERN, *ib.*, pp. 204-209.
[45] Jack HALPERN, *ib.*, pp. 181-187.

Basotho. La position des Basotho n'avait jamais fait de doute. D'autre part, plus se précisa la politique raciale de l'Afrique du Sud, moins l'Angleterre se sentit disposée à accorder l'incorporation. Après 1945, la politique de graduelle émancipation des colonies poursuivie par le gouvernement britannique, et celle de plus en plus raciste de Prétoria rendaient l'incorporation de moins en moins possible. L'Afrique du Sud le reconnut et y renonça en 1959. [46]

A partir de 1950, rassuré par l'attitude anglaise et protégé par une opinion mondiale de plus en plus hostile à l'Afrique du Sud, [47] le Lesotho commença à s'affirmer politiquement et à exiger des réformes constitutionnelles qui le conduiraient à l'indépendance. A la suite de négociations qui durèrent près de dix ans, elle lui fut accordée le 4 octobre 1966.

III - Essai d'évaluation

Nullement unique, l'histoire des Basotho tient cependant une place privilégiée dans celle plus vaste des peuples africains de l'Afrique du Sud. Malgré leurs faiblesses économiques et politiques, de tous ils sont ceux qui ont le mieux réussi à préserver leur liberté et leur identité nationale. D'autre part, les événements vécus au cours de ce siècle et demi ne furent pas sans avoir une répercussion sur leur christianisation. Comment juger cette histoire? C'est ce qu'il importe de voir maintenant. [48]

1. *Aspects négatifs*

a. Les Anglais et les Boers

Depuis 1839, les Basotho ont eu des relations constantes avec deux groupes d'hommes blancs: les Anglais et les Boers. Le caractère de ces relations avec l'un et l'autre groupe n'a jamais été identique. Avec les Britanniques, les relations furent non seulement acceptées mais recherchées. Cependant, les Basotho ne purent jamais s'empêcher de douter qu'ils leur aient toujours rendu justice. Ils eurent trop souvent l'impression que le motif déterminant dans la

---

[46] *Oxford History of S.A.,* vol. II, pp. 496-501.
[47] Jack HALPERN, *op. cit.,* p. 432.
[48] Il ne saurait être question d'analyser tous les aspects de l'histoire des Basotho. Seuls ceux qui ont un rapport avec l'évangélisation seront étudiés.

solution des conflits fut la puissance et l'appartenance raciale. [49]
Moshesh et ses successeurs n'ont jamais compris que l'Angleterre
ait pu unilatéralement abroger ou répudier des traités et abandonner
ses alliés comme elle l'a fait en 1849 et 1870. L'incertitude entre
tenue par le gouvernement britannique pendant près de cinquante
ans dans la question de l'incorporation ne fut pas de nature à renforcer une confiance déjà ébranlée. Les Basotho n'avaient jamais
voulu considérer l'idée même d'incorporation. L'hésitation du gouvernement anglais à y renoncer formellement ne pouvait venir du
désir de défendre les intérêts des Basotho et de promouvoir leurs
aspirations. Lorsqu'en 1955, durant les négociations sur les réformes
constitutionnelles, le gouvernement britannique refusa de reconnaître
la juridiction du gouvernement indigène sur les habitants de race
blanche, les membres du Conseil National virent là la confirmation
d'une attitude raciale chez les Britanniques. Ils refusèrent cette
clause restrictive qui aurait ouvert la porte à la légalisation de
l'*apartheid* au Lesotho. Il fallut près de trois ans au gouvernement
anglais pour y renoncer. [50] Dans leurs relations avec l'Angleterre,
les Basotho ont appris à se méfier de la parole de l'homme blanc
et n'ont pu croire à son impartialité là où blancs et noirs étaient
en cause.

Les relations des Basotho avec les Boers ou Afrikaners furent
toujours d'une toute autre nature. Elles furent déterminées par deux
facteurs principaux. D'abord celui de l'agression et de la conquête.
Lorsque les Afrikaners commencèrent à séjourner sur les terres de
Moshesh, ils furent accueillis pacifiquement. Il est vrai que les Basotho volaient facilement leur bétail, [51] mais ils ne s'attaquaient pas
aux personnes. Tout changea lorsque les Basotho se rendirent compte
que les Boers n'avaient nullement l'intention de poursuivre leur
route mais qu'au contraire ils revendiquaient comme leurs les terres qu'ils occupaient. La puissance devint la norme de leur justice
et ils n'eurent besoin de rien d'autre pour justifier leurs conquêtes.
A la surprise des Basotho, alors presque tous non-chrétiens, les
blancs ne reculaient même pas devant la destruction d'églises chrétiennes pour arriver à leur fin. [52] Sans provocation sérieuse, et sans
justification, de 1839 à 1868, les Boers s'emparèrent du tiers du

---

[49] Jack HALPERN, *op. cit.*, p. 79.
[50] Jack HALPERN, *op. cit.*, pp. 128, 129.
[51] *Oxford History of S.A.*, vol. I, p. 419.
[52] Sir Godfrey LAGDEN, *op. cit.*, vol. I, pp. 234, 247.

pays. De 1910 à 1959, sans égard aux droits et aux aspirations des Basotho, leur politique fut de couronner leurs conquêtes par l'incorporation. Les Basotho n'ont jamais compris et accepté cette conception de la justice et du droit.

A partir de 1928, la politique de conquête fut étayée par la légalisation progressive de la doctrine de la ségrégation raciale ou de l'*apartheid*. [53] On pourrait croire que la ségrégation n'affecte pas directement les Basotho. Mais il n'en est rien. Même si à l'intérieur du Lesotho, la ségrégation ne fut jamais reconnue légalement, le pays en a été atteint en raison même de sa position géographique et de ses relations constantes avec l'Afrique du Sud. Tous les Basotho qui voyagent dans la République ou qui y résident à cause de leur travail sont soumis aux lois raciales. Ce qui n'est pas négligeable puisque, jusqu'à ces dernières années, près de 30 % des hommes du Lesotho travaillaient dans ce pays.

Ce qui rend la pratique de la ségrégation offensante pour les Basotho, ce n'est pas uniquement l'affront porté à leur dignité, mais le fait qu'elle soit défendue et promue au nom de principes chrétiens par une Eglise chrétienne. [54] Selon Monica Wilson, la cause première de la multiplication des sectes africaines en Arique du Sud serait la ségrégation raciale. [55]

b. Le travail migratoire

Depuis que les Basotho sont en contact avec les blancs, il y eut toujours parmi eux de nombreux migrants. [56] Avec la paix de 1868, leur nombre s'est accru considérablement et n'a fait que s'amplifier avec les années. Le phénomène est d'une telle importance pour la nation et l'Eglise qu'il mérite qu'on s'y arrête.

Les migrants, hommes et femmes, se répartissent en quatre catégories principales, mais d'inégale importance. La plupart des femmes sont employées comme domestiques dans les familles de blancs ou travaillent dans l'industrie secondaire. Le grand nombre d'entre elles restent au travail de nombreuses années et souvent ne retournent jamais au pays. Le quart des hommes travaillent dans les fermes de l'Etat Libre d'Orange ou du Natal. Presque tous sont des employés permanents. Avant 1950, il était permis aux hommes

---

[53] *Oxford History of S.A.,* vol. II, p. 409.
[54] *Ib.,* vol. II, pp. 373 et suivantes.
[55] *Ib.,* vol. II, p. 81. Ces sectes seraient aujourd'hui au nombre de 2,400.

mariés d'y vivre avec leurs familles. Mais depuis l'adoption de la *Population Registration Act* et de la *Abolition of Passes and Co-ordination of Documents Act* en 1950, il est presque impossible à ces familles de vivre légalement en Afrique du Sud, indépendamment du nombre d'années qu'elles y auraient passées. [57] Un autre quart travaille dans l'industrie et le commerce et vit près des grands centres urbains dans ce qu'on appelle en Afrique du Sud les « locations », qui sont des villes réservées exclusivement aux noirs. Bien que très peu de ceux-ci jouissent d'une véritable sécurité d'emploi, la plupart ne retournent jamais au Lesotho. Certains passent d'un emploi à un autre, légalement ou non; d'autres se lancent en affaires, surtout dans le petit commerce. Tout comme pour les ouvriers agricoles, depuis 1950, il leur est presque impossible de vivre dans la République avec leur famille. Tous les autres hommes, soit plus de la moitié, travaillent dans les mines de l'Afrique du Sud. Ils s'engagent pour une période de neuf mois. A l'expiration de leur contrat, ils doivent retourner au Lesotho où ils peuvent le renouveler immédiatement, et cela indéfiniment, tant que leur santé et les possibilités d'embauchage le permettent. Tous ces hommes, mariés ou non, ne sont pas autorisés à vivre avec leurs familles sur les lieux de leur travail. Ils résident non dans les villes africaines mais dans des hôtelleries mises à leur disposition par les compagnies minières. Les statistiques suivantes aideront à comprendre l'importance et la signification du phénomène des migrants pour le Lesotho. Le premier tableau donne une vue d'ensemble pour les années allant de 1911 à 1966.

		1911	1927	1936	1956	1966
Population totale du Lesotho	hommes	204.241	260.169	317.309	383.241	465.789
	femmes	222.196	282.909	343.237	410.398	503.850
	total	426.437	543.078	660.546	793.639	969.634
Population absente du Lesotho	hommes	21.658	37.827	78.604	112.790	97.529
	femmes	2.973	9.314	22.669	41.992	19.744
	total	24.630	47.141	101.273	154.782	117.273
Pourcentage des absents	hommes	10,60%	14,53%	24,14%	29,70%	20,97%
	femmes	1,33	3,29	6,60	10,23	3,95
	total	5,96	8,91	15,33	19,50	12,00

[56] Lord HAILEY, *op. cit.*, p. 13.
[57] *Oxford History of S.A.*, vol. II, pp. 409, 410.

La forte diminution des migrations enregistrée entre 1956 et 1966 est dûe à deux facteurs. A partir de 1960, au moment où se décidait l'indépendance du Lesotho, le gouvernement de l'Afrique du Sud appliqua avec rigueur les lois de 1950 portant sur le contrôle de la population. Des milliers de Basotho durent retourner dans leur pays. D'autre part, pour le recensement de 1966, le gouvernement du Lesotho décida de ne pas tenir compte des Basotho qui vivaient hors du pays depuis plus de cinq ans. En réalité donc, le nombre des Basotho travaillant dans la République est de beaucoup supérieur à celui fourni par le gouvernement. [58]

Le deuxième tableau qui porte exclusivement sur l'année 1966, donne des précisions sur l'état civil et sur la cote d'emploi des migrants. [59]

	mariés	célibataires [a]	divorcés	sans emploi	avec emploi
Hommes	61.901	34.191	1.386	6.547	90.982
Femmes	9.956	7.633	2.140	8.838	10.906

[a] Les enfants de 14 ans et moins sont inclus dans ces données:
Garçons: 4.335 - Filles: 4.362.

Le travail migratoire n'est donc pas un phénomène transitoire mais un fait constant qui est allé en s'amplifiant jusqu'en 1956 pour fléchir faiblement à partir de 1960, en raison d'une décision du gouvernement de l'Afrique du Sud, et non en raison d'un changement de politique de la part du gouvernement du Lesotho. La cause principale de cet exode massif des hommes est d'ordre économique. Non seulement le Lesotho est trop petit pour sa population, mais il est surtout trop pauvre et trop démuni de ressources pour la faire vivre. A cette raison majeure s'en ajoutent d'autres d'ordre social et psychologique. La curiosité et la soif de l'aventure en entraînent plusieurs. Les garçons en sont venus à considérer comme nécessaire de faire un stage dans les mines pour compléter leur éducation. Aller aux mines est aussi une phase nécessaire des rites de l'initiation à la vie. D'autres y vont dans le dessein avoué d'abandonner leurs familles et de recommencer une nouvelle vie. Beaucoup, après un stage dans la République, sont incapables de se réadapter à la vie traditionelle. [60]

---

[58] *Lesotho 1966 Population Census*, Maseru, Lesotho Government, 1968, p. 85.
[59] Toutes les statistiques ont été prises dans le rapport officiel du dernier recensement du Lesotho de 1966.
[60] Hugh ASHTON, *The Basuto*, London, Oxford University Press, 1955, pp. 162-165.

Il est indéniable que le travail migratoire a été une source
de revenus considérable pour le Lesotho. Pour plusieurs années, il
en fut même la source principale. Mais le fait que plus de 20 %
de la population soit obligé de quitter le pays pour vivre dans des
conditions pénibles et gagner des salaires nettement insuffisants,
montre l'état de sous-développement du pays et l'incapacité des ad-
ministrations successives de rendre le pays viable économiquement.

Cependant les effets les plus pernicieux sont d'ordre social et
moral. Hors des petits centres urbains, le Lesotho donne aisément
l'impression d'être un pays de femmes, d'enfants et de vieillards,
tellement il est privé d'une partie importante de ses forces vives
et de ses éléments les plus actifs. En 1966, il y avait 24 diplômés
d'université, 168 instituteurs et 1037 hommes et femmes ayant terminé au moins le premier cycle de leurs études secondaires qui travaillaient en Afrique du Sud. Un pays sans cesse à la recherche
d'hommes qualifiés, comme l'est le Lesotho, peut difficilement se
permettre de telles pertes. Dans les villages et les centres adminis-
tratifs secondaires, le gouvernement et l'Eglise ne peuvent trouver,
bien souvent, les hommes nécessaires pour les projets d'animation
et de développement. D'autre part, le grand nombre des garçons
qui partent pour les mines, ont à peine terminé leurs études pri-
maires. Une fois au travail, à quelques exceptions près, ils ne retournent plus à l'école et n'ont plus de contacts sérieux avec l'Eglise.
Ils forment un prolétariat sous-développé intellectuellement et spi-
rituellement, incapable de prendre efficacement ses responsabilités
dans la société et l'Eglise.

Les effets sur la famille ne sont pas moins inquiétants. Selon
les statistiques, il y a au moins 53.000 foyers dont le père est ab-
sent d'une façon permanente à cause du travail migratoire. Toute
la responsabilité de l'administration du foyer et de l'éducation des
enfants retombe sur la mère. Généralement, les épouses font preuve
d'un grand sens du devoir et de la fidélité. Mais trop souvent, les
hommes se désintéressent de leurs familles, quand ils ne les aban-
donnent pas. Si les filles ne semblent pas souffrir de l'absence du
père, il n'en va pas de même pour les garçons. Ils en sont fortement affectés et développent facilement une antipathie marquée pour
le père.

Il est à peine nécessaire de signaler les effets moraux des *com-
pounds* miniers où vivent des dizaines de milliers d'hommes. Le
problème du travail migratoire des Basotho, qui a intéressé les éco-

nomistes depuis longtemps, commence à peine à être étudié par les gouvernements et l'Eglise, et à inquiéter les chrétiens.

c. Atteintes aux institutions

En acceptant d'assumer directement la responsabilité du Lesotho en 1884, le gouvernement britannique entendait se limiter à maintenir l'ordre et la paix et à gouverner par l'intermédiaire des chefs, surtout du Grand Chef dont il tâcha de renforcer le pouvoir le plus possible. [61] Cette politique qui, sous plus d'un point de vue, fut bienfaisante, engendra cependant de graves difficultés et abus.

En unifiant les Basotho, Moshesh n'avait jamais pensé à instaurer une monarchie absolue. Il commença par former une fédération entre les clans et ne parvint que graduellement à pouvoir exercer son autorité directement. Lui et les autres chefs reconnurent toujours qu'ils étaient chefs par le vouloir du peuple et non de droit divin ou absolu. [62] Ce n'est qu'après 1884 que le Grand Chef commença à vouloir agir en monarque absolu grâce aux efforts de l'administration anglaise qui, pour mettre fin aux factions dans le pays, travailla à promouvoir sa suprématie. Pour consolider son pouvoir, le Grand Cref installa ses fils et les membres de sa famille dans toutes les régions du pays, en y déplaçant au besoin les chefs traditionnels. En 1938, le nombre des chefs s'était tellement multiplié que l'administration décida d'en éliminer plusieurs. [63] Les chefs subalternes se sentirent en danger et se tournèrent instinctivement vers les institutions traditionnelles pour sauvegarder leur fonction et leur autorité. Bien que plusieurs fussent chrétiens, ils encouragèrent et facilitèrent l'ouverture de loges d'initiation. Mais ce qui eut des conséquences encore plus graves, ce fut le retour aux pratiques et aux médecines magiques ainsi qu'aux meurtres rituels. La corne la plus puissante d'un chef, qui sert à protéger son autorité et à oindre les initiés, est celle qui contient de la chair humaine prise sur une victime encore vivante. La chair est obtenue au moyen des meurtres rituels. Ceux-ci se multiplièrent à un tel point qu'en 1950, l'administration anglaise fit une enquête officielle pour en découvrir les causes. Un administrateur comme Hailey ne put cacher sa surprise de voir un peuple christianisé accepter de semblables pratiques et

---

[61] Jack HALPERN, *op. cit.*, pp. 117, 118.
[62] Jack HALPERN, *ib.*, pp. 115, 116. *Oxford History of S.A.*, vol. I, pp. 158, 250.
[63] Lord HAILEY, *op. cit.*, pp. 133-135. *Oxford History of S.A.*, vol. II, p. 271.

suggéra même qu'il trouvait là l'indice d'une foi superficielle et ino-
pérante. [64] Il est certain que, durant cette période, les hommes prirent leurs distances par rapport à l'Eglise. Les réformes constitutionnelles de 1966 n'ont pas été caractérisées par un retour semblable aux meurtres rituels mais elles ont été l'occasion d'un fort
réveil en faveur de l'initiation traditionnelle qui prit une orientation
nettement anti-chrétienne.

Pour assurer l'ordre et la paix, l'administration anglaise établit
deux systèmes parallèles de justice, chacun ayant son droit, sa procédure et ses magistrats: l'un était régi par le droit coutumier et
l'autre par le droit anglais. Au lieu d'unifier la justice et de réfor-
mer le droit coutumier, le gouvernement préféra maintenir la sé-
paration des deux systèmes, [65] décision qui, du reste, pouvait très
bien se justifier. Mais l'inspiration des deux codes et des deux systèmes est tellement différente qu'ils se desservaient mutuellement.
Pour les Basotho, le droit coutumier est la tradition même du peuple. Il est donc sacré et intangible. Par contre, ils ne voyaient dans
le code britannique qu'un ensemble de lois profanes sujettes au
changement. Il ne leur en coûta rien d'en abuser pour leur profit.

Pendant longtemps, les effets négatifs d'une telle situation ne
se firent pas sentir puisque les cours traditionnelles jugeaient presque
tous les cas. Mais avec les réformes qui étendaient de plus en plus
la juridiction des cours anglaises, et avec l'évolution du pays, tout
changea. Le droit coutumier tend à disparaître rapidement. Pour
la famille et le mariage, les effets sont négatifs. Surtout parmi les
plus éduqués, on ne célèbre souvent que le mariage civil, ce que
les Basotho n'ont jamais connu. [66] Le mariage perd ainsi le caractère
sacré et communautaire qu'il avait.

2. *Aspects positifs*

a. La paix

Malgré tout le passif enregistré, le bilan des cent cinquante dernières années se solde positivement. Le gain le plus important et
le plus déterminant qui fut enregistré est celui de la paix. De 1884
à nos jours, sauf pendant quelque mois de conflit en 1898, [67] et

---

[64] Lord HAILEY, *op. cit.*, pp. 130, 131.
[65] Lord HAILEY, *op. cit.*, p. 57.
[66] *Survey of African Marriage and Family Life,* edited by Arthur Phillips, London,
Oxford University Press, 1953, p. 247.
[67] Sir Godfrey LAGDEN, *op. cit.*, vol. II, pp. 593-597. Ce conflit qui opposa le

pendant la période de tension qui suivit l'indépendance, [68] les Basotho ont vécu en paix. Le mérite en revient principalement à l'Angleterre. Foncièrement pacifiques, les Basotho ont ordinairement préféré la conciliation à la guerre. Dans la victoire, ils ont rarement cherché à dominer et humilier les vaincus. [69] Mais sans l'Angleterre, il est douteux que ces seules dispositions ne leur eussent jamais assuré la survivance et la paix.

Dans le contexte de l'Afrique du Sud, seule l'Angleterre pouvait maintenir la paix entre le Lesotho et les états voisins. Avant les guerres anglo-boers, les Afrikaners se savaient trop faibles pour risquer un conflit avec les forces anglaises. Après ces guerres, la situation et les structures politiques nouvelles ne le permirent plus. Les liens constitutionnels qui unissaient les deux états rendaient impossible une agression contre le Lesotho. Quand, en 1961, l'Afrique du Sud quitta le Commonwealth britannique, elle avait déjà renoncé à sa politique d'incorporation. Les Basotho, pour leur part, même s'ils ont toujours considéré la perte de leur territoire comme une spoliation, n'ont jamais repris les armes contre leurs voisins après 1868. S'il est vrai que par sa politique coloniale, l'Angleterre créa elle-même les conditions qui rendirent inévitables les conflits entre les Basotho et les Boers, [70] il n'en demeure pas moins qu'elle sut rétablir et maintenir la paix aux frontières et mettre en place un appareil diplomatique et légal qui en assurerait la permanence, même une fois son mandat terminé.

En même temps que se normalisaient les relations internationales, la pacification intérieure se poursuivait. Car le pays ne fut pas menacé uniquement de l'extérieur. Il le fut aussi de l'intérieur. Jaloux de leur autorité et de leur autonomie, et réfractaires aux ingérences d'un pouvoir étranger, les chefs les plus puissants se rebellèrent à maintes reprises. Ils y réussirent d'autant plus facilement que par certains traits de caractère, les Basotho sont portés à la scission et aux actions impulsives. D'autre part, la trahison du chef Molapo et l'obstination de Masupha ont montré que leur fidélité n'est pas vouée tellement à un homme qu'à sa puissance. Ils

---

chef Masupha au Grand Chef Lerotholi, se termina par la victoire de ce dernier. Ce fut la dernière tentative de division à l'intérieur du pays.

[68] J. E. SPENCE, *Lesotho, the Politics of Dependence,* London, Oxford University Press, 1968, p. 52.

[69] Sir Godfrey LAGDEN, *op. cit.,* vol. I, p. 154. *Oxford History of S.A.,* vol. I, pp. 399 et suivantes.

[70] Jack HALPERN, *op. cit.,* pp. 59-61.

se donnent facilement au plus fort. Incapables d'un pardon facile, ils aiment profiter des situations troubles pour satisfaire leur besoin de vengeance. [71] Fiers et orgueilleux, bien que pas cruels, le succès les rend aveugles au danger et la colère les pousse à poser des actes désespérés. [72] Pour pacifier le pays, l'Angleterre suivit une politique qui fut condamnée sévèrement par certains [73] mais qui réussit sans nécessiter l'emploi de la force. Conformément aux désirs de Moshesh, l'administration anglaise, après 1884, n'assuma pas directement le gouvernement des Basotho. Elle le laissa entre les mains des chefs. Les officiers britanniques veillaient surtout au maintien de l'ordre, au respect de la justice et à l'administration financière. Privés de moyens financiers et d'hommes, leur autorité fut longtemps surtout d'ordre moral. Les Basotho craignaient trop d'être abandonnés de nouveau pour prendre avantage de la faiblesse de l'administration anglaise. Sous l'égide des officiers anglais, les Basotho réalisèrent donc eux-mêmes la pacification de leur pays.

Les Basotho vivent encore des effets bienfaisants de cette longue période de paix. Elle leur a d'abord assuré la survivance. L'arrêt des hostilités en 1868, mettait fin à une époque de guerres qui avait duré plus de cinquante ans et qui les avait presque exterminés. [74] Ils n'étaient pas plus alors que 150.000. Avec le retour de la paix, ils se reconstituèrent. En 1891, la population se chiffrait à 219.000, en 1936 elle passait à 562.000 et en 1966 elle atteignait presque le million, soit 969.000. [75] Alors qu'en 1868, les Basotho étaient menacés d'extermination comme les Hottentots et les Bushmen, ils forment aujourd'hui un peuple jeune, industrieux et respecté. [76]

La période de paix est moins caractérisée par cette remontée démographique que par l'avancement ininterrompu du pays dans les domaines de la politique, de l'éducation et de la vie chrétienne. Comme les développements politique et religieux seront étudiés séparément, [77] il ne sera question dans ce paragraphe que de l'éducation.

---

[71] D. Fred ELLENBERGER, *op. cit.*, p. 291. Eugène CASALIS, *Les Bassoutos, ou vingt-trois années d'études et d'observations au sud de l'Afrique*, Paris, Société des Missions Evangéliques, 1933, p. 266.

[72] Sir Godfrey LAGDEN, *op. cit.*, vol. II, pp. 469, 629.

[73] Lord HAILEY, *op. cit.*, p. 133. Jack HALPERN, *op. cit.*, p. 119. Certaines critiques sont justifiées. Il est certain, par exemple, que l'importance excessive attribuée au seul Grand Chef fut la cause de graves abus.

[74] Sir Godfrey LAGDEN, *op. cit.*, vol. II, pp. 425, 431.

[75] *Lesotho 1966 Population Census*, pp. 98, 111.

[76] Sir Godfrey LAGDEN, *op. cit.*, vol. II, p. 629.

[77] Voir pages 28, 30, 31 et le chapitre II.

Lorsqu'en 1833, Moshesh invita les missionnaires de la Société Evangélique de Paris à s'établir au Lesotho, il leur demanda expressément d'instruire son peuple. [78] Depuis lors, l'éducation des Basotho a toujours largement dépendu des missions chrétiennes et c'est à elles qu'est dû son essor. Aux missionnaires calvinistes revient le mérite d'avoir fondé les premières écoles, d'avoir doté la langue d'une orthographe propre et d'avoir introduit l'imprimerie en 1861. Durant les années de guerre, les écoles se développèrent très peu. C'est durant les années de paix que le mouvement vers l'école se déclencha pour ne plus s'arrêter. Longtemps les parents ne comprirent pas l'importance de l'école pour leurs enfants et crurent favoriser les missionnaires en acceptant de les y envoyer. [79] Excepté pour les premières années, l'école fut longtemps l'apanage des filles. [80] Mais aujourd'hui, après plus d'un siècle de relations avec l'école, les Basotho sont prêts à tous les sacrifices pour donner une éducation valable à leurs enfants. Depuis 1950, l'éducation primaire universelle est un fait accompli, ce qui est un succès d'importance dans un pays aux communications aussi difficiles. Les écoles du niveau secondaire se multiplièrent beaucoup plus lentement. Jusqu'en 1940, on en comptait à peine cinq dans le pays. Le faible nombre des enfants qui finissaient le cycle primaire et le manque de ressources furent les deux causes principales de ce retard. Aujourd'hui, il y en a trente-neuf et elles seront bientôt accessibles à tous. Les progrès constants de l'éducation étaient sanctionnés en 1945 par la fondation du collège universitaire Pie XII qui devint université d'état en 1963. Aujourd'hui, plus de 80 % de la population d'âge scolaire fréquente l'école. Le problème qui se pose, n'est plus celui de l'existence de l'école, mais celui de sa qualité et de son adaptation. Les statistiques données à la page suivante montrent très bien la progression de l'éducation au Lesotho au cours des soixante-dix dernières années. [81]

---

[78] V. ELLENBERGER, op. cit., p. 16. Sir Godfrey LAGDEN, op. cit., vol. I, p. 58.
[79] Jack HALPERN, op. cit., p. 209.
[80] Bernadette 'MANYEÔE PELEA, Elément dynamique de la nation: la femme mosotho, dans Vivant Univers, no. 284, 1973, p. 33.
[81] L'économie ne s'est nullement développée à un rythme comparable à celui de l'éducation. Le plus grand reproche adressé à l'administration anglaise est de n'avoir rien fait pour sortir le pays de sa pauvreté. Elle n'a jamais fourni de subsides importants et n'a pas su établir un plan de développement économique à long terme. Les efforts les plus soutenus sont allés à l'agriculture. Rien n'a été fait pour exploiter la seule richesse naturelle connue qui est l'eau. Les efforts véritables de redressement économique ont été l'oeuvre des Basotho eux-mêmes. Plusieurs réalisent

	1904	1920	1930	1940	1950	1960	1970
Ecoles							
élémentaires	219	250	617	919	899	1.076	1.350
secondaires	0	0	0	5	10	20	39
total	219	250	617	924	909	1.096	1.389
Instituteurs							
élémentaires	400	950	1.063	1.250	1.833	2.524	3.964
secondaires	0	0	0	22	56	89	256
total	400	950	1.063	1.272	1.889	2.613	4.220
Elèves							
élémentaires	13.228	15.500	53.396	84.020	88.236	136.111	183.395
secondaires	0	0	0	297	1.012	1.836	6.028
total	13.228	15.500	53.396	84.317	89.248	137.947	189.423

Nombre d'élèves en moyenne par école en 1970:   à l'élémentaire: 136

au secondaire: 154

Nombre d'élèves en moyenne par instituteur: à l'élémentaire: 46

au secondaire: 24

b. Unification du pays

L'oeuvre majeure de Moshesh et de ses successeurs fut l'unification du pays. La conscience très vive qu'ont les Basotho de leur
identité et de leur unité laisse difficilement percevoir qu'en 1820,
ils n'existaient pas comme nation. Les terres appartenant aux chefs
et à leur clans, la formation du territoire alla de pair avec la création de l'unité politique. Les grands chefs ne s'assujettirent pas les
populations par des conquêtes territoriales mais, au contraire, éten-
dirent leur territoire par l'adhésion spontanée ou intéressée des autres chefs à leur autorité. L'unification politique se fit par consensus
plutôt que par violence. [82]   De là vient sa stabilité. Le facteur principal de l'unité politique fut l'institution du Grand Chef. La nation

le danger que représente pour le pays une jeunesse instruite et ambitieuse qui n'a
que le chômage et l'exil comme perspectives d'avenir. Voir à ce sujet J. E. SPENCE,
op. cit., pp. 55-72. Les statistiques scolaires ont été fournies par le ministère de l'é-
ducation du Lesotho en septembre 1975.
    [82] Jack HALPERN, *op. cit.*, pp. 115, 116.

elle-même l'a toujours compris ansi. [83] Il n'a échappé à personne
que depuis 1965, alors que ses fonctions et son autorité ont été
mises en question, les crises politiques se sont succédé sans arrêt. [84]

Le travail d'unification ne se limita pas au domaine politique.
Il s'étendit aussi à celui de la culture. La nation n'est pas formée
uniquement de clans d'authentiques Basotho. Moshesh avait aussi
accepté des Nguni qui fuyaient Chaka et Dingaan. Ils se divisent
en deux groupes principaux: les Matebele et les Bathepu. Aujour-
d'hui, les Matebele ont été presque entièrement assimilés aux Basotho. Seuls les Bathepu, qui forment une faible minorité, ont con-
servé leur identité propre. [85] Grâce au mélange des races et à l'émer-
gence des Basotho comme élément unificateur, le Lesotho jouit d'une
unité culturelle rare en Afrique du Sud. Cette unité se traduit
d'abord par l'usage, dans tout le pays, d'une seule langue, le sesotho.
Mais elle va beaucoup plus loin. Elle s'étend aux traditions, aux
coutumes et aux institutions.

Patrilinéaires, les Basotho conçoivent tous la famille de la même
façon et l'ont organisée selon une structure commune. Elle est l'institution la plus sacrée. L'autorité est entièrement investie dans le
père qui agit comme administrateur, gardien de la paix, juge, doc-
teur et prêtre. L'autorité de la mère, qui est grande et respectée,
est d'ordre moral et éducatif. Traditionnellement, les enfants sont
éduqués dans l'observance de règles strictes de conduite et dans le
respect des parents et des autorités. Les biens appartiennent non
aux individus mais à la famille et sont transmis du père au fils
aîné. [86]

Il va de soi que dans une telle société, le mariage prenne une
grande importance et soit considéré comme l'état normal de tous
les adultes. Malgré la tendance actuelle de beaucoup de jeunes de
rejeter les institutions traditionnelles, le mariage reste encore essentiellement une entente entre deux familles par le moyen des jeunes
époux. Le coutume de la dot qui est de vingt têtes de bétail et qui
est donnée par le père du garçon, est encore pratiquée presque universellement. [87] La polygamie, qui fut longtemps regardée comme

---

[83] Hugh ASHTON, *op. cit.,* p. 10.
[84] J. E. SPENCE, *op. cit.,* pp. 41-54.
[85] Hugh ASHTON, *op. cit.,* p. 11.
[86] François LAYDEVANT, o.m.i., *Etude sur la famille en Basutoland,* dans *Journal
de la Société des Africanistes,* Tome I, 1931, pp. 238-242.
[87] Hugh ASHTON, *op. cit.* pp. 62-87. La question du mariage sera reprise dans
le prochain chapitre à la page 54.

nécessaire, est en voie de disparition. La dévalorisation actuelle du
mariage traditionnel a eu pour effet non de donner plus de signification au mariage chrétien mais de priver l'institution même du
mariage de son caractère sacré.

La même unité s'observe encore dans les croyances religieuses
et les pratiques magiques. Autrefois, bien que conscients de la présence de Dieu dans leur vie et de sa constante protection, les Basotho célébraient peu de rites religieux qui Lui étaient explicitement
destinés. Croyant fortement à la survie de l'homme après la mort,
les prières et les rites concernaient surtout les mânes des ancêtres.
Maintenant, avec l'avance du christianisme, ils ont une idée plus
précise de Dieu et s'adressent à Lui plus explicitement. Mais les
rites aux ancêtres n'ont pas disparus pour autant. Les nombreux
animaux qui leur sont encore sacrifiés le montrent bien. [88]

Quoique pratiquée, la sorcellerie est condamnée par la société.
Par contre la divination et les médecines magiques sont toujours
très recherchées. Elles constituent deux des éléments les plus caractéristiques, les plus connus et les plus répandus de la vie des Basotho. Ils ont, en effet, des médecines pour toutes les catégories
de personnes et pour toutes les circonstances. [89]

c. Un peuple engagé

Ceux qui ont connu les Basotho, n'ont pas été sans remarquer
leur sens politique, leur intérêt actif pour la chose publique, la
modération des gouvernants et des gouvernés, et le dosage judicieux
des principes autocratiques et démocratiques dans la pratique du
gouvernement. [90] Maître presque absolu à sa cour, le chef était tenu
d'écouter son peuple rassemblé en convocation générale, le *pitso*,
avant de prendre une décision. [91]

Sous l'administration britannique, la participation active du
peuple aux affaires de la nation connut un déclin marqué. Les chefs
gouvernaient avec l'aide des officiers anglais plutôt qu'avec les conseils de leur peuple. Le *pitso* lui-même changea de nature. Le peuple n'était plus convoqué pour discuter des décisions à prendre
mais pour connaître ce qui avait déjà été décidé. [92] La participation
survivait au niveau local seulement.

---

[88] Hugh ASHTON, *ib.*, pp. 112-119.
[89] Hugh ASHTON, *ib.*, pp. 282, 300-316. Voir pages 52, 53.
[90] Eugène CASALIS, *op. cit.*, pp. 269-276.
[91] Hugh ASHTON, *op. cit.*, pp. 88, 89, 216, 217.
[92] *Oxford History of S.A.*, vol. II, p. 271.

La création d'un conseil national consultatif, appelé le *Basuto-land National Council,* en 1903, marqua le début d'un retour à la vie politique pour les Basotho. Les débats du conseil national, composé alors uniquement de chefs, étaient repris et commentés par les éléments les plus avancés du peuple. En 1919, se fondait une association politique, la *Basutoland Progressive Association,* qui demandait que certains des membres du conseil fussent élus. En 1923, naissait un autre mouvement politique, le *Lekhotla la Bafo,* ou le parti du peuple. On parlait de plus en plus de réformes, mais toujours dans le respect des traditions sesotho. [93] Le peuple voulait recouvrer ses droits mais tenait à garder l'institution des chefs, surtout celle du Grand Chef. A partir de 1950, la question politique était redevenue l'affaire de tous. Les *pitso,* quoique différents de ceux d'autrefois, étaient convoqués partout avec succès. Les partis politiques, s'inspirant d'idéologies différentes, se multiplièrent. Si aucun ne réussit à se rallier l'ensemble, ou même la majorité, du peuple, chacun se gagna un nombre important d'adhérents convaincus. [94] Déplorable en raison des crises qu'elle provoqua, la division politique des Basotho montre à sa façon une certaine maturité car elle est fondée non sur des questions raciales ou tribales, mais sur des idéologies. [95]

L'intérêt et l'activité des Basotho dans le domaine social ne se limitent pas à la politique. La prolifération d'organisations communautaires et professionnelles démontre le contraire. [96] Habitués par tradition à étudier les problèmes et à accomplir les tâches ordinaires communautairement dans leurs villages, il leur fut facile d'appliquer cette méthode au niveau régional ou national à des problèmes plus vastes et à des entreprises nouvelles. Les premiers centres d'action furent les écoles où l'instituteur devint le disséminateur d'idées nouvelles et l'animateur des mouvements de développement. Les organisations vinrent ensuite et elles agirent le plus souvent par l'école. Une des premières à être fondées fut le mouvement coopératif [97] qui, après des débuts difficiles, connut un développe-

---

[93] Jack HALPERN, *op. cit.,* p. 120.
[94] Jack HALPERN, *ib.,* pp. 151-158, 161-178, 256-260.
[95] Jack HALPERN, *ib.,* p. 135. J. E. SPENCE, *op. cit.,* pp. 52-54.
[96] Marcel FERRAGNE, o.m.i., *Un pays en lutte contre sa pauvreté,* dans *Vivant Univers,* no. 284, 1973, pp. 17-22.
[97] François MAIROT, o.m.i., *Suivez le guide, petite histoire des missions du Lesotho,* Mazenod, Mazenod Book Centre, pp. 254, 255. Jack HALPERN, *op. cit.,* pp. 186 et suivantes.

ment remarquable, particulièrement dans le domaine de l'éducation des adultes et de l'épargne.

Dans ces activités sociales multiples, les femmes basotho jouent un rôle de leadership unique en Afrique du Sud. Deux facteurs ont contribué à en faire l'élément le plus dynamique du pays, surtout au niveau local. Le premier est l'absence des hommes. Seules au foyer et au village, elles durent affronter les problèmes sociaux, économiques, politiques et religieux qui se posaient. Le deuxième facteur a trait à l'éducation. Les femmes ont fréquenté l'école en beaucoup plus grand nombre que les hommes et y sont restées plus longtemps. En raison de leur éducation plus poussée, elles sont plus éveillées que les hommes aux problèmes existants et mieux préparées à leur trouver une solution. [98]

CONCLUSION

Beaucoup de Basotho parlent des événements d'octobre 1966 comme de la reconquête de leur indépendance. C'est là méconnaître l'histoire. Avant 1830, en effet, la nation des Basotho n'existait pas. Elle est née de la fusion de clans, que divisaient non seulement les intérêts mais aussi de nombreux traits culturels, à l'occasion de luttes intestines et de guerre contre deux ennemis communs, les Zoulous et les Afrikaners. D'autre part, même si le chef Moshesh revendiquait comme sien un vaste territoire, avant les guerres et la paix anglaise, le Grand Chef ne se considérait pas comme le représentant d'un état politique souverain. Les Basotho et leurs chefs en sont venus à concevoir le Lesotho comme un état après les guerres du dix-neuvième siècle. L'évolution du Lesotho vers la souveraineté et l'indépendance politique n'est donc pas un mouvement de retour vers une situation antérieure, mais un phénomène nouveau qui est né et s'est développé sous le régime anglais.

Au cours de ce siècle d'histoire, les Basotho manifestèrent peu d'intérêt pour le développement économique et industriel de leur pays, ce qui explique sans doute partiellement le peu d'efforts faits par l'administration anglaise dans ce domaine. La grande nouveauté dans le domaine économique fut l'introduction du système du travail migratoire qui, tout en fournissant au pays des revenus importants,

---

[98] Bernadette 'MANYEOE PELEA, *art. cit.* dans *Vivant Univers,* no. 284, 1973, pp. 33-36.

eut des conséquences déplorables dans la vie des familles et de la nation. Les Basotho furent éveillés aux problèmes du développement par les hommes politiques beaucoup plus que par les chefs.

D'autre part, en raison de la nature des événements qu'ils vécurent au cours de ce siècle d'histoire, les Basotho développèrent grandement l'art et le goût de la politique. En 1966, aucune nation africaine du sud de l'Afrique n'était mieux préparée à tenter l'expérience de la vie politique. Parallèlement à ce développement politique, naissait le grand mouvement en faveur de l'éducation. Après des débuts laborieux, il s'amplifia sans cesse pour devenir une des réalisations les plus importantes et les plus significatives des cinquante dernières années.

Accueillants et ouverts au progrès, souvent trop confiants pour réaliser pleinement les conséquences de leurs démarches, les Basotho recherchèrent les contacts avec l'étranger. Ces dispositions favorisèrent le déclenchement d'un rapide mouvement de changements culturels au moment même où, grâce à l'unification politique, tentaient de se fusionner les différentes traditions culturelles des divers clans qui forment la nation. Cette attitude d'accueil et d'ouverture des Basotho ne se limita pas aux domaines commercial, politique et culturel. Elle s'étendit également au domaine religieux. Ils accueillirent avec sympathie et intérêt les missionnaires des différentes Églises chrétiennes qui se présentèrent chez eux. Ils ne réalisaient sans doute pas alors jusqu'à quel point se développerait le christianisme au Lesotho.

CHAPITRE II

L'EGLISE AU LESOTHO

A la fin de 1861, après dix ans d'un travail apparemment vain, le vicaire apostolique de la terre de Natal, Mgr François Allard, o.m.i., décidait d'abandonner les missions fondées chez les Zoulous et partait explorer son vaste territoire dans l'espoir d'y découvrir une tribu africaine qui manifesterait de meilleures dispositions envers la foi. [1] Ayant entendu parler de Moshesh et de son peuple, il décida de leur rendre visite. [2] L'évêque missionnaire ne prévoyait sans doute pas qu'avec ce premier contact, il posait les fondements de ce qui deviendrait une nouvelle Eglise. Le chapitre II retracera rapidement les grandes étapes de l'implantation de cette Église et donnera une appréciation du travail des missionnaires.

I - JALONS D'HISTOIRE

1. *1862-1894*

Le 17 février 1862, Mgr Allard et son compagnon, le Père Joseph Gérard, o.m.i., se présentaient chez Moshesh pour lui demander l'autorisation de s'établir dans son pays afin de travailler à l'évangélisation de son peuple. Malgré l'opposition des ministres calvinistes, il leur donna son assentiment. Il choisit lui-même l'endroit où ils s'établiraient et leur céda le terrain nécessaire. [3] Commencée le 20

---

[1] Confié à la Congrégation des Missionnaires Oblats de Marie Immaculée en 1850, le vicariat de la Terre de Natal comprenait alors tous les territoires suivants: le Natal, le Transvaal, l'Etat Libre d'Orange, la province du Cap au nord du fleuve Kie, le Swaziland, le Bechuanaland et le Lesotho. Les premiers missionnaires arrivèrent à Durban le 15 novembre 1852. Voir Joseph SACHOT, o.m.i., *Chez les Appollons de Bronze,* Paris, éditions Spes, 1946, pp. 38, 42-52.

[2] Aimé ROCHE, o.m.i., *Clartés Australes,* Lyon, éditions du Chalet, 1951, p. 131.

[3] *Le Père Gérard nous parle,* vol. 2, 1862-1875, Roma, The Social Centre, 1969, p. 117. Dans les notes subséquentes, ce travail sera cité par l'abréviation suivante:

octobre 1862, la première mission fut solennellement inaugurée en présence de Moshesh le 1er novembre 1863. Elle s'appelait le village de la Mère de Jésus. [4] Jusqu'en 1875, ce sera la seule mission catholique au Lesotho. Durant ces treize années, les missionnaires qui ne seront jamais plus de cinq ou six, cherchèrent leur voie au milieu des privations et des guerres, et commencèrent l'évangélisation des Basotho. Le dimanche, ils invitaient la population à la mission. Au petit nombre qui s'y rendait ils annonçaient l'évangile. En semaine, ils parcouraient les villages environants, annonçant le Christ et soulageant les malheureux. [5] En aucun moment, durant ces années, ne se dessina un mouvement de conversion important. Il s'agira toujours d'unités. Les deux premières catéchumènes ne commenceront leur catéchuménat que le 25 décembre 1864. A partir de ce jour, les conversions augmenteront, mais jamais les catéchumènes ne dépasseront la cinquantaine. Les Basotho ne bougeaient pas. Pour leur part, les pères suivaient des règles très sévères pour l'admission au catéchuménat. Ils craignaient que ne se répète au sein de l'Eglise la triste expérience des apostasies que connaissait alors la mission calviniste. [6] Pour rendre plus tangible encore le témoignage de la charité évangélique et pour commencer l'oeuvre de l'enseignement, les missionnaires obtinrent l'aide des Soeurs de la Sainte-Famille de Bordeaux, qui arrivèrent à Roma en avril 1865.

Ces annés sont celles des premiers événements catholiques du pays: premier baptême solennel, le 8 octobre 1865, premières confirmations, le 6 janvier 1866, premières communions des néophytes, le 2 octobre 1866, premiers mariages chrétiens, le 8 avril 1871, premières professions religieuses de soeurs basotho en 1873. Chacun de

---

Le Père Gérard. Les Basotho, qu'ils soient chrétiens ou non, ont toujours considéré comme très important pour l'Eglise qu'elle ait été autorisée à s'établir et à se développer dans leur pays par Moshesh lui-même et qu'il lui ait donné personnellement le terrain de la première mission. Selon eux, en raison de l'accord intervenu entre Moshesh et Mgr Allard, il y eut comme mariage entre le peuple et l'Eglise. L'Angleterre qui, à cette époque, avait renoncé à la Souveraineté de la Rivière Orange, n'exerçait aucune autorité au Lesotho et ne fut mêlée en rien à l'établissement de l'Eglise en ce pays. En 1862, il y avait environ 5.000 chrétiens calvinistes au Lesotho mais aucun catholique.

[4] François MAIROT, o.m.i., *Suivez le guide, petite histoire des missions du Lesotho,* Mazenod, Mazenod Book Centre, pp. 11-12, 249. Comme les protestants désignaient la mission par le nom de "*Ha ba-Roma*", c'est-à-dire chez les romains, graduellement le peuple les imita. En 1877, la mission prit définitivement le nom de Roma.

[5] Aimé ROCHE, *op. cit.,* pp. 159, 167-171.

[6] V. ELLENBERGER, *Un siècle de mission au Lessouto, 1833-1933,* Paris, Société des Missions Evangéliques, 1933, p. 92.

ces événements était l'occasion de fêtes populaires qui permettaient aux pères d'évangéliser par le moyen de la liturgie. [7] En 1875, le nombre des chrétiens ne dépassait pas les 400 mais ils formaient une communauté fervente qui vivait sa foi dans les villages. [8] Les enfants commençaient à fréquenter l'école des frères et des soeurs. Le germe de la foi avait été planté chez les Basotho.

De 1875 à 1894, se produisit l'éclatement du premier noyau de chrétiens par la fondation successive de sept missions dans le nord et le sud du pays. Bien que lentement, les conversions se multipliaient. Toutefois malgré ces signes de promesses, ces années furent assombries par la crainte de devoir abandonner le Lesotho. [9] Même si les pères vivaient leur vie religieuse intensément et dans la plus grande pauvreté, ils furent accusés de ne pas observer suffisamment la discipline religieuse en raison de leur dispersion. Mais la véritable cause de désarroi fut que la mission n'avait pas de chef véritable. Les évêques qui succédèrent à Mgr Allard, ne l'entourèrent pas de la même sollicitude. [10] Le Lesotho fut la portion pauvre de leur troupeau. L'Afrique du Sud, qui était alors en plein développement, les retenait davantage. Plus que jamais se faisait sentir la nécessité d'une autorité ecclésiastique autonome pour le Lesotho. En 1893, Rome accédait enfin aux demandes des missionnaires et le Lesotho devenait une préfecture apostolique. Les hésitations de la Propagande se comprenaient. Il n'y avait au Lesotho que neuf pères dont certains fort avancés en âge, six missions et pas tout à fait 4.000 chrétiens. Par contre, la mission était la première réussite de l'Eglise chez les noirs de l'Afrique du Sud. [11]

2. 1894-1930

L'érection du Lesotho en préfecture apostolique, tout en assurant à la mission la stabilité voulue, marqua le point départ de la

---

[7] *Le Père Gérard*, vol. 2, p. 30. Le premier catéchisme en sesotho fut imprimé en 1872.

[8] *Missions de la Congrégation des Missionnaires Oblats de Marie Immaculée*, 1876, p. 311. Dans les notes subséquentes, cette revue sera citée par l'abréviation *M.O.M.I.*

[9] *Le Père Gérard*, vol. 3, p. 76.

[10] Mgr Charles JOLIVET, o.m.i., *Rapport sur le vicariat de Natal*, dans *M.O.M.I.*, 1880, p. 43.

[11] *M.O.M.I.*, 1876, p. 312. A cette époque, l'influence de l'Eglise comptait pour si peu au Lesotho que Lagden, dans son histoire des Basotho, se contente de la mentionner sans rien ajouter. Voir Sir Godfrey LAGDEN, *The Basutos, the Mountainers and their Country*, vol. II, p. 638.

période-clé de l'Eglise du Lesotho. Non seulement le nombre des missionnaires et des chrétiens augmenta sensiblement, mais la méthodologie missionnaire se précisa et se fit plus ample, les grandes orientations se dessinèrent et la physionomie de la chrétienté prit forme. Cette période est dominée par un homme, Mgr Jules Cénez, o.m.i., qui fut préfet apostolique du Lesotho jusqu'en 1908, puis vicaire apostolique jusqu'en 1930. [12]

Le travail d'évangélisation des premiers missionnaires commençait à porter du fruit. C'est en effet vers 1903 que se perçut le premier mouvement important de conversion. En cette seule année, on avait enregistré 1.229 baptêmes. [13] Aussi malgré ses effectifs restreints, Mgr Cénez voulut-il rendre l'Eglise présente partout. Durant son pastorat, le nombre des missions passa de six à vingt-trois, celui des annexes de six à 184. Jusqu'ici, les missionnaires avaient confiné leur travail à la plaine. A partir de 1905, ils commencèrent à parcourir la montagne et en 1924, y fondèrent trois missions. [14] Dans un geste prophétique, l'évêque missionnaire jetait les fondements de ce qui serait plus tard le diocèse de la montagne. Pour prendre en charge les annexes, qui étaient toutes privées de prêtres, il multiplia les catéchistes.

Dès le début de la mission, l'école avait été considérée comme l'instrument privilégié de l'évangélisation. [15] Mais le manque de missionnaires et d'instituteurs en avait toujours rendu la multiplication impossible. Pour remédier à cette carence, l'évêque fit appel à des congrégations enseignantes. En 1909 arrivaient les Frères Maristes et les Soeurs de la Sainte-Croix de Menzingen. [16] Pour répondre aux besoins des écoles, les Frères Maristes formèrent des instituteurs laïques qui seraient en même temps des catéchistes. Grâce à ces efforts concertés, le nombre des écoles passait de 11 en 1896 à 184 en 1930. Il s'agissait uniquement d'écoles élémentaires mais le mouvement était lancé. Mgr Cénez compléta son travail par la promotion du clergé local. Mû par son sens de la fidélité au Pape plus que

---

[12] Joseph SACHOT, o.m.i., *op. cit.*, pp. 337, 338. Joseph BONHOMME, *Noir Or, le Basutoland mission noire moisson d'or*, Montréal, les Missionnaires O.M.I., [sans date], pp. 137-139.

[13] *M.O.M.I.* 1905, p. 5551. 1906, p. 168.

[14] Joseph SACHOT, o.m.i., *op. cit.*, pp. 322-334.

[15] *M.O.M.I.*, 1884, p. 86.

[16] *M.O.M.I.*, 1909, pp. 88, 89.

par ses craintes, [17] et pressé par ses jeunes missionnaires, il fonda le séminaire Saint-Augustin en février 1924. [18]

En 36 ans, la position de l'Eglise au Lesotho avait changé sensiblement. L'augmentation du nombre des chrétiens le montre bien. En 1930, ils étaient déjà 59.000. Cependant depuis la fin du premier conflit mondial, l'incertitude et la crainte réapparurent chez les missionnaires. Ils vieillissaient rapidement et, en raison des difficultés de l'après-guerre, la France ne pouvait plus assurer la relève. La crise fu évitée grâce au Canada français qui, en 1930, acceptait de relayer les provinces oblates de France au Lesotho. [19]

3. 1930-1950

La troisième période de l'histoire de l'Eglise au Lesotho est certainement la plus prodigieuse, dynamique et inventive de toutes. Sous l'impulsion de son nouveau vicaire apostolique, Mgr Joseph Bonhomme, o.m.i., l'Eglise sera de plus en plus présente partout et dans tous les domaines, et deviendra pour le peuple entier un ferment de transformation. Bien que neuf à la vie missionnaire, le nouvel évêque arrivait au Lesotho avec un programme précis, fondé sur les grandes encycliques missionnaires de Benoît XV et de Pie XI. Il voulut que tout le travail missionnaire tendît à implanter l'Eglise et à rendre les Basotho capables d'en assumer les destinées le plus tôt possible. [20] La disponibilité des missionnaires déjà au pays et l'aide massive en personnel qui arriva du Canada lui permirent de mettre son programme à exécution. En effet, de 1930 à 1940, 52 pères et 34 frères oblats furent envoyés au Lesotho et cinq congrégations féminines et une masculine vinrent s'y établir.

En 1933 et 1934, toutes les ressources furent employées à sauver le peuple ravagé par la famine et le typhus. Ces années furent un temps de Pentecôte pour le Lesotho. On enregistra 38.000 baptêmes en trois ans. [21] Les missions, les annexes et les écoles se multiplièrent rapidement. Mais ce qui caractérise ces années jusqu'en 1940, ce n'est pas seulement l'accroissement rapide du nombre des

---

[17] François MAIROT, o.m.i., *op. cit.,* p. 278.
[18] *M.O.M.I.,* 1924, p. 275.
[19] Joseph SACHOT, o.m.i., *op. cit.,* p. 337.
[20] Joseph BONHOMME, o.m.i., *Lettre pastorale sur la réorganisation du vicariat,* 1934, Archives de la Maison générale des O.M.I., pp. 6, 16.
[21] Joseph BONHOMME, o.m.i., *Lettre pastorale sur l'Action catholique,* Archives de la Maison générale des O.M.I., 1936, p. 11.

chrétiens et des missions. C'est surtout l'orientation donnée à l'Eglise
et les oeuvres nouvelles qui furent fondées. Il n'y eut plus de place
pour le doute ou pour l'hésitation en ce qui concerne les vocations
locales au sacerdoce et à la vie religieuse. Le séminaire devint l'oeuvre la plus importante du vicariat et toutes les congrégations féminines fondèrent des noviciats pour les religieuses basotho. L'action
catholique et l'action sociale multiforme furent instituées et orga-
nisées dans toutes les missions. L'oeuvre de presse fut remise sur
pied par la fondation d'une imprimerie et la publication d'un journal hebdomadaire catholique en sesotho. L'apostolat auprès des malades s'amplifia par la fondation de deux hôpitaux catholiques, dont
un dans la montagne, et de nombreuses cliniques.

Durant les années de la deuxième guerre mondiale, les ressources disponibles furent consacrées au maintien des oeuvres exis-
tantes. Mais dès 1945, les initiatives nouvelles reprirent dans tous
les domaines. [22] Il suffira de mentionner les plus significatives. Pour
promouvoir le développement intégral du Lesotho par les Basotho,
le vicaire apostolique fonda le mouvement coopératif [23] et approuva
l'organisation d'un centre catholique d'information et d'éducation
populaire. [24] Fait unique dans l'Afrique noire du temps, il fonda,
de concert avec les évêques de l'Afrique du Sud, le collège universitaire Pie XII. [25] Conformément à son désir d'indigénisation de
l'Eglise, il encouragea la fondation d'un institut religieux purement
africain, la congrégation du Christ-Roi. [26] Enfin, en 1946, après des
mois d'une préparation intense dans tout le pays, il consacra le
Lesotho au Coeur Immaculé de Marie et établit un sanctuaire national dédié à la Vierge. [27] L'humble et fervente communauté du
village de la Mère de Jésus devenait de plus en plus une église.

4. 1950-1974

Les vingt dernières années de l'Eglise au Lesotho ne le cèdent
en rien aux précédentes en dynamisme et vitalité. Durant ce temps,
le nombre des chrétiens a plus que doublé et représente actuelle-

---

[22] Jack HALPERN, op. cit., p. 208.
[23] Voix du Basutoland, no. 29, 1946, p. 22.
[24] François MAIROT, o.m.i., op. cit., p. 245.
[25] Voix du Basutoland, no. 26, 1945, pp. 1-5.
[26] Voix du Basutoland, no. 26, 1945, pp. 11-13. Cette congrégation qui fut dis-
soute en 1948, se reforma en Afrique du Sud et revint au Lesotho en 1961.
[27] François MAIROT, o.m.i., op. cit., p. 257.

ment 42 % de la population. Des mouvements nouveaux d'assistance, d'éducation et d'évangélisation apparurent sans cesse. Cependant ce n'est pas ce qui distingue surtout cette période des autres. Sa grandeur vient de ce que l'Eglise du Lesotho a réussi alors à se constituer en une Eglise particulière. Le premier pas fut franchi en 1951 lorsque le vicariat du Lesotho devint le diocèse de Maseru. [28] En 1952, suivit l'érection d'un nouveau diocèse, celui de Leribe, confié aux soins du premier évêque africain de l'Afrique du Sud, Mgr Emmanuel 'Mabathoana, o.m.i. [29] En 1961 enfin, avec l'érection d'un troisième diocèse, celui de Qacha's Nek, le Lesotho était constitué en province ecclésiastique. Maseru devint le siège métropolitain et Mgr 'Mabathoana y fut nommé comme premier archevêque. [30] La prise en main de deux des trois diocèses par des évêques basotho ne fut pas voulue ou interprétée comme un geste symbolique ou politique, mais comme la reconnaissance d'un état de fait. L'Eglise était véritablement implantée et le peuple chrétien pouvait la prendre en charge.

L'artisan de ces transformations fécondes fut Mgr Joseph DesRosiers, o.m.i. Comme vicaire apostolique du Lesotho de 1948 à 1951, puis comme évêque de Maseru de 1951 à 1961, en donnant la priorité à la formation d'un clergé local et d'un laïcat chrétien compétents et zélés, il rendit possible la naissance d'une Eglise particulière authentique. En 1961, cédant son diocèse à Mgr 'Mabathoana, il alla fonder le diocèse de la montagne à Qacha's Nek. [31]

Le tableau suivant permettra de juger des progrès de l'Eglise au Lesotho au cours des quatre-vingts dernières années. [32]

---

[28] *Acta Apostolicae Sedis*, 1951, pp. 260, 405.
[29] *Acta Apostolicae Sedis*, 1953, pp. 84, 264-266.
[30] *Acta Apostolicae Sedis*, 1961, pp. 199, 544.
[31] *Acta Apostolicae Sedis*, 1961, pp. 200, 542.
[32] Les statistiques ont été tirées des sources suivantes: pour 1896, Archives de la Maison générale des O.M.I.; pour 1931 et 1950, archives de l'Archidiocèse de Maseru; pour 1974, l'annuaire pontifical de 1974.

	1896	1931	1950	1974
Chrétiens	4.000	59.571	191.113	442.743
catéchumènes	333	11.141	16.127	13.827
missions	6	23	45	71
annexes	6	184	260	389
écoles	11	274	387	473
élèves	613	18.460	35.508	86.607
prêtres	9	33	108	142
frères	9	14	59	97
religieuses	30	152	403	704
catéchistes	70	322	731	797

II - Essai d'évaluation

1. *Visée missionnaire*

a. Le choix des africains

Généralement, il va de soi que les missionnaires étrangers se rendent en Afrique pour travailler auprès des africains. En Afrique du Sud, où une population blanche toujours plus nombreuse attend de l'Eglise les soins pastoraux dont elle a besoin, ce ne fut jamais aussi simple. Les Oblats sont allés aux africains en raison d'une volonté expresse de leur fondateur, Mgr Eugène de Mazenod, qui vivait encore au moment de la fondation de la mission en terre de Natal. Reprochant à Mgr Allard de concentrer ses efforts sur les familles blanches dispersées sur son territoire, il lui rappela en termes vifs le but de sa mission. « C'est aux Cafres que vous avez été envoyé, lui écrivait-il, c'est leur conversion que l'Eglise attend du saint ministère qu'elle vous a confié. C'est donc vers les Cafres que doivent se porter toutes vos pensées ... Il faut bien que tous vos missionnaires le sachent et s'en pénètrent ... » [33] Si la décision d'aller au Lesotho ne fut pas préméditée, celle de travailler auprès des africains le fut certainement. Par fidélité à leur charisme propre qui est d'évangéliser les pauvres, ils préférèrent les noirs qu'ils jugèrent plus pauvres, plus abandonnés et plus éloignés de la foi. Pour ceux qui allèrent au Lesotho, ce choix fut définitif. Malgré

[33] Lettre de Mgr Charles Eugène de Mazenod à Mgr François Allard, le 30 mai 1857. Archives de la Maison générale O.M.I.

certaines traces de paternalisme qui ne disparaîtront jamais complètement, [34] ils allèrent vivre parmi les Basotho avec la volonté de les
aimer. « Le bon Dieu a voulu qu'on fasse le bien à l'homme en
l'aimant, écrivait le Père Gérard. O mon Dieu, n'est-ce pas le secret
pour faire du bien aux Basotho, chrétiens et catéchumènes, même
[aux] païens. » [35] Cet amour les amena à partager à un tel point la
vie, les peines et les joies des Basotho qu'un chef déclara publiquement un jour que les prêtres catholiques étaient de vrais Basotho. [36]

Leur intention était de vivre parmi les Basotho comme des
pauvres. Tant qu'il n'y eut au pays que quelques missions centrales
et que l'action de l'Eglise y fut considérée comme un facteur négligeable, leur simplicité de vie et, souvent même, leur dénuement [37]
ne purent manquer d'être visibles. Cependant à mesure que les missions se multiplièrent et se développèrent et que l'influence de
l'Eglise se fit sentir, il devint de plus en plus difficile aux missionnaires de faire valoir le témoignage de la pauvreté évangélique. Si
l'on fait exception de la période allant de 1950 à nos jours où, à
la faveur de la prospérité générale du monde occidental, quelques-uns
se laissèrent gagner par le goût de la facilité, ils menèrent une vie
pauvre. Mais il n'était pas facile pour les Basotho de concevoir le
sens d'une pauvreté personnelle chez des hommes qui jouissaient de
biens toujours supérieurs aux leurs, même s'ils étaient insignifiants,
et qui pouvaient accomplir autant. D'autre part, il n'est pas certain
que les Basotho aient considéré la pauvreté effective comme un prérequis chez les missionnaires. [38] Car ils attendaient d'eux une aide
non seulement spirituelle mais aussi matérielle. [39] Les Basotho ont
d'autant plus de difficulté à comprendre la pauvreté religieuse que
le vrai riche, selon eux, ressemble étrangement au pauvre selon l'esprit de l'évangile. Pour le véritable Mosotho, le vrai riche ne thésaurise pas mais donne sans mesure, jusqu'au dernier centime, s'il
le faut. Ce qu'ils n'acceptent pas d'un homme de Dieu, c'est qu'il
soit accapareur, même s'il professe d'être pauvre. Le meilleur témoignage évangélique de pauvreté que les missionnaires leur donnèrent, fut de n'avoir pas pensé d'abord à eux-mêmes, mais d'avoir
employé leurs ressources au développement d'oeuvres spirituelles et

---

[34] *M.O.M.I.,* 1884, p. 79.
[35] *M.O.M.I.,* 1866, p. 20; 1873, p. 439. Aimé ROCHE, o.m.i., *op. cit.,* p. 260.
[36] *M.O.M.I.,* 1922, p. 689.
[37] *M.O.M.I.,* 1893, p. 499.
[38] *M.O.M.I.,* 1884, p. 97.
[39] *M.O.M.I.,* 1862, p. 386.

profanes pour le bénéfice de la nation, et d'avoir partagé avec eux le pain du pauvre. [40]

b. Le salut et l'Eglise

S'il est vrai qu'il n'y a jamais eu de christianisme sans Eglise, [41] et que la pensée de l'Eglise ne fut jamais totalement absente dans le travail des premières générations de missionnaires au Lesotho, [42] il reste que ces derniers mirent un temps assez long à concevoir explicitement leur mission en termes d'Eglise à implanter ou à édifier. Hommes du XIXe siècle imbus de romantisme religieux, les premiers missionnaires et leurs successeurs immédiats furent surtout émus par la misère morale des Basotho et par le danger certain qu'ils couraient de se perdre éternellement. La charité les poussait à tout tenter pour tirer les Basotho du paganisme et pour leur assurer le salut. [43] Les pères ne comprenaient pas que les Basotho fussent si lents à accepter le message de salut que le Christ et l'Eglise leur offraient. Ils avaient quitté les premières missions auprès des Zoulous après dix ans de travail, parce qu'aucune conversion ne s'était produite. Pour un temps, ils craignirent qu'un sort identique ne frappât la mission du Lesotho pour la même raison. Ils s'examinèrent sur la méthode à suivre dans l'enseignement du catéchisme mais il semblerait qu'ils ne se soient pas demandé si le contenu d'un tel enseignement avait une signification et était acceptable pour les Basotho. [44] D'autre part, ils souffrirent de ce qu'un certain nombre de Basotho aient mis leur salut en danger en embrassant le protestantisme. Pour les sauver, ils s'adressèrent donc immédiatement à eux également. Même lorsque la communauté chrétienne commença à augmenter et à vivre fortement en Eglise, leur préoccupation première resta trop exclusivement celle du salut individuel. [45]

Vers 1930, les perspectives commencent à s'élargir et le salut à être conçu de plus en plus explicitement comme vécu en Eglise. On parle davantage de l'Eglise du Lesotho. [46] Tous les efforts sont

---

[40] Joseph SACHOT, o.m.i., *op. cit.*, pp. 347-349.
[41] Henri de LUBAC, *Les églises particulières dans l'Eglise universelle*, Paris, Aubier, 1971, p. 8.
[42] *Le Père Gérard*, vol. 2, p. 39.
[43] *M.O.M.I.*, 1866, pp. 24, 34, 35.
[44] *Le Père Gérard*, vol. 2, p. 52.
[45] *M.O.M.I.*, 1906, p. 170.
[46] *M.O.M.I.*, 1932, p. 488.

ordonnés à l'implantation de cette nouvelle Eglise, [47] même si on ne s'arrête pas beaucoup à préciser les modalités de cette implantation.

Durant les vingt-cinq ans qui suivirent, les nombreux missionnaires, hommes et femmes, qui venaient surtout du Québec, marquèrent profondément l'évolution de l'Eglise au Lesotho. Jeunes, entreprenants, généreux et combatifs, ils arrivèrent avec un esprit de conquête, déterminés à mener le bon combat du Christ en plantant l'Eglise. [48] A leur suite, et sous leur direction, les chrétiens, hommes et femmes, devinrent plus militants. L'image d'une Eglise faible, démunie, inconnue et ignorée s'estompa graduellement pour en laisser apparaître une autre d'où se dégageait une impression de vitalité, de force et même de puissance. [49] Ce qui sera un lourd héritage pour une jeune Eglise pauvre dans un pays non moins pauvre.

Presque tous envoyés au Lesotho sans préparation missionnaire précise, les pères, les frères et les soeurs n'eurent pour se guider que les exemples de leurs devanciers et leur sens de l'Eglise. Il leur aurait été difficile de penser à former une Eglise véritablement locale où, dans la fidélité à l'Esprit et l'adhésion à l'unique foi du Christ, les Basotho se seraient sentis tout à fait chez eux. A cette époque, dans l'Eglise, on laissait très peu de latitude à la diversité. Il est sans doute heureux qu'il en fût ainsi, car il ne revenait pas aux missionnaires seuls de tenter cette nouvelle traduction de la foi. Pour être valable, il faudra qu'elle soit entreprise par les Basotho eux-mêmes à travers leur expérience de la foi et du Christ. Il est toutefois regrettable qu'on n'ait pas assez distingué entre les éléments essentiels et universels de la vie de l'Eglise et l'expression particulière qu'ils prirent dans leurs pays d'origine. Ce faisant, ils donnèrent à l'Eglise du Lesotho beaucoup des aspects extérieurs de leurs propres Eglises. [50]

La faiblesse des grandes orientations apostoliques des missionnaires se fondait sur une vision imparfaite et étroite de la mission beaucoup plus que sur une volonté de restreindre et un désir de s'imposer. Elle ne manifestait certainement pas une déviation par

[47] Joseph BONHOMME, o.m.i., *Lettre pastorale sur la réorganisation du vicariat*, 1934, pp. 6, 17, 18.
[48] Joseph BONHOMME, *Noir Or*, pp. 116, 117, 141, 236.
[49] Jack HALPERN, *op. cit.*, p. 139.
[50] *Voix du Basutoland*, no. 44, 1950, pp. 4, 5. François MAIROT, o.m.i., *op. cit.*, p. 131.

rapport au dessein premier d'évangéliser. Issus d'une congrégation essentiellement vouée à l'évangélisation des pauvres, [51] les pères ne confondirent pas la fin essentiellement surnaturelle de leur mission avec des objectifs purement humains. S'ils parlèrent de civiliser les Basotho, [52] ce fut dans le sens de les policer plutôt que dans celui de leur imposer une civilisation donnée qui aurait été la leur. A partir de 1920, l'expression elle-même est de moins en moins employée. Il est surtout question de former des chrétiens éclairés et généreux, capables de se charger du développement de leur Eglise et de leur pays. [53]

c. Le clergé local

Le premier prêtre mosotho fut ordonné en 1931, [54] soit soixante-dix ans après l'arrivée des premiers missionnaires. Comment expliquer ce long délai, alors que l'Eglise calviniste eut ses premiers ministres ordonnés en 1891 [55] et l'Eglise anglicane son premier prêtre en 1890? [56] Le manque de compréhension et de collaboration des parents ne peut tout expliquer. La raison première doit être cherchée du côté des missionnaires eux-mêmes. Pour les premières soixante années, la création d'un clargé local ne fut pas considérée comme une des fins principales de leur travail d'évangélisation. Il est vrai que dès 1873, le Père Gérard décida de confier l'école de la mission à un frère dans l'espoir de promouvoir le bien spirituel des garçons et même les vocations sacerdotales, et que dans ses sermons, entre 1875 et 1895, il demanda souvent à ses chrétiens de prier pour qu'il y ait des prêtres basotho. [57] Mais il fait figure d'ex-

---

[51] *Constitutiones et Regulae Congregationis Missionariorum Oblatorum Sanctissimae Et Immaculatae Virginis Mariae a Capitulo generali XXVII exaratae*, Romae, 1966, p. 6.

[52] *Le Père Gérard*, vol. 2, p. 117. *M.O.M.I.*, 1896, p. 277.

[53] *Voix du Basutoland*, no. 28, 1945, p. 8. no. 33-34, pp. 2-4. *Vinculum*, vol. 21, no. 4, 1965, p. 103.

[54] *M.O.M.I.*, 1932, p. 486.

[55] V. ELLENBERGER, *op. cit.*, p. 287.

[56] Canon REGINALD DOVE, *Anglican Pioneers in Lesotho, Some Account of the Diocese of Lesotho, 1876-1930*, Mazenod, [1975], pp. 58, 91.

[57] *Notes de retraites du Père Joseph Gérard*, le 20 juin 1873, Archives de la Postulation Générale des O.M.I., Rome. Chose remarquable, ce Père Gérard qui, le premier, favorisa les vocations sacerdotales et religieuses parmi les Basotho, fut un prêtre d'une sainteté reconnue. Son procès de béatification a été introduit en cour de Rome.

ception. En 1896, le Père Porte écrivait encore que c'était chimère d'espérer avoir des prêtres basotho avant un siècle ou deux. [58]

Le retard à développer le clergé local s'explique surtout par la conception qu'avaient les pères de leur mission. Tant qu'ils la considérèrent presque exclusivement en fonction du salut individuel, ils ne firent rien concrètement pour promouvoir un clergé sesotho. Mais dès que se précisa le caractère ecclésial de la mission, la situation changea. Le clergé fut alors considéré non plus comme un rêve lointain ou même comme un bienfait mais comme l'objectif premier et nécessaire à la réalisation duquel tous devaient collaborer. [59] Lorsque, poursuivant son chemin, l'idée d'implantation se précisa encore davantage au point d'en venir à signifier l'implantation d'une Eglise particulière, les prêtres basotho cessèrent d'être simplement vus comme collaborateurs des missionnaires pour être considérés comme les dépositaires de la responsabilité pastorale de leur Eglise. Le transfert des responsabilités est aujourd'hui chose accomplie et ce sont les missionnaires qui travaillent comme collaborateurs de leurs confrères basotho. [60]

d. Le peuple chrétien

La valeur des chrétiens du Lesotho est souvent mise en doute en raison de deux difficultés majeures avec lesquelles l'Eglise s'affronte depuis toujours sans avoir pu leur donner une réponse satisfaisante. La première relève du domaine de la foi. Selon plusieurs, ethnologues ou missionnaires, les Basotho chrétiens continuent à se servir de médecines et de rites magiques, et à observer des coutumes expressément condamnées par l'Eglise. [61] Bien qu'aucune enquête n'ait été faite pour en découvrir l'origine, la signification et l'extension, [62] le phénomène ne peut être nié. Il révèle chez ceux qui s'adon-

---

[58] *M.O.M.I.*, 1896, pp. 278, 279.

[59] Joseph BONHOMME, o.m.i., *Lettre pastorale sur la réorganisation du vicariat*, p. 6. Mgr Joseph DESROSIERS, o.m.i., *Premier message au vicariat du Basutoland*, dans *Vinculum*, vol. I, no. 1, p. 8. Mgr E. 'MABATHOANA, o.m.i., *Blessing and Official Opening of Mater Jesu Immaculata Scholasticate*, dans *Vinculum*, vol. 18, no. 3, pp. 112 et suivante.

[60] Jack HALPERN, *op. cit.*, p. 149. *Vinculum*, vol. 17 no. 2, 1961, pp. 2-6; vol. 23, no. 4, 1968, p. 125. Il y a actuellement une soixantaine de prêtres basotho dont trois évêques. La vie religieuse chez les femmes basotho s'est développée à un tout autre rythme. Les religieuses basotho sont aujourd'hui plus de 500. Elles travaillent surtout dans les écoles, les cliniques et les hôpitaux.

[61] *M.O.M.I.*, 1884, p. 80. Hugh ASHTON, *The Basuto*, p. 136.

[62] voir pages 52, 53.

nent à de telles pratiques, une conversion incomplète, une méconnaissance de la vie chrétienne et une expérience personnelle du Christ peu profonde. [63] Ce dualisme de vie n'a cependant pas encore dégénéré en un syncrétisme religieux du type sioniste [64] et, quoi qu'on en dise, [65] il n'a pas été démontré qu'il implique une confusion entre la foi au Christ et la foi aux substances et aux rites magiques. Mais il manifeste, à n'en pas douter, une contradiction dans la vie des chrétiens et constitue un contre-témoignage de la foi.

Le seconde difficulté vient de l'apparente composition de l'Eglise. A l'observateur non averti, l'Eglise semble n'avoir réussi qu'auprès des femmes, tellement elles dominent par leur nombre et par l'importance de leurs engagements apostoliques. Le croire serait se méprendre sur la situation réelle du pays car elles dominent par leur présence non seulement l'Eglise mais le pays tout entier en raison de l'absence continuelle des hommes qui travaillent en Afrique du Sud. [66] En plus de rendre difficile l'évangélisation des hommes, le travail migratoire a privé l'Eglise d'une partie importante de ses éléments les plus actifs. Ce qu'ont accompli les hommes chrétiens restés au pays montre qu'ils ne sont pas indifférents aux questions religieuses.

Sans vouloir les minimiser, les aspects négatifs de la vie de l'Eglise, qui viennent d'être relevés, ne traduisent pas toute la réalité. Par leur foi et par les fonctions apostoliques qui leur furent confiées, les chrétiens du Lesotho prirent une part très active et très importante dans l'édification de leur Eglise. Dès les débuts de la mission, les pères associèrent les laïcs à l'oeuvre de l'évangélisation.

Cette association se développa, en même temps, selon deux formules différentes mais complémentaires. La première fut de constituer des corps de catéchistes. Des neuf premiers chrétiens du Lesotho, trois femmes qui étaient veuves ou qui avaient été abandonnées par leur mari, décidèrent de se donner totalement à Dieu par la pratique des conseils évangéliques et de la prière assidue. Conscient du rayonnement apostolique que pourraient avoir de telles chrétiennes, le Père Gérard les groupa en une association dite des

---

[63] *Vinculum*, vol. 5, no. 6, 1949, pp. 84, 85.

[64] *Oxford History of S.A.*, vol. II, p. 400.

[65] Guy GAUDREAU, o.m.i., *Plus de cent ans de christianisme*, dans *Vivant Univers*, no. 284, 1973, p. 26.

[66] Voir pages 19-23.

Femmes de la Sainte-Famille et en fit les trois premières catéchistes du Lesotho. [67] L'expérience fut tellement probante que chaque mission, dans la suite, se forma un groupe de catéchistes. A la mission de Roma, il eut même un groupe de 70 catéchistes, à l'exemple des 70 disciples de l'évangile. [68] A partir de 1886, un nouveau type de catéchiste commença à émerger, celui de l'instituteur-catéchiste. [69] Pendant plus de soixante ans, ils joueront un rôle unique dans l'histoire de l'Eglise du Lesotho. Lorsqu'une annexe se développait suffisamment pour y fonder une école, l'instituteur qui y était nommé, en devenait le catéchiste résident. Ainsi, progressivement, plus des deux-tiers des chrétiens du Lesotho furent placés sous la direction immédiate de l'instituteur-catéchiste qui, en plus de son travail professionnel, se chargea de l'évangélisation des non-chrétiens et de l'animation spirituelle des chrétiens de sa région. L'Eglise en vint à compter sur les services de plus de mille instituteurs-catéchistes. [70] L'évolution du système scolaire et du statut professionnel des instituteurs rend de plus en plus difficile le maintien de cette formule. Aussi l'Eglise a-t-elle commencé à former de nouveaux catéchistes dont l'unique ministère sera le travail pastoral et missionnaire.

Pour importante et irremplaçable qu'elle fut, la contribution des catéchistes à l'oeuvre de l'implantation de l'Eglise ne pouvait être suffisante. C'est tout le peuple chrétien qui reçut le mandat d'évangéliser. Longtemps, tout se fit sans structure. L'important était que les chrétiens, témoignant de leur foi à travers leur vie quotidienne, étendent le règne du Christ. [71] Ils apprirent même à annoncer le Christ dans leurs salutations quotidiennes. Au salut traditionnel de *khotso* (la paix) et *lumela* (fais-moi confiance), ils substituèrent les formules de « Loué soit Jésus-Christ » et « Marie-Iimmaculée ». [72] Il ne s'agit pas là d'une tentative sans lendemain. Ces échanges de politesses imprégnés de sentiments chrétiens sont aujourd'hui passés dans les moeurs. A la maison, sur la route, au village ou à la ville, les chrétiens se saluent depuis des générations de cette façon.

---

[67] *Le Père Gérard*, vol. 2, p. 49. Aimé ROCHE, *o.m.i., op. cit.*, p. 211.

[68] *M.O.M.I.*, 1888, p. 478.

[69] *M.O.M.I.*, 1886, p. 347.

[70] Les instituteurs-catéchistes ne reçoivent aucun appoint en argent à leur salaire d'instituteur pour leur service de catéchiste. L'Eglise les rétribue en mettant à leur disposition une maison et, si possible, quelques champs.

[71] *M.O.M.I.*, 1884, p. 78.

[72] *Le Père Gérard*, vol. 2, p. 45. Aimé ROCHE, *op. cit.*, pp. 208, 209.

Pour un nombre incalculable de non-chrétiens, cette salutation fut leur première annonce du Christ.

Le travail des chrétiens ne se limita pas aux salutations. Ils évangélisèrent le pays, et d'une façon toute particulière, la montagne. [73] Dans son rapport au chapitre général des Oblats, tenu en 1926, Mgr Cénez déclarait que « [les] pères sont trop peu nombreux pour pouvoir aller semer la parole de Dieu parmi les païens; le ministère qu'ils doivent à leurs fidèles est plus que suffisant pour occuper leur temps. » [74] Depuis lors, la situation n'a guère changé. Depuis de nombreuses années, les pères font peu d'évangélisation directe auprès des païens. Par contre, l'analyse des statistiques montre que le grand mouvement de conversion vers l'Eglise a eu lieu après 1926. [75] Sans l'engagement actif des chrétiens, les païens ne se seraient jamais convertis en aussi grand nombre. [76]

Afin de rendre encore plus universel et plus fécond l'apostolat des chrétiens, Mgr Bonhomme établissait les mouvements d'action catholique au Lesotho en 1934. [77] Il leur donna comme fonction propre l'évangélisation et la christianisation du pays. En 1950, Mgr DesRosiers donnait un regain de vie à l'action catholique en établissant la Légion de Marie qui prit vite le pas sur toutes les autres associations, excepté celle des Dames de Sainte-Anne, en raison de son orientation essentiellement apostolique et mariale. [78] L'intérêt traditionnel des Basotho pour la chose publique se traduisit pour les chrétiens en un engagement apostolique dynamique et constant qui témoigne d'une foi véritable.

2. *Attitude vis-à-vis de la culture sesotho*

Depuis leur arrivée au Lesotho, les missionnaires ont été conscients que l'évangélisation ne pourrait progresser sans que le mode de vie des Basotho ne soit harmonisé aux exigences de l'évangile. Ils cherchèrent donc à connaître leur culture. Ils acquirent leurs

---

[73] *M.O.M.I.*, 1910, p. 56.

[74] *M.O.M.I.*, 1927, p. 621.

[75] Voir page 41.

[76] Certaines conversions radicales et définitives d'hommes influents comme celle du Grand Chef Nathanaël Griffith Lerotholi, entraînèrent à l'Eglise un nombre considérable de Basotho. Voir Joseph SACHOT, o.m.i., *op. cit.*, pp. 291-302.

[77] Joseph BONHOMME, o.m.i., *Lettre pastorale sur l'Action catholique*, 1936, pp. 1-13.

[78] Mgr Joseph DESROSIERS, o.m.i., *Lettre pastorale sur l'apostolat laïque,* dans *Vinculum,* vol. 6, 1950, pp. 146-163.

4

connaissances en suivant une méthode essentiellement empirique, sans recourir à l'aide des sciences humaines. Sauf de rares exceptions, tous suivirent cette méthode. D'autre part, les connaissances accumulées furent jugées et interprétées, non par référence, même partielle, aux principes des sciences humaines, mais uniquement à la lumière de l'évangile et des principes chrétiens de vie morale. Leur attitude fut très différente selon qu'ils considérèrent l'aspect religieux de la culture d'une part et ses manifestations sociales et politiques d'autre part. Comme il apparaitra au cours des pages qui suivent, ils arrivèrent à des conclusions opposées à partir d'une même règle de jugement. Dans les deux cas, le critère déterminant d'appréciation fut la valeur morale des croyances, des rites, des coustumes et des institutions.

a. Comme système religieux

Intuitivement, les pères distinguèrent avec assez de précision entre les rites religieux et ceux à caractère vraiment magique. Mais leur jugement sur les premiers ne fut pas moins sévère pour cela. Comme en témoigne une étude manuscrite d'orientation très positve du Père François LeBihan, o.m.i., sur la religion des Basotho, [79] certains missionnaires ont perçu une unité et un sens sacré dans leur vie religieuse. Mais ils demeurèrent des exceptions. Le grand nombre n'y vit rien de bon. En raison de l'absence d'un culte déterminé et visible envers Dieu, ils conclurent que les Basotho n'avaient aucune connaissance religieuse précise et même aucune religion. [80] Ils allèrent jusqu'à affirmer que tout ce qui semblait religieux, surtout les rites qui s'apparentaient à ceux des sacrements, étaient des inventions diaboliques destinées à tromper et à perdre les Basotho. [81]

A partir de telles prémisses, les conclusions ne pouvaient qu'être défavorables pour tous les rites pris individulelement. Les missionnaires les jugèrent d'après ce qu'ils voyaient et ce qu'en disaient les Basotho, sans se demander s'ils en avaient pénétré le sens profond. Ils ne se rendirent pas compte non plus que les Basotho avaient perdu au cours des âges la signification véritable de plusieurs de leurs

---

[79] François LeBihan, o.m.i., *Mes réminiscences sur la religion caffre* (sic), ouvrage manuscrit déposé aux archives de la province oblate du Lesotho, Mazenod [sans date], 27 p.

[80] *M.O.M.I.*, 1896, p. 339.

[81] *M.O.M.I.*, 1910, p. 51.

rites et qu'ils étaient inconscients de la dégradation progressive de
de leur religion. [82] Au nom de la tradition ils continuaient à accomplir des rites, qu'ils comprenaient peu mais que, confusément, ils
savaient sacrés et nécessaires. Et ainsi, même si la condamnation
d'une rite donné était moralement justifiée, les Basotho ne se plie-
rent que difficilement aux directives de l'Eglise parce que la raison
d'être du rite n'avait pas été mise en doute ou parce qu'ils n'en
virent pas le dépassement dans les rites chrétiens.

Deux rites, en particulier, ont toujours été condamnés avec
vigueur par l'Eglise sans pourtant ne jamais disparaître. Il s'agit de
l'initiation et des rites aux ancêtres. L'initiation des adolescents fut
proscrite en raison de son caractère brutal, de ses effets moraux
délétères et de l'emploi nécessaire d'une médecine magique à base
de chair humaine. [83] Mais par-delà ces excès et abérrations, l'initiation célèbre une naissance mystique par le retour aux origines et
par la tradition des grands mythes sesotho. Comme cette signification profonde des rites n'a pas été mise en lumière et que, par
force, il n'a pas été montré que, tout en étant fondée, cette nécessité d'une nouvelle naissance devait se vivre dans le Christ par le
baptême, la défense fondée sur des motifs purement moraux n'a
jamais été pleinement convaincante et acceptée.

L'immolation d'animaux [84] aux mânes des ancêtres fut également condamnée parce que jugée idolâtrique. Mais il est certain
que les Basotho n'entendent pas adorer leurs ancêtres par ce rite
et qu'ils ne le conçoivent pas comme un sacrifice au sens chrétien
du terme. Il aurait fallu commencer par découvrir ce que sont les
ancêtres pour les Basotho et pourquoi ils tiennent une place aussi
importante dans leur vie. Tous les défunts ne sont pas des ancêtres.
Ils reconnaissent et traitent comme ancêtres uniquement, au niveau
de la famille, les pères décédés, les fondateurs de leur clan, et au
niveau de la tribu, les chefs décédés. Et encore, faut-il que ces
défunts aient mené une vie digne de respect pour être comptés au
rang des ancêtres. Plus le défunt est élevé dans la lignée des pères,
plus il occupe une place importante parmi les ancêtres, car plus il
s'approche de la source de la vie.

---

[82] Adolphe JENSEN, *Mythes et cultes chez les peuples primitifs*, Paris, Payot,
1954, pp. 95 et suivantes.
[83] François LAYDEVANT, o.m.i., *Les rites de l'initiation au Basutoland*, dans *Anthropos*, vol. XLVI, 1951, pp. 221-255.
[84] Hugh ASHTON, *op. cit.*, pp. 107, 108.

Les ancêtres vivent toujours et continuent à prendre part aux activités de leurs descendants et à garder un droit sur leurs biens. En fait, comme pères de tous, tout leur appartient. Il leur arrive même de causer la mort d'un de leurs descendants afin de jouir de sa compagnie ou de rappeler aux vivants leur présence. Les ancêtres ont le pouvoir d'obtenir la pluie et des récoltes abondantes. Ils ont aussi un pouvoir spécial pour guérir les maladies et peuvent révéler le secret de nouvelles médecines. Sans être des dieux, les ancêtres sont tout de même infiniment supérieurs aux hommes. Il n'est donc pas surprenant qu'ayant une telle conception de leurs ancêtres, les Basotho sentent le besoin d'être unis à eux et qu'ils se tournent vers eux pour leurs besoins. [85] Par leurs rites, non seulement ils tentent de pacifier les ancêtres, mais ils recherchent, sans pouvoir l'exprimer, la communion avec eux et la régénération de la vie. [86] Une simple défense d'ordre moral ne pouvait avoir raison d'une démarche aussi essentielle. Aussi, comme le fait observer Ashton, ce rite est un des seuls à être observé partout, par le chrétiens comme par les non-chrétiens. [87]

Il n'a pas été démontré que la dégradation de la religion traditionnelle des Basotho en fut la cause, mais il est certain, comme on l'a vu plus haut, que la divination, la magie, surtout les médecines magiques, et la sorcellerie tiennent une place importante dans la vie des Basotho. [88] L'Eglise n'a pas été la seule à les condamner. Une des rares lois édictées par Moshesh fut celle de 1855 contre la divination et la sorcellerie. [89] L'attitude des missionnaires, sur ce point, ne pouvait être différente étant donné que par sa nature, la magie, en postulant la domination et l'utilisation du sacré, contredit le sens vrai de tout acte religieux.

Mais pour vrai qu'il fût, l'argument employé contre ces pratiques et ces rites fut incomplet. Premièrement, à propos des médecines, il importait de bien distinguer entre les médecines magiques

---

[85] Hugh ASHTON, *op. cit.*, pp. 113-116. François LAYDEVANT, o.m.i., *Le Basutoland*, ouvrage manuscrit déposé aux archives de la Maison générale des O.M.I., 1950, pp. 234-238.

[86] Adolphe E. JENSEN, *op. cit.*, pp. 207, 214.

[87] Hugh ASHTON, *op. cit.*, p. 108. Comme on le verra au chapitre V, il semble que chez les chrétiens, les rites en faveur des ancêtres ne soient pas célébrés aussi universellement que le laisse entendre Ashton. Voir page 150.

[88] Hugh ASHTON, *ib.*, p. 283. Certains rites qui ont aujourd'hui un caractère presque uniquement magique, comme ceux de la pluie et des onctions rituelles, tirent certainement leur origine de rites religieux dont les Basotho ont perdu le sens.

[89] Sir Godfrey LAGDEN, *op. cit.*, vol. I, pp. 301, 302.

et les médecines véritables, afin que les Basotho voient clairement ce sur quoi portait l'interdiction. Car ils sont eux-mêmes conscients d'utiliser deux sortes de médecines, prescrites par des spécialistes différents. La confusion, du moins pour le missionnaire, provient de ce que, dans l'un et l'autre cas, les Basotho se servent de plantes. Lorsque l'herboriste prescrit la fougère ou la scableuse pour les cas d'accouchements difficiles, le mimosa contre les hémorragies, le géranium contre la diarrhée, il le fait dans un but purement médicinal tout comme lorsqu'il prescrit la menthe, l'absinthe ou le lichen. De leur côté, les Basotho n'y perçoivent aucun aspect magique. Par une sorte de communion intime avec la nature, certains sages ont découvert que ces plantes, comme du reste beaucoup d'autres, avaient des propriétés médicinales. Rien ne peut donc s'opposer à l'emploi de ces plantes. Mais lorsque le *ngaka* (le médecin-mage) prescrit l'aloès pour transformer les soldats en gouttes d'eau et les rendre invisibles, lorsqu'il prescrit une fumigation à base de fougère pour calmer l'esprit de ceux qui ont eu des songes, lorsqu'il prétend éloigner la grêle avec des racines ou des herbes, et lorsqu'il donne aux filles de l'initiation une eau de beauté à base d'oeillet afin de les rendre physiquement plus belles, les Basotho sont conscients qu'il y a là beaucoup plus qu'un remède. Ils utilisent alors des moyens surhumains pour obtenir ce qu'ils désirent, et ils entourent ces médecines d'une sorte de mystère. Il aurait été important pour les Basotho de savoir que la condamnation ne portait que sur ce type de médecines. [90]

D'autre part, il ne suffisait pas de ridiculiser l'usage de ces médecines ou de montrer qu'il était mauvais d'attribuer aux esprits et aux hommes des pouvoirs qui appartiennent à Dieu. Il aurait fallu aller plus loin et convaincre les Basotho que le Christ les avait libérés de la domination des puissances et du mal. Le caractère symbolique des sacramentaux et l'importance de la foi dans leur usage n'ont pas été suffisamment compris pour servir de contrepoids à l'utilisation encore très répandue des substances magiques. [91]

b. Comme système social

L'attitude des missionnaires vis-à-vis des institutions sociales et politiques des Basotho fut beaucoup plus tolérante et positive.

---

[90] François LAYDEVANT, o.m.i., *Les plantes et l'ethnographie au Basutoland*, dans *Annali Lateranensi*, vol. VI, 1942, pp. 237-239.

[91] Hugh ASHTON, *op. cit.*, p. 316.

Leur jugement ne se fonde pas sur une besoin de compromis ou de temporisation. Même s'ils arrivèrent à des conclusions divergentes, ils jugèrent ces institutions à partir des règles de la morale chrétienne tout comme ils l'avaient fait pour les rites religieux et magiques. Etant donné que, pour eux, le système social et politique des Basotho n'était pas de soi une réalité religieuse mais quelque chose de purement profane et naturel, ils l'approuvèrent en tout ce qui se conformait à la saine raison et ne s'opposait pas à la morale et à l'évangile. Leur ligne de conduite fut un jour exprimée ainsi par le Père Deltour: « Prévenons les abus, dit-il aux chefs, et conservons ce qui est juste et raisonnable.» [92]

La position des missionnaires fut particulièrement claire sur la question du mariage coutumier. Une rapide description du mariage sesotho aidera à mieux comprendre leur attitude. Tout, dans ce mariage, est dominé par trois objectifs principaux: l'établissement d'une alliance entre deux familles, la garantie d'une descendance légitime et le bien des nouveaux époux. Les intérêts immédiats des enfants passent donc au second plan par rapport à ceux des familles. Aussi n'est-il pas surprenant que, dans tous les actes conduisant à la célébration du mariage, les pères prennent plus d'importance que les futurs époux. Pour le choix des conjoints, trois critères principaux entrent en ligne de compte. Ce sont la position sociale des familles respectives, les liens de parenté entre celles-ci et les qualités personnelles des conjoints. Bien que de nos jours le père ne décide plus seul du choix du conjoint et que même, le plus souvent, ce soit les enfants qui informent leurs parents respectifs de leur choix, il revient toujours et nécessairement au père du garçon d'informer le père de la fille choisie des intentions de sa famille et de susciter une réaction favorable afin que les négociations relatives au mariage puissent commencer.

La phase la plus importante des démarches relatives au mariage est celle des négociations qui ont pour objet l'entente entre les deux familles et qui se mènent toujours entre les pères des futurs conjoints. Eux seuls peuvent conduire à bonne fin ces négociations. Au cours des rencontres qui se poursuivent normalement pendant des mois, car il s'agit d'un événement trop important pour qu'il soit réglé en quelques jours, on parle très peu de ses droits et de ses devoirs comme des familles. Tout cela est connu. On pré-

---

[92] *M.O.M.I.,* 1888, p. 488.

fère s'observer en silence. Les seules discussions portent sur la dot, c'est-à-dire sur les animaux que donnera le père du garçon au père de la fille comme gage de sa sincérité, comme instrument officiel de ratification des ententes et comme témoignage de reconnaissance pour le don précieux de la fille qu'on va recevoir chez soi. [93]

Une fois ces tractations officieuses terminées, a lieu la célébration du mariage lui-même. Elle commence par de nouvelles négociations officielles entre les pères sur tout ce qui a été décidé au cours des mois précédents. Ces discussions peuvent facilement durer toute la journée et portent presque uniquement sur la dot. On ne négocie pas sur le montant global de la dot que la coutume a fixé à vingt boeufs, dix moutons et un cheval, mais sur les modalités de sa remise, car peu de familles peuvent donner tous ces animaux le jour même du mariage. Ces nouvelles négociations ont essentiellement pour but de finaliser l'entente entre les familles. Indépendamment du nombre d'animaux impliqués, le mariage est conlu par l'entente entre les pères, entente qui est acceptée comme la leur par les jeunes époux. Une fois ces négociations terminées, le père du garçon remet au père de la fille les animaux qui l'ont suivi, et celui-ci remet sa fille au père du garçon. Le mariage est conclu. Il ne reste qu'à le sceller et le consacrer par l'immolation d'un boeuf fourni par le père de la fille, et par l'onction des nouveaux époux avec le fiel de l'animal immolé. L'alliance est conclue, le mariage est célébré et il est maintenant considéré par tous comme pratiquement indissoluble. [94]

Rejetant absolument la polygamie et le divorce, les missionnaires reconnurent la validité du mariage sesotho pour les non-chrétiens et acceptèrent que les chrétiens continuent à le célébrer au village. Contrairement à la décision de l'Eglise calviniste, ils leur permirent même de conserver la coutume de la dot. Sur ce dernier point, le débat s'envenima au point que les chefs décidèrent de convoquer une assemblée nationale (*pitso*) en juin 1888 pour étudier la question avec les Eglises. Les représentants de l'Eglise catholique réaffirmèrent leur acceptation du mariage coutumier et, en particulier, de la coutume de la dot parce qu'ils n'y voyaient là rien

---

[93] A. R. RADCLIFFE-BROWN, *Introduction*, dans *African Systems of Kinship and Marriage*, ed. by A. R. RADCLIFFE-BROWN and Daryll FORDE, London, Oxford University Press, 1950, pp. 53-54.

[94] Sur le mariage sesotho, voir: Hugh ASHTON, *op. cit.*, pp. 62-87. Eugène CASALIS, *Les Bassoutos, ou vingt-trois années d'études et d'observations au sud de l'Afrique*, Paris, Société des Missions Evangéliques, 1933, pp. 229-240. François LAYDEVANT, o.m.i., *Le Basutoland*, pp. 110-124.

d'immoral ou de contraire à la raison. [95] Cette position qui fut réaffirmée en 1955, [96] valut à l'Eglise beaucoup de sympathie. Bien sûr, des éléments nouveaux furent introduits par l'Eglise dans la conception du mariage, surtout en ce qui a trait à sa sainteté, aux droits et devoirs des conjoints, à la nécessité de leur consentement mutuel et à son caractère sacramentel. Mais la conception sociale et clanique ne fut pas touchée. La faiblesse de la position de l'Eglise vient de ce qu'elle a considéré le mariage coutumier uniquement comme une réalité sociale et profane sans jamais lui reconnaître son caractère sacré; et de ce qu'elle ne fit rien pour unifier le mariage chrétien et le mariage coutumier, laissant ainsi persister la conviction, même chez les chrétiens, qu'il se célèbre toujours deux mariages, ou que le mariage chrétien ne fait que renforcer un mariage qui existe déjà.

A l'exception de la polygamie, l'Eglise ne toucha pas aux structures de la famille. On laissa aux chrétiens la liberté de vivre en famille élargie ou en famille simple, du moment que les droits de cette dernière étaient respectés. [97] Comme les parents Basotho essaient normalement d'éduquer leurs enfants selon un code de conduite morale assez stricte, le rôle de l'Eglise a consisté surtout à essayer de compléter les méthodes traditionnelles par la diffusion de l'esprit familial chrétien dans les foyers, et à donner une importance particulière à la formation des jeunes filles dans les écoles. [98] Comme on là déjà mentionné, là où l'Eglise intervint avec force dans l'éducation traditionnelle des Basotho, ce fut dans la question de l'initiation où elle porta une condamnation.

Toujours fidèles à leur principe de conserver ce qui est bon tout en prévenant les abus, les missionnaires ne sont pas intervenus dans les structures politiques du Lesotho. Plus que dans tout autre domaine, il s'agissait là de questions purement temporelles et profanes où les exigences de la morale et de la raison étaient respectées. Ils se sont toujours occupés des chefs, mais sans intentions politiques. [99] Conscients des répercussions sociales et religieuses qu'auraient les conversions de chefs, ils y travaillèrent pour le bien

---

[95] *M.O.M.I.*, 1888, pp. 483-499.

[96] *Vinculum,* vol. 11, no. 2, 1955, p. 8.

[97] François LAYDEVANT, o.m.i., *Etude sur la famille en Basutoland,* dans *Journal de la Société des Africanistes,* Tome I, 1931, pp. 233-242.

[98] François LAYDEVANT, o.m.i., *L'Enfance chez les Basuto,* dans *Annali Lateranensi,* vol. XII, 1948, pp. 218-236, 278.

[99] *Le Père Gérard,* vol. 2, pp. 12, 88. Joseph SACHOT, *op. cit.,* p. 301.

spirituel de ceux-ci et de leur peuple. L'impartialité politique des missionnaires fut mise en question pour la première fois d'une façon sérieuse, et non sans justifications, durant la période de la pré-indépendance entre 1959 et 1965. Craignant que le pays ne passe au communisme par le truchement d'un parti politique très nationaliste, le *Basutoland Congress Party,* un bon nombre de missionnaires supporta financièrement et moralement, d'une façon à peine voilée, un autre parti d'inspiration plus modérée, le *Basutoland National Party.* [100]

3. *Méthodes missionnaires*

Avec les années, les missionnaires du Lesotho développèrent une méthode d'évangélisation qui, sans leur être propre en tout point, mérite d'être mentionnée dans ses éléments essentiels.

a. Communautés chrétiennes

En 1864, Mgr Allard demanda à Moshesh la permission d'établir un village chrétien près de la mission de Roma. [101] Le chef refusa. Le Père Gérard revint à la charge en 1865 sans ne rien obtenir encore. [102] Ce n'est qu'en 1870 qu'il obtint de l'administration anglaise la permission de le commencer. [103] Mais rien ne se fit. Le projet ne fut jamais repris et aucune autre mission n'essaya d'en tenter l'expérience. Aux considérations d'ordre social et économique qui militaient contre une telle orientation, s'en ajoutaient d'autres d'ordre apostolique qui étaient de beaucoup les plus importantes pour l'avenir de l'Eglise. Il s'agissait de choisir entre deux types de chrétienté: l'une, protégée, regroupée, restreinte, fermée sur elle-même et incapable de pousser des racines profondes et d'exercer une influence étendue parmi le peuple; l'autre, ouverte aux dimensions de la nation, implantée dans son propre milieu humain, fortifiée par les luttes et les dangers, et vitalisée par son rayonnement apostolique. Moins par fidélité à une théorie que par soumission aux indications de l'Esprit, les missionnaires optèrent définitivement après 1870 pour une chrétienté du second type.

---

[100] Jack HALPERN, *op. cit.,* pp. 149-155.
[101] Mgr François ALLARD, o.m.i., *Mémoires pour servir à l'histoire de la mission catholique de Natal,* ouvrage déposé aux archives de la Maison générale des O.M.I., Rome, p. 144.
[102] *Le père Gérard,* vol. 2, p. 13.
[103] *Le Père Gérard,* vol. 2, p. 89.

Reprenant et intensifiant une pratique des débuts, [104] ils par-
coururent le territoire de leurs missions en tout sens et en tout
temps, visitant les villages pour évangéliser les familles et apporter aide et réconfort aux vieillards et aux malades. [105] La première
famille de convertis dans un village devenait le noyau d'une nouvelle
communauté chrétienne qui recevait immédiatement le mandat de
continuer l'évangélisation de son milieu. Dès que se multipliaient
les familles chrétiennes dans un secteur, une annexe y était fondée
et devenait un centre authentique de vie chrétienne. Aujourd'hui,
les sièges épiscopaux du Lesotho sont comme le sommet d'une vaste
pyramide. D'eux dépendent les missions centrales; d'elles, les annexes qui sont près de 400; de celles-ci comme des missions centrales,
des milliers de villages où les chrétiens sont eux-mêmes responsables
du maintien de la foi, de la catéchèse des enfants et de l'évangélisation des païens. [106] La structuration organique et hiérarchique du
peuple chrétien a eu non seulement l'avantage de rendre l'Eglise
présente partout et de lui donner une forme qui correspond aux
structures sociales et politiques du pays, mais a aussi permis d'éviter la dispersion et l'isolement en créant de forts liens de communion entre tous les chrétiens.

b. La liturgie

Avant 1964, [107] il serait difficile de trouver dans les écrits des
missionnaires des études ou des considérations sur la nature de la
liturgie et sur son importance dans l'évangélisation et l'édification
de l'Eglise. Depuis la promulgation de la constitution conciliaire sur
la liturgie en décembre 1963, une volonté d'ajournement s'est manifestée. La plus belle réalisation en fut la traduction, en un sesotho
excellent, et la publication du missel et du rituel romains. Cependant aucune tentative sérieuse d'adaptation aux conditions locales
ne s'est encore dessinée. La pauvreté de la théorie et le manque
d'audace ne rendent pourtant pas justice à la place de premier ordre
qu'a toujours occupée la liturgie dans la vie du peuple chrétien et
dans l'évangélisation.

Les moments privilégiés de convocation et de rassemblement
des chrétiens et des non-chrétiens par l'Eglise ont été les célébrations

---

[104] *M.O.M.I.,* 1866, pp. 30-34.
[105] *M.O.M.I.,* 1909, pp. 95-97. *Voix du Basutoland,* vol. 18, no. 68, 1956, p. 8.
[106] *M.O.M.I.,* 1939, p. 376.
[107] *Vinculum,* vol. 20, no. 4, 1964, pp. 98-106.

liturgiques. [108] Il va de soi qu'il en fut ainsi pour l'Eucharistie du dimanche. Il n'y aurait là rien de singulier bien que le caractère communautaire de l'événement soit d'une densité exceptionnelle. Mais il y a plus. L'administration de tous les sacrements a été l'occasion d'un rassemblement. Les baptêmes, les confirmations et les mariages ne sont jamais des célébrations réservées aux seuls chrétiens immédiatement concernés mais des fêtes où toute la communauté est conviée. Même le sacrement des malades administré au foyer se donne avec un concours de peuple. [109]

A côté de ces convocations particulières et nécessairement restreintes, la célébration des grandes fêtes liturgiques prend figure d'une convocation générale, d'un *pitso.* Des annexes et des villages les plus éloignés, les chrétiens convergent vers la mission où ils vivront l'expérience de la communauté chrétienne dans la communion et le partage. Rien n'a contribué autant à développer chez ces chrétiens dispersés le sens de l'unité de la charité et de la foi que les grandes fêtes liturgiques. De toutes, la plus fréquentée est le triduum pascal au cours duquel ont lieu de préférence les baptêmes d'adultes. [110]

En raison de leur inclination à célébrer les événements communautairement, les Basotho ont trouvé dans la liturgie le mode de prière qui leur convient le mieux. C'est par elle qu'ils ont appris à prier. Même avant les réformes décrétées par Vatican II, l'Eucharistie ne fut jamais un rite silencieux, réservé à quelques acteurs. La participation de toute l'assemblée par des prières et des chants liturgiques se poursuivait jusqu'à la fin de l'exercice. Le besoin de prier ensemble s'est développé au point que les prières de dévotion des Basotho, qui sont le chapelet et le chemin de la croix, se font de préférence en groupe.

La liturgie a aussi été, au Lesotho, un moyen recherché d'évangélisation et de catéchisation. Les grands rites liturgiques comme ceux de la veillée pascale et du baptême, en raison de leur caractère symbolique, sont par eux-mêmes significatifs pour un peuple sensible à la puissance évocatrice des symboles. Dès le début de la mission, les Pères ont voulu aider leurs assemblées à comprendre cor-

---

[108] *Le Père Gérard,* vol. 2, p. 38. *Voix du Basutoland,* vol. 21, no. 79, 1959, pp. 11-13.

[109] *Voix du Basutoland*, vol. 19, 1957, pp. 28-30.

[110] *M.O.M.I.,* 1884, p. 88; 1886, p. 338. *Voix du Basutoland,* vol. 22, no. 83, 1960, pp. 3, 4.

rectement ces rites et symboles par des explications et des commen-
taires qui étaient un mode nouveau de présenter le mystère du
salut. [111] Un sacrement n'est jamais donné sans qu'il ne soit précédé
d'une instruction ou accompagné de réflexions qui permettent de
saisir le sens du mystère qui va se vivre. Dans les villages, les funé-
railles et l'administration du sacrement des malades sont considérées
comme des temps forts d'évangélisation parce que toujours y prennent part des païens ou des chrétiens souvent privés de l'aide du
prêtre ou du catéchiste. Par expérience, les missionnaires savent que
la parole de l'évangile n'est jamais autant parole de vie que lorsqu'elle est prononcée au cours des célébrations liturgiques. [112]

c. Education

Conformément à l'orientation d'ensemble prise par les Eglises
chrétiennes en Afrique vers la fin du XIXe siècle et, plus particulièrement, après le premier conflit mondial, [113] les missionnaires catholiques du Lesotho considérèrent très tôt l'école comme un des moyens
les plus efficaces pour promouvoir l'évangélisation. [114] D'une façon
toute particulière, à partir de 1924, ils entreprirent l'édification
d'un vaste et complexe système scolaire catholique qui devait atteindre son sommet en 1945 avec la fondation du collège universitaire
Pie XII. [115]   Ils consacrèrent à la réalisation de ce plan la plus
grande partie de leurs ressources matérielles, de leur personnel religieux et de leurs catéchistes qui furent graduellement remplacés par
des instituteurs formés dans des écoles normales catholiques.

Un tel programme ne se distinguerait pas d'entreprises semblables dans le reste de l'Afrique si ce n'est par les circonstances dans
lesquelles il se déroula et les résultats exceptionnels qu'il obtint.
En raison de la faible étendue du Lesotho et de sa population relativement peu nombreuse, l'effort énergique de l'Eglise catholique
jointe à l'action non moins déterminée des autres Eglises [116] se fit
sentir immédiatement dans l'ensemble du pays. L'action de 400 missionnaires et 600 instituteurs laïques, comme ce fut le cas vers 1945,

---

[111] *Le Père Gérard*, vol. 2, pp. 30, 32.
[112] *Voix du Basutoland*, vol. 15, no. 52, 1952, p. 5.
[113] Adrian HASTINGS, *Church and Mission in Modern Africa*, London, Burns and
Oates, 1967, pp. 81, 82.
[114] *M.O.M.I.*, 1884, p. 86.
[115] Jack HALPERN, *op. cit.*, p. 210. Voir page 63.
[116] Jack HALPERN, *op. cit.*, pp. 207, 208.

concentrée sur un point aussi petit de l'Afrique, devait nécessairement atteindre un degré d'impact qu'il aurait été impossible d'obtenir dans un territoire plus vaste et plus populeux. En moins de vingt ans, la scolarisation de la grande majorité des enfants était un fait accompli. Par ses écoles, dès 1950, l'Eglise atteignait directement ou indirectement plus de la moitié de la population du pays. La multiplication des écoles catholiques sur l'ensemble du territoire contribua non seulement à rendre la présence de l'Eglise plus tangible mais à en faire l'un des agents le plus importants du développement du pays.

Il serait faux de juger de la valeur de l'option prise en faveur de l'école dans l'ensemble de la méthodologie missionnaire et d'en évaluer les résultats à partir de la situation actuelle seulement. L'évolution politique du pays jointe à la prise de conscience par la population de ses responsabilités sociales [117] permettra aux évêques de se décharger d'une grande partie de leurs obligations en faveur du peuple chrétien lui-même. Jusqu'en 1950, l'Eglise assuma des obligations qui allèrent au delà de la simple fonction de suppléance, parce que les pouvoirs publics ne formulèrent jamais une politique scolaire cohérente et préférèrent conserver un système qui leur semblait avantageux au point de vue financier et administratif. [118] En éducation, les Eglises ont montré une générosité que peu d'hommes politiques basotho refusent de reconnaître aujourd'hui.

La contribution la plus valable de l'Eglise en matière scolaire ne se situe pas au plan des structures et des programmes. Pendant trop longtemps, l'idéal fut de transplanter au Lesotho, sans rien n'y changer, les programmes d'études venant d'Angleterre, d'Afrique du Sud ou d'ailleurs. Ce manque d'adaptation et d'esprit créateur affecta particulièrement les écoles de niveau secondaire où prédomina un enseignement abstrait, académique et livresque qui ne correspondait pas pleinement aux besoins réels du pays. [119] Le grand mérite de l'Eglise fut d'avoir rendu possible, sans prosélytisme, la christiani-

---

[117] Jack HALPERN, *ib.*, p. 209.
[118] Lord HAILEY, *Native Administration*, pp. 122-125.
[119] *M.O.M.I.*, 1933, pp. 319-323. Sur ce point des programmes, les premiers missionnaires manifestèrent une adaptation plus grande que leurs successeurs. Leur préoccupation fut de donner aux écoles une orientation pratique où l'enseignement de l'agriculture, des métiers et des arts avait la priorité. Le système actuel a le mauvais effet d'éloigner les jeunes de tout travail manuel et de ne leur faire rechercher que du travail non-productif où le gain personnel est l'ambition dominante. Voir au sujet des programmes, *M.O.M.I.*, 1873, p. 445; 1884, p. 83.

sation du peuple par la formation chrétienne des enfants et d'avoir promu le développement intégral des Basotho. Pour ces raisons, la politique scolaire de l'Eglise fut juste et bonne.

d. Oecuménisme

De la fondation de la mission catholique au Lesotho en 1862 jusqu'à il y a dix ans, les relations entre l'Eglise catholique et les autres Eglises chrétiennes établies au Lesotho furent caractérisées par la suspicion, l'animosité, l'hostilité ou, à tout le moins, par l'ignorance mutuelle. Les relations furent particulièrement tendues entre l'Eglise catholique et la Mission évangélique de Paris. Arrivés au Lesotho en 1833, les ministres de l'Eglise calviniste virent apparaître les missionnaires catholiques d'un mauvais oeil. Ils considéraient le Lesotho comme leur et désiraient y établir une unique église nationale. L'arrivée des missionnaires catholiques ne pouvait que ruiner ce rêve et révéler aux Basotho les divisions qui existaient parmi les chrétiens. De plus, ils avaient une opinion peu flatteuse des prêtres catholiques. Selon eux, ils n'évangélisaient pas et faisaient une oeuvre stérile parce qu'ils n'annonçaient pas la Parole de Dieu. [120]

Du côté catholique, si on respectait la réputation des personnes, on ne manquait pas de dénoncer les erreurs dogmatiques des protestants et de leur contester le droit de s'attribuer le titre d'Eglise du Christ. On travailla avec détermination à ramener à l'unique foi et à l'unique Eglise du Christ tous les protestants. [121]

Les rapports de l'Eglise catholique avec l'Eglise anglicane ont toujours été moins tendus et moins acrimonieux. L'Eglise anglicane, qui a toujours été moins importante numériquement au Lesotho que les deux autres Eglises, n'a jamais entretenu des sentiments farouchement anti-catholiques. De son côté, l'Eglise catholique, tout en déplorant le schisme anglais, n'a jamais eu envers Elle une attitude aussi agressive qu'envers l'Eglise calviniste.

Depuis dix ans, la situation a notablement changé, particulièrement du côté de l'Eglise catholique et de l'Eglise anglicane. Un véritable rapprochement des Eglises est en train de s'effectuer. Entre

---

[120] V. ELLENBERGER, *Un siècle de mission au Lessouto*, pp. 150, 151. Théophile JOUSSE, *La mission française évangélique au sud de l'Afrique, son origine et son développement jusqu'à nos jours*, Paris, Librairie Fischbacher, 1889, vol. II, pp. 38-42.
[121] *Le Père Gérard*, vol. 2, pp. 40, 57. Marcel FERRAGNE, o.m.i., *Elle a visité son peuple*, col. *Voix du Basutoland*, Roma (Lesotho), 1951, pp. 49-53, 105, 106.

toutes les Eglises, les relations sont plus correctes et plus empreintes de charité. Le conseil oecuménique des Eglises du Lesotho groupe toutes les Eglises et l'Eglise catholique elle-même y joue un rôle de premier plan. L'initiative la plus prometteuse en vue du rapprochement de tout le peuple chrétien est celle de *Sodepax* où tous collaborent à des projets communs de développement et d'entraide. Guidées par un oecuménisme vrai, les Eglises peuvent espérer, sinon l'unité immédiate, du moins l'établissement de rapports fondés sur la charité et la tolérance. [122]

CONCLUSION

L'activité missionnaire de l'Eglise au cours des cent dernières années a été un des facteurs les plus importants de la transformation du Lesotho. A première vue, l'aspect le plus marquant de cette contribution semblerait être d'ordre matériel. Le croire serait se tromper et témoignerait de l'incapacité de l'observateur d'aller au-delà du fait impressionnant de l'organisation physique de l'Eglise. La révolution causée par l'Eglise a été principalement d'ordre religieux et spirituel. Grâce à l'activité de l'Eglise entière, quarante pour cent de la population a été amené à croire au salut en Jésus Christ et à en vivre comme membre de l'Eglise.

Certaines faiblesses de l'activité missionnaire de l'Eglise ne peuvent être ignorées ou passées sous silence. Les missionnaires venus de l'étranger ont trop négligé l'étude de la culture sesotho, qui aurait été nécessaire pour une meilleure compréhension des Basotho et pour la christianisation en profondeur de leur vie. Bien que compréhensible en raison de la mentalité de l'époque et des circonstances historiques, l'absence presque totale de toute dimension oecuménique dans leur évangélisation a obscurci leur témoignage de la charité du Christ. Leurs réactions devant certaines calamités sociales comme le travail migratoire ont été faibles et n'ont pas dépassé le stade de la réprobation ou de la condamnation. La lenteur à reconnaître l'urgence et la nécessité d'un clergé local n'est pas sans poser de graves problèmes, aujourd'hui, à l'Eglise qu'ils ont voulu implanter.

---

[122] Alexander MOTANYANE, o.m.i., *Grands espoirs oecuméniques*, dans *Vivant Univers*, no. 284, 1973, pp. 29-31.

Ces faiblesses ne peuvent cependant pas faire oublier les nombreux aspects positifs de l'activité missionnaire de l'Eglise. Les missionnaires ont réellement voulu donner aux Basotho le don de la foi et la grâce du salut. Ils n'ont pas été mûs par des intérêts humains ou matériels. Par leur vie, leur action et leur parole, ils ont donné le témoignage de la foi au Christ et de l'amour pour Dieu et les hommes. Ils ont édifié une Eglise qui s'étend aux dimensions d'un peuple, sans entretenir des visées d'élitisme ou de populisme. Tous ont été accueillis pour former le peuple de Dieu. Les nouveaux chrétiens n'ont pas été enfermés à l'abri des murs de la mission ou tenus inactifs. Ils ont été immédiatement engagés dans l'action missionnaire. Ils ont été les évangélisateurs de leur peuple. Les femmes catholiques ont travaillé plus que quiconque à faire reconnaître la dignité et le rôle de la femme dans leur société. Parmi ces femmes catholiques, les religieuses basotho ont été les premières à affirmer par leur vie le droit de la femme à décider du choix de leur vocation. Depuis longtemps, l'Eglise ne s'identifie plus avec le missionnaire venu de l'étranger, mais avec le peuple croyant lui-même.

Ce peuple de croyants a su développer ses propres caractéristiques. Il est un peuple de priants pour qui l'action liturgique est la forme la plus parfaite de la prière. Il est aussi un peuple engagé pleinement dans le développement intégral du Lesotho, tant par ses réalisations importantes dans le domaine de l'éducation des enfants et des adultes que par sa participation aux projets de développement économique, agricole ou industriel. Il y a aujourd'hui, au Lesotho, une Eglise particulière véritable qui est formée et guidée par les Basotho et qui tend à exprimer l'unique foi au Christ de plus en plus dans des formes et des attitudes qui viennent de son coeur et de son âme.

CHAPITRE III

L'ENQUETE

Si pour comprendre et évaluer le phénomène complexe de la conversion personnelle, il est nécessaire de le situer dans ses rapports avec la culture et l'histoire politique et religieuse du peuple qui le vit, [1] il demeure que ce phénomène ne s'explique pas uniquement et même principalement par ceux-ci. Car bien que la conversion soit un fait social par certains de ses aspects importants, elle est principalement un acte religieux qui se situe dans l'ordre de la grâce, où l'appel pressant de Dieu rencontre la réponse libre d'un homme. [2] Pour être satisfaisante, l'étude d'une expérience particulière de conversion doit diriger son attention d'une façon privilégiée sur les personnes qui l'ont vécue et sur celles qui y ont contribué. Personne mieux qu'elles ne peut aider le chercheur à faire revivre cette expérience. Le présent chapitre a pour but d'introduire à l'enquête faite dans ce sens auprès des Basotho et des missionnaires, en expliquant comment elle fut réalisée. La première partie est consacrée à la description de la méthode et des techniques employées pour l'enquête, la deuxième à l'analyse des questionnaires utilisés et la troisième à la présentation des témoins qui ont bien voulu y participer.

I - Méthode et techniques

Pour arriver à découvir ce que fut la conversion des Basotho, il fallait partir de leur expérience et non d'une intuition subjective ou d'une image préconçue. La méthode de travail dite empirique fut donc retenue comme convenant le mieux. Il est vrai que la recherche s'organisa autour d'une hypothèse ou d'une théorie, en l'oc-

---

[1] Voir pages 8, 9.
[2] Voir pages 181, 184.

5

curence celle de la conversion chrétienne, mais sans que jamais la
théorie ne se substitue aux données concrètes ou que l'enquêteur
ne manipule les faits pour les faire concorder avec celle-ci. La
théorie a fourni le cadre de la recherche et non son contenu. Pour
que les résultats de l'enquête fussent valables, il fallait que les faits
soient rapportés avec intégrité et objectivité.

Les techniques employées pour la recherche furent déterminées
par la méthode. Deux techniques furent retenues, celle de l'observation directe et celle de l'interview. [3] Les données documentaires
occupent une place plutôt limitée dans l'ensemble de la recherche.
Cela pour deux raisons. La première est le petit nombre de cas
de conversions qui furent consignés par écrit. Une vingtaine en tout. [4]
En raison sans doute de son caractère extraordinaire et de ses répercussions, la conversion du Grand Chef Griffith Lerotholi apparut
comme la conversion exemplaire des Basotho et fut décrite dans
les revues missionnaires à maintes reprises au détriment d'autres
conversions moins spectaculaires mais non moins réelles. [5]

La seconde raison qui explique l'usage restreint des documents,
tient aux limites mêmes des récits de conversion. Presque toujours
brefs, ils suivent la plupart du temps le même schéma. On commence par une description détaillée de l'état physique et moral du
païen avant sa conversion, puis on signale l'occasion de la conversion, le moment où elle se produisit et on conclut en en décrivant
les fruits, surtout d'ordre apostolique. Le plus souvent, trop peu est
dit sur l'évolution intérieure du converti, sur les motifs et les agents
de la conversion, et sur l'acte lui-même de la conversion, pour pouvoir apprécier adéquatement cette expérience et la soumettre à un
examen sérieux.

La technique d'observation directe fut employée principalement
en relation avec les missionnaires, c'est-à-dire qu'ils furent invités
à fournir leurs observations sur les convertis. Car même si, en raison
de leur travail apostolique, ils furent intimement liés aux convertis,
ils n'ont toutefois pas vécu l'expérience de la conversion de l'intérieur comme les Basotho. Ils en ont été les témoins et les observa-

---

[3] *Traité de Sociologie,* direction Georges GURVITCH, Paris, Presses Universitaires
de France, 1958, Tome I, pp. 139-145.

[4] Le recueil le plus complet de récits de conversions se trouve dans *Voix du
Basutoland,* vol. 20, no. 77, 1958.

[5] *M.O.M.I.,* 1928, 76-84. Joseph SACHOT, o.m.i., *Chez les Apollons de bronze,*
pp. 291-302.

teurs seulement. Pour les aider à remplir cette tâche, un questionnaire spécial fut préparé à leur intention.

La technique de l'interview fut utilisée principalement en fonction des convertis car il était essentiel de recueillir leurs témoignages personnels. Il fallut également choisir entre l'interview orale et écrite. Malgré la supériorité incontestable de l'interview orale, nous avons dû y renoncer. Le facteur langue n'entra pour rien dans cette décision. Les missionnaires et nous-même pouvions communiquer directement avec les Basotho, sans l'intermédiaire d'un interprète. La première difficulté fut celle du temps disponible. Il aurait fallu un temps dont nous ne disposions pas pour interviewer un nombre convenable de convertis dans toutes les régions du pays ou pour former et diriger une équipe compétente d'enquêteurs. La difficulté la plus grande vint toutefois de la nature même du sujet abordé. Les quelques expériences tentées ont montré qu'il était d'abord très difficile de maintenir l'attention des témoins longtemps. Mais plus encore il ne leur était pas possible de répondre sur-le-champ à la plupart des questions. [6] Ils se voyaient confrontés, sans doute pour la première fois, avec des problèmes qu'ils portaient certes en eux-mêmes mais auxquels ils n'avaient jamais eu à s'attaquer. Restait alors l'interview écrite, faite à partir d'un questionnaire, qui leur donnerait tout le temps voulu pour réfléchir et formuler leurs réponses. L'emploi de la technique du questionnaire ne fut cependant pas sans poser des difficultés. [7] Son caractère restrictif n'en fut pas la moindre. Ceux qui ont participé à l'enquête, furent forcés de se limiter aux questions demandées et d'y répondre selon leur formulation. La spontanéité et la liberté d'expression des participants en furent gênées. La brièveté des réponses implique aussi nécessairement un certain appauvrissement du contenu. Mais malgré toutes ces limites, le questionnaire s'est révélé l'instrument le plus utile et le plus adapté pour la présente recherche.

---

[6] Les questions apparemment les plus simples posent parfois des difficultés. Ainsi la plupart des hommes de plus de trente ans ne peuvent pas donner leur âge sans d'abord réfléchir. Pour eux, la date exacte de leur naissance a relativement peu d'importance. Il leur suffit de pouvoi rattacher leur naissance à un événement important du pays ou du village.

[7] *Traité de Sociologie*, pp. 144-145.

II - Les questionnaires

Deux questionnaires furent donc préparés pour mener l'enquête sur l'expérience de la conversion parmi les Basotho. Le premier était destiné à tous les prêtres engagés activement dans le ministère pastoral au Lesotho. Il contient 14 questions qui sont divisées en 60 sous-questions. [8] Le second questionnaire était destiné aux convertis basotho. Il compte 94 questions. [9] Il semble que dans l'ensemble, tant du côté des missionnaires que de celui des convertis, les questions aient été comprises correctement. Pour le questionnaire des missionnaires, seule fait exception la question no. 1, sections d et e. Pour celui des convertis, deux questions semblent avoir posé des difficultés, surtout auprès de ceux venant du protestantisme. Ce sont les questions no. 83 et 84.

Nous avons conçu et rédigé les questionnaires nous-même. Le texte original du questionnaire pour les convertis fut rédigé en sesotho, celui des missionnaires en anglais. Il nous a été impossible de trouver des questionnaires existants qui pouvaient convenir tant au point de vue du contenu qu'à celui de l'adaptation. Deux constantes nous ont guidé dans la composition du questionnaire: la théologie de la conversion chrétienne et les conditions particulières des Basotho, tant au point de vue culturel que religieux. Un examen rapide des deux questionnaires montre que l'un n'est pas la traduction de l'autre mais qu'ils sont au contraire différents, même s'ils sont établis sur les mêmes principes et traitent du même phénomène. Celui des convertis, portant sur l'expérience qu'ils ont vécue, est, dans l'ensemble, direct et concret et suppose des réponses brèves.

---

[8] La traduction française du questionnaire se trouve à l'appendice II.

[9] La traduction française du questionnaire se trouve à l'appendice I. Afin de faciliter les références aux questionnaires, nous avons adopté le système suivant. Le symbole QC désigne le questionnaire destiné aux convertis. Le chiffre qui suit le symbole désigne la question de ce questionnaire portant ce numéro. Ainsi le symbole QC20 indique la question no. 20 du questionnaire pour les convertis. Le symbole QM, par contre, désigne le questionnaire destiné aux missionnaires. Le chiffre qui le suit, a la même fonction que dans le cas précédent. Ainsi QM10 désigne la question no. 10 du questionnaire destiné aux missionnaires.

Certaines références sont également faites à des questionnaires individuels, venant tant des missionnaires que des convertis. Aussi chaque questionnaire a été numéroté. Le symbole C suivi du chiffre qui convient, désigne le questionnaire d'un converti déterminé, alors que le symbole M suivi de son numéro, désigne le questionnaire de tel missionnaire. Ainsi, C10 réfère au converti no. 10, et M10 au missionnaire no. 10.

Celui des missionnaires, par contre, part d'une expérience qu'ils ont observée. Les questions sont plus générales et permettent parfois un certain développement dans les réponses. Dans l'un et l'autre cas, nous avons tâché d'éviter de poser les questions d'une manière qui aurait dirigé le sens des réponses. L'analyse des questionnaires suffit pour montrer qu'ils ne sont pas parfaits, surtout dans la formulation de certaines questions. [10] Certains aspects comme celui de la foi, auraient gagné à être traités plus explicitement. Mais comme le remarque Marcel Griaule, un questionnaire demande à être repris et mis à l'épreuve maintes et maintes fois avant d'atteindre un degré de perfection pleinement satisfaisant. [11]

Les missionnaires ont reçu le questionnaire personnellement, à l'occasion surtout de réunions de doyennés ou de districts. Nous avons eu ainsi la possibilité de leur expliquer le sens de la recherche et d'analyser le questionnaire avec eux. Cette procédure ne fut pas suivie uniquement pour ceux qui ne pouvaient pas être rejoints directement. Ceux-ci reçurent le questionnaire par la poste. Les missionnaires devaient répondre personnellement dans l'une des trois langues en usage parmi eux, soit le sesotho, le français et l'anglais.

Aucun questionnaire destiné aux convertis ne fut envoyé par la poste. L'unique procédure suivie fut la suivante. Au cours des réunions de missionnaires, après l'analyse et la discussion du questionnaire, les responsables de missions centrales étaient invités à en prendre un certain nombre, normalement une dizaine, qu'ils s'engageaient à remettre personnellement aux convertis qu'ils auraient choisis pour cette tâche. Il leur revenait d'expliquer aux convertis le contenu, le fonctionnement et le but du questionnaire. Comme plusieurs chrétiens sont illettrés, se posait le problème des collaborateurs. Les convertis incapables de lire ou d'écrire furent autorisés à se faire aider par un membre de leur famille, un membre de l'action catholique ou un catéchiste comme secrétaire. Ces collaborateurs furent particulièrement mis en garde contre l'exercice de pressions personnelles dans la conception et la formulation des réponses. Après examen, nous n'avons trouvé que trois questionnaires où les secrétaires s'étaient nettement substitués aux convertis. [12] Ces

---

[10] Voir QM1, 4 i, 5 a, c. QC12, 81, 82.

[11] Marcel Griaule, *Méthode de l'Ethnologie*, Paris, Presses Universitaires de France, 1957, cité par *Traité de Sociologie*. p. 140. Contrairement à ce que pensaient les missionnaires, la longueur du questionnaire des convertis n'a pas été un obstacle insurmontable.

[12] Voir les questionnaires C1, 5, 6.

trois cas furent heureusement insignifiants par rapport au nombre total des réponses reçues et n'affectèrent pas inversement la valeur de l'ensemble. La méthode suivie pour déterminer le degré d'authenticité des réponses fut de comparer les questionnaires venant d'une même mission. Comme le questionnaire était rédigé en sesotho, tous les convertis qui sont des Basotho, y répondirent dans cette langue. Ils n'eurent pas ainsi à utiliser une langue étrangère qui les aurait gênés et qui aurait pu être la cause d'imprécision, sinon de confusion. L'incapacité de répondre à certaines questions pouvait donc être reliée à des causes autres que la langue. Elle fut dûe à l'ignorance des convertis, à la confusion de leurs idées sur certains points, à leur refus de répondre ou, enfin, à la mauvaise formulation des questions.

III - LES TÉMOINS

1 - *Les missionnaires*

Soixante-dix-huit missionnaires reçurent le questionnaire et 49 y répondirent, soit 62.8 %. Deux y répondirent d'une façon tellement insatisfaisante que leurs réponses ne purent être utilisées et intégrées à l'ensemble. Comme il était essentiel de garder au questionnaire un caractère anonyme et d'éviter tout ce qui aurait pu freiner une entière liberté d'expression, aucun renseignement d'ordre personnel ne fut demandé aux missionnaires. Ainsi, à partir des questionnaires reçus, il est impossible de distinguer entre les missionnaires locaux et ceux de l'étranger, de préciser la région du pays où ils travaillent et de donner des indications sur la durée de leur expérience missionnaire au Lesotho. Ce sont là des aspects négatifs de l'enquête qui ne pouvaient être évités.

2 - *Les convertis*

Comme on l'a dit plus haut, le choix des convertis invités à répondre au questionnaire fut fait par les misionnaires. Seuls leur furent suggérés certains critères de choix. Le premier fut de choisir uniquement des personnes qui s'étaient converties alors qu'elles étaient adultes, soit à partir de l'âge de 17 ans. Parmi celles-ci, la nette préférence devait aller à celles qui étaient venues du paganisme. Le second critère fut de tendre le plus possible à choisir également entre les hommes et les femmes, ce qui, comme nous le verrons, ne se réalisa pas. Le troisième critère fut de ne pas choisir uniquement parmi les plus éduqués et les jeunes. Enfin le dernier critère, qui nous concernait plus particulièrement, fut de voir à ce que toutes les régions du Lesotho fussent représentées par l'enquête. Afin d'éviter toute complexité insurmontable, nous n'avons tenu aucun compte des différences claniques. Trois cent vingt questionnaires pour convertis furent distribués dans 35 missions centrales ou paroisses. De ce nombre, 121 questionnaires nous furent retournés, soit 38 %. Six de ceux-ci n'avaient aucune valeur et durent être rejetés, alors que douze autres ne furent pas remplis intégralement mais suffisamment pour pouvoir servir.

a. Les hommes

Nous analyserons d'abord les données concernant les hommes et les femmes séparément pour terminer par des tableaux d'ensemble. Trente-neuf hommes ont participé à l'enquête, soit 32 % de l'ensemble. [13] Trente-sept viennent du paganisme et 2 d'autres religions chrétiennes. [14] Vu que les hommes ne venant pas du paganisme étaient en si petit nombre, nous les avons assimilés aux autres sans aucune distinction. Vingt-neuf résident dans la plaine et dix dans la montagne. [15] Leur distribution selon les âges est la suivante: [16]

65 ans et plus:	7	35 ans à 44	7
55 ans à 64	13	25 ans à 34	7
45 ans à 54	4	17 ans à 24	1

Trente-sept sont mariés et deux sont célibataires. [17] Leur scolarité s'établit comme suit:

1 - *Education primaire*:

Rien	18	4ème année	2
1ère année	7	5ème année	0
2ème année	1	6ème année	1
3ème année	4	7ème année	1

---

[13] Cette section se rapporte aux questions QC1-9 et QM1, a-c.

[14] QC8.

[15] QC5.

[16] QC1. Il est à noter que seulement 8 hommes entre 35 et 17 ans ont participé à l'enquête. Comme il s'agit du groupe d'âge le plus affecté par le travail migratoire, il y a lieu de se demander si cette basse représentation est due à ce facteur ou au fait que peu de jeunes hommes se convertissent.

[17] QC4.

2 - *Education secondaire*:

1ère année	1	4ème année	0
2ème année	2	5ème année	0. [18]
3ème année	2		

Vingt-et-un admettent être allés à l'initiation traditionnelle, 9 disent ne pas y être allés et 9 n'ont pas répondu à la question. [19] Trente-deux ont déjà reçu le baptême et 7 sont encore catéchumènes. [20]

b. Les femmes

Quatre-vingt-deux femmes ont participé à l'enquête. Mais six n'ont répondu qu'à quelques questions et furent éliminées de tous les calculs, faits en conséquence sur une base de 76. Cinquante viennent du paganisme, 21 de l'Eglise calviniste et 5 de l'Eglise anglicane. [21] Vu le nombre élevé de femmes venant d'autres Eglises chrétiennes, 34 % du total des femmes, nous avons préféré analyser leurs réponses séparément. Comme ces personnes étaient déjà chrétiennes lors de leur admission dans l'Eglise catholique, toutes les questions qui se rapportent directement à la première expérience de foi et de conversion chrétienne, pouvaient ne pas valoir pour elles. Car, d'une part, certaines sont nées dans des familles chrétiennes et, d'autre part, pour celles qui s'étaient converties au christianisme dans une autre Eglise alors qu'elles étaient adultes, il était impossible de déterminer si leurs réponses se référaient à la première conversion ou à la seconde. Par contre, toutes les questions sur la religion traditionnelle, sur les agents, les motifs et les causes de la conversion, sur l'importance de la foi, sur la connaissance du Christ, pouvaient servir et être intégrées au tout. Quarante-neuf fem-

---

[18] QC3. Près de 50% des hommes n'ont donc jamais fréquenté l'école. Cette donnée confirme, au moins pratiellement, ce qui fut dit dans l'analyse de la question scolaire au Lesotho au chapitre premier. Voir page 27.

[19] QC9. Ce renseignement est donné en fonction surtout de ce qui sera dit dans le chapitre suivant sur la religion traditionnelle. Le rapport étroit entre le nombre d'hommes qui sont allés à l'initiation et ceux qui ne sont jamais allés à l'école reflète assez fidèlement les faits.

[20] QC7.

[21] QC8.

mes résident dans la plaine et 27 dans la montagne. [22] Leur distribution selon les âges est la suivante: [23]

65 ans et plus	4	35 ans à 44	7
55 ans à 64	5	25 ans à 34	22
45 ans à 54	13	17 ans à 24	25

Cinquante-sept femmes sont mariées et 19 sont célibataires. Huit de ces dernières sont religieuses. [24] Leur scolarité s'établit comme suit. [25]

1 - Education primaire:

	païennes	*protestantes*
rien	11	
première année	6	
2ème année	4	
3ème année	11	3
4ème année	7	6
5ème année	2	3
6ème année	2	5
7ème année	3	2

2 - éducation secondaire:

1ère année	0	3
2ème année	0	1
3ème année	1	2
4ème année	0	0
5ème année	3	

Dix-huit admettent être allées à l'initiation traditionnelle, 46 disent ne pas y être allées et sept n'ont pas répondu à la question. [26] Soixante ont déjà reçu le baptême et seize sont catéchumènes. [27]

---

[22] QC5.

[23] QC1.

[24] QC4.

[25] QC3. Le nombre de femmes illettrées est nettement plus élevé chez les païennes que chez les chrétiennes. De plus, celles-là ont fréquenté l'école moins longtemps que celles-ci. Les trois femmes venues du paganisme qui ont terminé leurs études secondaires, sont des religieuses. Ces statistiques indiqueraient que même chez les femmes, le mouvement vers l'éducation a été plus fort chez les chrétiennes que chez les païennes.

[26] QC9.

[27] QC7.

c. Récapitulation

1 - ont participé à l'enquête: hommes 39

femmes 76

_____

115

2 - Origine religieuse:

	paganisme	*autres églises*
hommes	37	2
femmes	50	26
	87	28

3 - Lieu de résidence:

	plaine	*montagne*
hommes	29	10
femmes	49	27
	78	37

4 - Etat de vie:

	mariés	*célibataires*
hommes	37	2
femmes	57	19
	94	21

5 - Etat chrétien: [28]

	Baptisés	*catéchumènes*
hommes	32	7
femmes	60	16
	92	23

6 - Initiation traditionnelle:

	oui	*non*	*pas déclaré*
hommes	21	9	9
femmes	18	46	7
	39	55	16

_____

[28] Les catéchumènes qui ont été choisis pour l'enquête, sont des convertis qui se préparent activement au baptême, donc des convertis qui ont vécu l'expérience de la conversion et qui ont la foi.

7 - Ages:

	hommes	femmes	total
65 ans et plus	7	4	11
55 ans à 64	13	5	18
45 ans à 54	4	13	17
35 ans à 44	7	7	14
25 ans à 34	7	22	29
17 ans à 24	1	25	26

8 - Scolarité:

	hommes	femmes	total
niveau élementaire			
rien	18	11	29
1ère année	7	6	13
2ème année	1	4	5
3ème année	4	14	18
4ème année	2	13	15
5ème année	0	5	5
6ème année	1	7	8
7ème année	1	5	6
niveau secondaire			
1ère année	1	3	4
2ème année	2	1	3
3ème année	2	3	5
4ème année	0	0	0
5ème année	0	3	3

9 - Année du baptême: [29]

	hommes	femmes	total
1920 — 29		2	2
1930 — 39	3	6	9
1940 — 49	2	4	6
1950 — 59	4	4	8
1960 — 69	8	12	20
1970 — 74	15	32	47

---

[29] QC7.

CONCLUSION

Des données précédentes, on peut déjà tirer quelques conclusions préliminaires. L'enquête sur l'expérience de la conversion porte essentiellement sur l'Eglise contemporaine du Lesotho, 65 % des convertis qui ont participé à l'enquête ayant reçu le baptême après 1950. Ses résultats ne valent donc pas nécessairement pour les convertis des premières décades de l'Eglise au Lesotho, c'est-à-dire pour les années allant de 1862 à 1920. Il n'y a sans doute pas d'opposition ou de contradiction entre ces deux périodes quant à la conversion. Mais à partir de l'enquête, rien ne nous permet d'affirmer ou de nier que les expériences aient été semblables. Il est permis de le penser toutefois vu qu'il s'agit du même peuple et de missionnaires successifs formés aux mêmes méthodes apostoliques. Mais nous ne pouvons rien affirmer. En effet, sans parler de son évolution culturelle, politique et économique, le Lesotho a changé substantiellement au point de vue religieux. Les premiers convertis sortaient d'un milieu entièrement païen et devaient continuer à y vivre après leur baptême. Les convertis de l'époque contemporaine, au contraire, vivent dans un milieu fortement influencé par le christianisme. Ils ont tous eu des contacts au moins superficiels avec les chrétiens. Le cheminement des uns et des autres vers la foi ne peut donc avoir été absolument identique.

Bien que le groupe des baptisés le plus important se situe entre les années 1970-74, les autres groupes sont suffisamment représentés pour que les résultats de l'enquête ne soient pas entièrement faussés. Le grand nombre de néophytes qui ont collaboré laisse supposer que les missionnaires cessent rapidement de distinguer entre les convertis et les chrétiens de vieille souche et que les convertis s'assimilent rapidement à la communauté chrétienne. Les seuls convertis facilement repérables, en effet, sont les catéchumènes et les néophytes.

La distribution des âges est beaucoup plus équilibrée chez les hommes que chez les femmes où le groupe de jeunes personnes est plutôt important. C'est ce groupe du reste qui fait que près de la moitié des convertis qui ont répondu, ont de 17 à 35 ans. Mais leur expérience religieuse n'est pas moins valable pour cela.

Tous les districts civils du Lesotho sont représentés parmi les 115 convertis de l'enquête. Comme près des deux tiers de la population vivent dans la plaine, il est normal qu'il y ait plus de réponses venant de là que de la montagne. Mais ici encore, la distribution démographique du pays a été respectée puisque 66.5% des réponses viennent de la plaine et 33.5% de la montagne.

Les missionnaires l'ont remarqué, pour l'ensemble du Lesotho, le plus grand nombre des conversions vient encore du paganisme. [30] Le pourcentage des païens dans l'enquête, 75%, ne correspond cependant pas aux faits. Il est certainement trop élevé. Mais cela est dû principalement au fait que, pour les besoins de l'enquête, nous avons recherché de préférence les convertis venant du paganisme.

---

[30] QM1, a. 27 missionnaires disent que leurs convertis viennent surtout du paganisme, 12 du protestantisme, et 6 des deux groupes également.

CHAPITRE IV

VERS LE DIEU DU SALUT

Depuis plus d'un siècle, des milliers de Basotho se sont convertis au Christ. Pour eux, leur conversion n'a jamais fait de doute. Mais pour plusieurs observateurs, elle ne serait qu'un trompe-l'oeil. [1] Ces jugements contradictoires sont d'importance et demandent à être vérifiés car ils portent sur la vie même de cette jeune chrétienté. Seules une analyse et une description fidèles du phénomène de la conversion chez les Basotho, faites à partir des témoignages des personnes directement concernées, c'est-à-dire des convertis et des missionnaires, pourront nous fournir les données objectives qu'il nous faut pour résoudre ce dilemme. L'enquête décrite au chapitre précédent a été l'instrument qui a rendu possible cette démarche.

Le présent chapitre et le suivant ont pour but de donner les résultats de l'enquête. Ils fourniront une description la plus complète possible de l'expérience de la conversion vécue par les Basotho. Il ne s'agit pas encore de porter un jugement de valeur sur cette expérience mais uniquement de l'analyser et de la décrire. Tout jugement serait, pour le moment, prématuré vu que les critères d'évaluation n'ont pas encore été formulés. Ils le seront par l'analyse théologique de la conversion chrétienne. [2] Il ne saurait davantage être question dans ces chapitres de décrire le type idéal de la conversion à partir de l'expérience des Basotho. L'unique objet en est la description de l'expérience des Basotho afin de voir ce qu'elle fut et comment ils l'ont vécue. Dans le présent chapitre, deux facteurs de cette expérience seront considérés: le premier, son sujet, c'est-à-dire le Mosotho païen vu à travers la vie religieuse qu'il menait avant sa conversion; le deuxième, les agents de sa conversion.

---

[1] Voir page 46.
[2] Voir le chapitre VI.

I - Vie religieuse antérieure

Comme le soulignait justement un missionnaire,[3] les Basotho n'étaient pas dépourvus d'une vie, de pratiques et de sentiments religieux avant leur conversion. Avant de croire au Christ, ils avaient adhéré à une vie religieuse qui leur fut transmise par les responsables de leur tradition, et qui rejoignait tous les aspects de leur vie. Egalement durant leur cheminement vers le Christ, ils n'ont pu faire abstraction de leur vie religieuse première. Pour une large part, ils ont vu Dieu et le Christ à travers les symboles de cette vie religieuse.[4] Aussi est-il impossible d'analyser leur conversion sans commencer par dégager les aspects fondamentaux de leur vie religieuse et montrer comment ils la vivaient. Dans les pages qui suivent, notre intention n'est pas de rapporter les conclusions des ethnologues sur la question. Ce serait procéder contrairement à la méthode que nous avons adoptée. Nous nous limiterons à rapporter ce qu'en disent les 115 convertis interrogés. Ils nous feront connaître leur vie religieuse antérieure par leurs témoignages. Les conclusions auxquelles nous arriverons, pourront ensuite s'appliquer à tous les convertis Basotho dans la mesure où ceux-ci sont représentatifs de l'ensemble, ce qui peut s'accepter avec certaines réserves mais sans présomption.[5] Pour que l'entreprise soit acceptable, il est aussi nécessaire d'éliminer ce qui est redevable à leur pratique de la vie chrétienne et de ne garder que ce qui est authentiquemnt traditionnel. Trois points seront étudiés: Dieu, les ancêtres et la faute.[6]

1. *Dieu*

a. Les noms de Dieu[7]

Les convertis furent donc invités à faire un retour sur leur vie passée et à essayer de voir les choses avec leurs yeux d'autrefois. Par rapport à Dieu, le premier pas était de découvrir s'ils en avaient connu l'existence, s'ils le connaissaient. Concrètement, cela voulait

---

[3] Témoignage tiré du questionnaire M44.

[4] Jean Daniélou, *Christianisme et religions non chrétiennes,* dans *Etudes,* Tome 321 (1964), pp. 330-331.

[5] Voir page 70.

[6] Ces points se réfèrent aux questions suivantes: QC49, 50, 16, 17, 42, 52, 53, 54, 19, 20, 63-66, QM6, a, b, c, f, 9, a, b, 10 a, 11 a.

[7] QC49a: Comment s'appelait le Dieu des anciens Basotho?

dire de commencer par découvrir comment ils appelaient Dieu, car s'ils connaissent quelqu'un, ils en savent le nom. Un nombre assez élevé de femmes, 22, ont répondu explicitement qu'elles étaient incapables de donner le nom traditionnel du Dieu des anciens Basotho.[8] Par contre, les hommes qui ont répondu à la question ont tous pu fournir un nom. Si 73% des convertis ont pu donner un nom à Dieu, ils sont pourtant loin de s'entendre sur ce nom. Ils donnent à Dieu neuf noms différents.[9] Le nom le plus fréquemment employé est celui de *Molimo* qui se traduit étymologiquement par le Très-Haut. Viennent ensuite les noms suivants: le dieu au museau humide, les ancêtres, le Père de la lumière, le tout-puissant, le pourvoyeur (la providence), le créateur, le Père de la pluie et le Prince.

Cinq de ces noms, le Très-Haut, le créateur (au sens de mouleur), le Père de la lumière, le pourvoyeur et le Père de la pluie, sont tout à fait traditionnels et ne s'emploient pas normalement pour les hommes ou pour les ancêtres. Ils sont réservés à Dieu. Curieusement, la seule exception concerne le nom de Très-Haut ou *Molimo*. Il est parfois employé pour les ancêtres. Dans la langue ordinaire, le mot designant les ancêtres est *Balimo,* qui s'emploie toujours au pluriel. Selon l'opinion de plusieurs experts en lague sotho,[10] et selon le texte d'une prière très ancienne encore en usage,[11] il n'y aurait dans cette façon de parler aucun danger de confusion entre les ancêtres (*balimo*) et Dieu (*Molimo*) même si la racine des deux mots est la même (*limo*), car ces deux noms appartiennent à des classes de noms différentes. Le premier appartient à la première classe qui est réservée aux noms de personnes (humaines), et le second, à la deuxième

---

[8] Neuf viennent du paganisme.

[9] Réponses données à la question QC49a: 1) Le Très-Haut ou *Molimo,* 21 fois; 2) Dieu au museau humide, 19 fois; 3) les ancêtres, 18 fois; 4) le Père de la lumière, 8 fois; 5) le Tout-Puissant, 7 fois; 6) la Providence, 6 fois; 7) Le créateur, 5 fois; 8) Le Père de la pluie, 2; Le Prince, 1 fois.

[10] C. M. DOKE and S. M. MOFOKENG, *Textbook of Southern Sotho Grammar,* Cape Town, Longmans, 1957, pp. 62-68.

Edwin W. Smith rapporte que, selon un berger tswana, le mot *Molimo* viendrait du verbe *ho dima* qui signifierait imprégner ou pénétrer de part en part. Cette signification étymologique du mot *Molimo* ne vaut certainement pas pour les Basotho car il n'existe pas de verbe *ho dima* dans leur langue. D'autre part, il est regrettable que Smith n'ait pas donné les raisons qui ont amené le Dr Bleek a rejeté le sens étymologique de très-haut pour *Molimo.* Voir *African Ideas of God, a Symposium,* edited by Edwin W. Smith, London, Edinburgh Press, 1950, p. 117.

[11] François LAYDEVANT, o.m.i., *La poésie chez les Basuto,* dans *Africa,* vol. III, no. 4 (1930), p. 532.

classe où les Basotho font entrer, entre autres, les noms de toutes les choses difficiles à classer, comme l'âme, le village. Les distinctions deviennent cependant imprécises lorsque dans la langue hiératique, les Basotho appellent leurs ancêtres *melimo* ou les dieux. Le danger de confusion entre le Très-Haut et les ancêtres devient alors réel car les deux mots appartiennent à la même classe et signifient des êtres, sinon identiques, du moins semblables par certains aspects fondamentaux. Cette apparente confusion est visible dans la prière mentionnée plus haut. [12] Seules la tradition et l'attitude des Basotho vis-à-vis de Dieu et des ancêtres peuvent aider à comprendre que pour les Basotho, seul Dieu est vraiment le Très-Haut, même si les ancêtres leur sont supérieurs. [13]

Deux autres noms attribués à Dieu posent cependant de réels problèmes. Le premier est celui d'ancêtres ou de *Balimo,* employé au pluriel. On pourrait peut-être trouver une explication si les convertis avaient parlé de l'ancêtre. Mais employé au pluriel, ce mot désigne non une personne mais une collectivité. L'emploi du mot ancêtres (*balimo*) pour Dieu ne peut s'expliquer que de deux façons. La première est qu'ils n'ont pas compris la question. La seconde est que les ancêtres tenaient une place tellement importante dans leur vie qu'ils avaient comme supplanté Dieu. L'autre nom attribué à Dieu qui fait problème, est le suivant: le dieu au museau humide (*molimo o nko e metsi*). Il y a certainement confusion, en ce cas, entre ce qui serait le nom de Dieu et la définition poétique du boeuf. Dieu ne s'appelle pas le boeuf au museau humide. C'est au contraire le boeuf qui s'appelle le dieu au museau humide, au point que certains missionnaires ont voulu croire que le boeuf était le dieu des

---

[12] Voici cette prière selon le texte de Laydevant:
      O Dieu (Molimo), écoute, nous te prions.
      O Dieu nouveau, prie l'ancien.
      Ce n'est pas moi qui prie, ce sont les dieux (melimo)
      Les dieux, nos grand'mères, qui demandent des sacrifices,
      Les sacrifices, comment les voient-elles,
      étant mortes? Elles regardent par les fentes
      des tombeaux. Tous sont morts. Où sont-ils
      allés? Ils sont allés à la fosse qui ne se
      remplit pas, qui contient toutes les nations.

[13] Sur les ancêtres, voir pages 51, 52. Comme tous les noms de personnes appartiennent à la première classe, les missionnaires catholiques ont jugé inconvenant de classer celui de Dieu dans la deuxième. Ils ont ainsi introduit l'habitude de le traiter comme s'il appartenait à la première. Aujourd'hui, cette façon de faire est devenue d'usage courant au Lesotho. Mais on peut se demander si cette innovation fut heureuse car, à partir de la langue, on ne peut plus distinguer entre Dieu et les ancêtres.

Basotho. Il semblerait que ceux qui ont répondu ainsi se soient laissés gagner par la facilité, employant une expression bien connue qui contient le nom de Dieu. A moins que, d'une façon fort peu heureuse, ils aient voulu décrire Dieu comme le grand pourvoyeur de dons et de richesses comme l'est le boeuf, à sa façon, dans leur société. [14]

Cette multiplicité de noms qui laisse transparaître beaucoup d'hésitation, d'imprécision et, même, de contradiction, témoigne bien de la conscience que les Basotho païens ont eu de la présence de Dieu. Mais elle révèle aussi que pour eux, Dieu est resté le grand mystère. Ils ont perçu qu'Il est l'être au-dessus de tous les êtres, celui qui est hors de toutes les catégories humaines et terrestres. Mais de sa nature intime, de sa vie propre, ils n'osent en parler. Le mystère reste entier. Les noms qu'ils lui donnent qualifient son action à l'extérieur et concernent uniquement ce qu'ils croient être sa fonction par rapport au monde et, surtout, aux hommes. Dieu est le maître de la vie et de l'ordre du monde qu'il façonne. Il est le père sage et généreux qui est le seul à pouvoir toujours donner ce dont l'homme a absolument besoin pour vivre: la lumière, la chaleur et l'eau.

b. Le lieu où vit Dieu [15]

Pour les Basotho païens, localiser Dieu s'est avéré aussi difficile que de le nommer ou de le définir. Trente-cinq des convertis questionnés avouent qu'ils n'avaient aucune idée du lieu où pouvait vivre Dieu. [16] Les autres, soit 70%, lui assignent sept lieux différents. Le ciel est l'endroit qu'ils mentionnent le plus fréquemment puis suivent, en ordre décroissant, l'est ou *Ntsoana Tsatsi,* l'enclos des animaux, le sommet de la montagne, un lieu ténébreux et souterrain, l'univers et le Lesotho. [17] L'univers et le Lesotho sont certainement aux extrêmes de l'éventail des possibilités. Mais peut-

---

[14] Un autre nom attribué à Dieu est celui de *Seloane.* Ce terme vient de la langue secrète de l'initiation. Seuls les initiés pourraient en donner la signification exacte. Personne, jusqu'ici, n'a pu ou n'a voulu le faire. Le plus qu'ils en disent, est que ce mot signifierait que Dieu est le guerrier tout puissant, le vainqueur.

[15] QC49b: Où vit le Dieu des anciens Basotho?

[16] Pour déconcertante qu'elle soit, cette réponse fournit un indice précieux sur la valeur des réponses en général. Si les convertis n'avaient fait aucun effort pour distinguer entre les connaissances acquises grâce à leur foi chrétienne et celles qu'ils reçurent de la tradition, ils auraient certainement pu suggérer quelque chose.

[17] Réponses à la question QC49b: 1) aucune idée, 35; 2) le ciel, 26; 3) l'est (*Tsoana Tsatsi*), 8; 4) l'enclos des animaux, 8; 5) le sommet de la montagne, 4; 6) un endroit souterrain et ténébreux, 3; 7) l'univers, 2; 8) le Lesotho, 1.

être y a-t-il moins d'opposition entre eux qu'il ne semble car pour longtemps l'univers des Basotho a coïncidé avec le territoire qu'ils occupaient. Mais il ne semble pas que ce soit là des concepts traditionnels. Le peu de convertis qui les ont signalés en est une indication. Pour des raisons différentes, ils sont marqués de l'influence chrétienne. Le « Dieu est partout » du catéchisme, d'une part, est l'expression employée et, d'autre part, un des reproches adressés aux Basotho païens par les chrétiens est que leur Dieu n'était pas le Dieu de tous les hommes mais des seuls Basotho.

Par contre, les autres lieux mentionnés sont traditionnels et correspondent même assez bien aux noms donnés à Dieu. Que le ciel (*leholimo*) soit le lieu où les Basotho trouvent Dieu de préférence ne surprend pas car ils l'appellent communément le Très-Haut, *Molimo*. Le ciel n'est du reste pas tellement un lieu physique qu'un espace symbolique qui place Dieu au dessus de la condition humaine, qui laisse entrevoir quelque chose du mystère sans avoir à le circonscrire en un mot insuffisant ou en un point précis.

Que pour plusieurs Basotho, Dieu réside à l'est, à *Ntsoana Tsatsi*, ne peut être l'effet de la seule fantaisie. C'est là, en effet, à l'est, à *Ntsoana Tsatsi*, que les ancêtres des Basotho ont vu le jour et donc là où tous trouvent leur origine. Certains ont voulu localiser géographiquement un endroit, à l'est du Lesotho, qui serait *Ntsoana Tsatsi*. [18] Une telle tentative ne tend qu'à caricaturer la réalité. Comme le remarque avec profondeur un écrivain mosotho, [19] aucun des anciens Basotho n'a jamais pu dire où était *Ntsoana Tsatsi*, si ce n'est que c'est à l'est. Il s'agit d'un lieu mythique où, par l'union de la lumière et de l'eau, Dieu fait jaillir la vie. [20]

D'autres convertis placent Dieu dans l'enclos des animaux. Cette vue des choses n'est pas aussi incongrue qu'elle pourrait sembler, car cet endroit était traditionnellement leur lieu de sépulture. Les défunts y étaient placés dans une position foetale, le visage tourné vers l'est, vers le soleil levant, donc vers l'origine de la vie. Enfin mettre Dieu sur la montagne n'est pas sans rapport avec la symboli-

---

[18] Monica WILSON, *The Sotho, Venda and Tsonga*, dans *Oxford History of S.A.*, vol. I, p. 133.

[19] Thomas MOFOLO, *Moeti oa Bochabela*, Morija, Morija Sesuto Book Depot, 1968, p. 19.

[20] Dépassant toutes les intuitions des anciens Basotho, Mofolo a perçu que l'homme ne pouvait arriver à *Ntsoana Tsatsi* que dans l'union transformante de l'homme avec Dieu. Pour lui, lorsqu'elle se produit, l'homme doit mourir pour ne vivre qu'avec Dieu. Voir *Moeti oa Bochabela*, pp. 72-74.

que du ciel car la montagne qui domine tout se perd elle-même dans le ciel. Mais il y a aussi le fait que la foudre et les éclairs semblent toujours affluer vers elle de même que la pluie et l'eau en provenir. Le principal rite de la pluie consiste, pour les hommes, à gravir une montagne en courant et en détruisant tous les animaux vivants qu'ils rencontrent sur leur route.

Les lieux assignés à Dieu sont donc des espaces symboliques plus que des points concrets de l'univers. A leur façon, ils nous révèlent de nouveau ce que les Basotho avaient perçu du mystère de Dieu: d'une part, l'Etre tout à fait à part, au dessus de tous les autres, sans commune mesure avec eux; d'autre part, l'Etre vers qui tout converge, comme vers son point de cohésion, l'Etre qui est à l'origine de la vie qu'Il domine.

c. L'action de Dieu [21]

De toutes les questions sur Dieu, aucune n'a provoqué chez les convertis autant de perplexité et d'hésitation que celle concernant son action. La question fut posée dans les termes les plus généraux possible pour ne pas influencer le sens des réponses. Pourtant, près de la moitié semblent avoir vecu dans l'ignorance complète de ce que pouvait faire Dieu ou, du moins, sans avoir pu l'exprimer clairement. Trente-sept n'ont pas répondu à la question. Parmi ceux-ci, un certain nombre n'a peut-être pas compris la question, mais rien n'indique qu'il en fut ainsi pour tous. L'explication la plus probable de leur silence est qu'ils n'en savaient rien ou, s'ils en savaient quelque chose, que leurs idées sur la question étaient tellement vagues et confuses qu'ils ont préféré ne rien répondre. D'autre part, dix-huit femmes ont répondu explicitement n'en rien savoir. Le petit nombre de réponses à cette question contraste d'une façon marquée avec l'abondance et la qualité des réponses concernant le nom et le lieu de Dieu.

Les 31 convertis qui ont répondu, assignent à Dieu les actions suivantes: accorder aux hommes tout ce qui est bon et ce dont ils ont besoin; créer l'homme; accueillir leurs prières; accueillir les ancêtres; surveiller les hommes et punir les méchants; et, enfin, ne rien faire. [22]

---

[21] QC49c: Que fait le Dieu des anciens Basotho? QC16: Avant votre conversion, saviez-vous que Dieu vous aimait? Comme la plupart des problèmes étudiés dans le reste du chapitre se rapportent à des expériences religieuses pré-chrétiennes, il ne sera tenu compte des convertis venus du protestantisme que de manière exceptionnelle.

[22] Réponses à la question QC9b: 1) Dieu agit comme providence, 16; 2) comme

Si un grand nombre de convertis ne peuvent préciser nettement l'action de Dieu, très peu, par contre, soutiennent qu'Il ne fait rien. Il n'y a que trois femmes qui l'ont pensé. Il est peu probable qu'elles aient trouvé cette réponse dans les livres car il s'agit de personnes peu instruites. L'expression qu'elles ont employée (*o lutse*), qui indique l'état d'être assis et au repos, est tellement propre aux Basotho que son authenticité ne peut être mise en doute. Il est impossible de déterminer d'où leur est venue cette conception de l'action de Dieu.

Pour la grande majorité de ceux qui ont répondu et dont les réponses manifestent une certaine pénétration du mystère de Dieu à travers son agir, ce qui s'est imposé avec le plus de force, a été son action bienfaisante en faveur des hommes. Ils ont perçu Dieu comme providence. Il écoute et accueille les prières des hommes. En réponse, Il leur accorde ce qui est bon, d'une façon particulière la pluie, et assure la fertilité de la terre et la croissance des semences de même que la fécondité des hommes et des animaux. Comme certains noms l'indiquent, ils regardent Dieu comme un père bienfaisant sans lequel la vie serait impossible. L'activité créatrice de Dieu n'est pas ignorée mais ils l'ont surtout vue comme l'action de celui qui moule et modèle, à la manière du potier. Son rôle, dans ce domaine, est particulièrement reconnu dans les choses extraordinaires, comme pour la naissance de jumeaux. [23] L'aspect moral de l'action de Dieu a été très peu reconnu. Deux convertis seulement ont noté que Dieu surveille l'agir des hommes et punit les méchants alors que rien n'est dit explicitement sur une possible récompense des bons, si ce n'est qu'Il accueille les ancêtres. De même, rien n'est dit sur ce qui se passe à l'intérieur même de la vie de Dieu.

A la question sur l'action de Dieu en général, s'en ajoute une autre qui porte sur une action bien déterminée. Il fut demandé aux convertis de dire s'ils savaient avant leur conversion que Dieu les aimait. [24] Autant la question précédente avait laissé transparaître une réelle incertitude autant celle-ci met à jour une conviction non-équivoque et largement diffusée. [25] Seulement 20% des convertis

---

créateur, 7; 3) accueille les prières, 3; 4) accueille les ancêtres, 1; 5) surveille les hommes et punit les méchants, 1; 6) ne fait rien, 3. Trente-sept n'ont pas répondu à la question et 18 ont dit qu'ils n'en savaient rien.

[23] Remarque faite dans le questionnaire C65.
[24] QC16.
[25] Réponses à la question: 1) Ils savaient que Dieu les aimait: hommes, 30, femmes, 39; 2) Ils ne le savaient pas: hommes: 6, femmes: 11.

admettent n'avoir pas su avant leur conversion que Dieu les aimait. Tous les autres en étaient convaincus. Faudrait-il refuser ces réponses en alléguant qu'elles traduisent inconsciemment une conviction acquise après la conversion? Nous ne le croyons pas, du moins pour l'ensemble car, sur ce point, la position des convertis est partagée par les missionnaires. Plusieurs d'entre eux soutiennent même que les Basotho ont mis beaucoup de temps à se convertir, s'ils se sont jamais véritablement convertis, parce qu'ils ont une conception fausse de la bonté et de l'amour de Dieu. [26] Le moment n'est pas venu de répondre au jugement concernant la valeur de la conversion des Basotho. Il suffit, pour le moment, de prendre note que pour eux, les Basotho païens savaient que Dieu les aimait. Ils ne cherchaient pas tellement à voir comment se concrétisait cette bonté. Il leur suffisait d'en vivre. Certains cependant l'ont vu manifestée d'une façon éminente dans le don de la vie et de ce qui est nécessaire à son maintien. Ont-ils entrevu d'autres aspects de cet amour divin? Des seules réponses, il est impossible de l'affirmer.

d. L'action de l'homme envers Dieu [27]

Afin de préciser les relations qui existaient entre Dieu et les Basotho païens, il fallait également demander aux convertis ce qu'ils faisaient pour Dieu avant leur conversion. A cette question, [28] 20 n'ont pas répondu, ce qui est beaucoup moins que pour la question correspondante sur Dieu. Soixante-seize pour-cent des convertis ont au moins proposé une réponse. Une femme déclare qu'elle ne faisait alors rien pour Dieu; un homme qu'il ne mangeait pas de viande de boeuf, ce qui ressemble davantage à une prohibition totémique qu'à un acte ordonné vers Dieu; deux convertis se contentent de dire qu'ils obéissaient à Dieu. Les autres réponses se ramènent aux trois points suivants: les offrandes, les prières et les danses. [29]

Les offrandes mentionnées sont de trois sortes: les prémices, la nourriture et la bière ainsi que les animaux immolés. Davant cette énumération, une difficulté se présente immédiatement. S'agit-il d'offrandes faites à Dieu ou aux ancêtres? Les convertis ont-ils confondu les deux types d'offrande? Pour les prémices, la nourriture

---

[26] A titre d'exemples, voir les questionnaires M24 et M44.
[27] Voir les questions QC49d, 17, 42, QM6, e, f.
[28] QC49d: Comment les anciens Basotho honoraient-ils Dieu?
[29] Réponses à la question QC49d: 1) offrandes (prémices, nourriture et sacrifices), 25; 2) prières et rites (surtout pour la pluie), 29; 3) danses (pour la pluie), 7; 4) ils ne mangeaient pas de viande de boeuf, 1; 5) 20 n'ont pas répondu.

et la bière, sans doute pas totalement car les païens célèbrent des rites d'action de grâce à l'occasion des récoltes, durant lesquels ils remercient non seulement les ancêtres mais aussi Dieu. Il est cependant beaucoup plus difficile d'admettre qu'ils aient offert des sacrifices d'animaux à Dieu. Ces rites qui sont célébrés à l'occasion des grands événements de la vie de la famille, comme les mariages, les naissances et les enterrements, et de la tribu, comme l'initiation, ont pour but de consacrer les liens existant entre les ancêtres et leurs descendants, et prennent la plupart du temps un caractère purement magique. Il est donc fort douteux qu'ils aient sacrifié à Dieu. [30] Il serait sans doute plus juste de dire, à la suite d'un converti, [31] qu'ils immolaient des animaux aux ancêtres parce qu'en agissant ainsi, ils croyaient observer l'ordre établi par Dieu. Mais on ne peut s'empêcher d'observer combien sur plusieurs points les convertis ne semblent pas pouvoir distinguer entre ce qui convient à Dieu et ce qui convient aux ancêtres.

La prière est l'acte ordonné à Dieu le plus souvent mentionné par les convertis. Un Mosotho mentionne la prière de louange, un autre la prière de demande en général. Tous les autres spécifient qu'il s'agit d'une prière faite pour obtenir la pluie. A cette prière s'unissent les rites et les danses. L'empressement que mettent aujourd'hui les païens à se joindre aux chrétiens à l'occasion des prières officielles pour la pluie confirme l'importance de ce rite dans la vie traditionnelle des Basotho. Cette forme de prière montre également que les païens se tournaient vers Dieu spécialement aux moments où leur vie était gravement menacée. Seul le maître de la vie pouvait intervenir pour les sauver.

Comme dans toute vie religieuse la prière tient une place importante, une question spéciale fut posée aux convertis sur leur vie de prière avant leur conversion. [32] Les réponses donnent des renseignements importants sur l'ampleur du fait de la prière chez eux et sur son objet. Seulement trois convertis n'ont pas répondu à la question. Vingt-huit avouent n'avoir jamais prié avant leur conversion alors que 55 disent l'avoir fait. Le phénomène de la prière était donc loin d'être universel parmi eux, même si certains, par leurs réponses, laissent entendre qu'ils priaient mais sans savoir com-

---

[30] Hugh ASHTON, *The Basuto,* pp. 114-116.
[31] Observation faite dans le questionnaire C54.
[32] QC42: Avant votre conversion, aviez-vous l'habitude de prier? Si oui, qui aimiez-vous surtout prier?

ment le faire ou en le faisant pour demander quelque chose de mauvais. [33] Deux d'entre eux disent que leurs prières s'adressaient aux ancêtres et 52 que les leurs s'adressaient à Dieu personnellement. De ceux-ci, 20 ajoutent qu'ils priaient également le Christ et le Vierge Marie. Ce détail pourrait mettre en doute la validité de la réponse en son entier car il est manifestement marqué d'une influence chrétienne. Mais il peut aussi signifier autre chose: ou bien que ces païens ont commencé à prier après avoir été saisis du désir de la conversion, ou encore qu'ils ont fréquenté les chrétiens avant leur conversion et qu'ils ont prié avec eux. [34]

Les deux dernières questions portant sur les rapports de l'homme avec Dieu ont pour objet l'amour des Basotho païens pour Dieu. [35] Il fut d'abord demandé aux convertis s'ils savaient avant leur conversion qu'ils devaient aimer Dieu. Sauf trois, tous ont répondu à la question. Soixante-dix répondirent qu'ils connaissaient cette obligation et 16 qu'ils l'ignoraient. Dans la question suivante, il leur fut demandé si, de fait, ils avaient alors aimé Dieu. Soixante-treize répondirent qu'ils avaient aimé Dieu avant leur conversion et 13 qu'ils ne l'avaient pas aimé. [36] Après les réponses peu satisfaisantes sur l'agir de Dieu et sur les obligations de l'homme envers Dieu, celles-ci ne peuvent que surprendre à moins que l'on n'accepte ce qui fut dit au paragraphe précédent sur l'amour de Dieu pour les hommes. [37] Les Basotho païens ne conçoivent pas nécessairement l'amour de l'homme pour Dieu comme les chrétiens, mais peuvent-ils ne pas aimer un Dieu qui est un père uniquement bon pour eux? [38]

Tous les missionnaires qui ont participé à l'enquête, croient

---

[33] Aveu contenu dans les questionsaires C19, 20, 25, 62 et 95.

[34] Deux questions sur la prière furent posées aux missionnaires. La première leur demandait s'ils avaient observé une certaine vie de prière chez les païens. Trente-huit répondirent affirmativement, 11 négativement. Un avoue n'en rien savoir. Sur ce point, l'opinion des missionnaires s'accorde avec le témoignage des convertis.
La deuxième question portait sur l'objet de la prière. Vingt croient qu'ils prient Dieu et 17 les ancêtres. Ici, missionnaires et convertis ne s'accordent pas. Les deux questions qui viennent d'être analysées portent les no. QM6, e, f.

[35] QC17, a, b: Avant votre conversion, saviez-vous que vous deviez aimer Dieu? L'aimiez-vous?

[36] La disparité entre les sommes des deux réponses s'explique comme suit: Certains convertis ont répondu que même s'ils ignoraient qu'ils devaient aimer Dieu, ils l'aimaient. D'autre part, certains ont avoué que, même s'ils connaissaient l'obligation, ils n'aimaient pas Dieu.

[37] pages 85, 86.

[38] Cette question sera reprise au paragraphe traitant de la question de la faute, pages 93, 94.

que les Basotho païens qui se présentent à eux avec le désir de se convertir, ont déjà une certaine connaissance de Dieu. [39] La grande majorité pense également que Dieu exerce une influence dans leur vie. [40] Les réponses des convertis étudiées dans cette section confirment cette opinion. Très peu de convertis ont été indifférents à la question de Dieu. Mais les réponses ont aussi démontré que s'ils attribuaient à Dieu dans la façon de traiter avec Lui toutes les prérogatives d'une personne, [41] ils n'ont cependant rien connu ou presque de sa nature et de sa vie propre. Dieu est connu uniquement en fonction de ce qu'Il fait pour eux et pour le monde. Leur amour et leur confiance envers Dieu ont pour objet essentiellement Dieu en tant qu'Il donne et maintient la vie et le monde.

2. *Les ancêtres*

Sur plusieurs points concernant Dieu, comme nous l'avons noté, certains convertis donnent l'impression qu'avant leur conversion, ils confondaient Dieu et les ancêtres ou du moins qu'ils attribuaient à Dieu ce qui normalement revenait aux ancêtres. Personne cependant, jusqu'ici, n'a attribué aux ancêtres ce qui ne convient qu'à Dieu, comme l'acte de créer. Ce qui laisse supposer que l'apparente confusion n'irait pas jusqu'à l'identification. Nous avons déjà vu que les structures de la langue vont contre une semblable supposition. [42] D'autre part, les missionnaires ne croient pas qu'on puisse parler d'identification. [43] Il semblerait donc plus juste de retenir la solution proposée plus haut, [44] à savoir qu'en raison de l'importance des ancêtres dans leur vie, certains Basotho leur ont accordé de fait la primauté qui, de droit, revient à Dieu. Si les ancêtres sont

---

[39] QM6a: Les païens qui se convertissent, ont-ils une certaine idée de Dieu? Oui, 45. Non, 0.

[40] QM6b: Pensez-vous que Dieu exerce une certaine influence dans leur vie? Oui, 40. Non, 4.

[41] QM6c: Parlent-ils de Dieu comme d'une personne ou comme d'un être privé de vie et de connaissance? Réponses: 1) comme d'une personne, 34; 2) comme d'un être privé de vie, 0; 3) ils ne savent pas, 4; 4) je n'en sais rien, 4.
Il est certain que les Basotho païens ne pouvaient pas répondre que Dieu est une personne. Le mot même de personne n'existe pas dans leur langue. L'important était de savoir s'ils traitaient Dieu comme un personne ou non. Ils nous ont montré qu'ils Le traitaient comme une personne attentive aux besoins des hommes.

[42] Voir pages 79, 80.

[43] QM6d: Les païens identifient-ils Dieu, les esprits et les ancêtres? Réponses: 1) Oui, 7; 2) non, 34; 3) ce point n'est pas clair pour eux, 4.

[44] Voir page 81.

plus grands et meilleurs que les hommes sans être les égaux de Dieu, rien n'indique toutefois qu'ils les considèrent comme les intermédiaires nécessaires entre Dieu et les vivants. Dans la prière citée plus haut, [45] les ancêtres ne prient pas pour les hommes. Ce sont au contraire les hommes qui semblent prier au nom des ancêtres, se faisant leurs interprètes auprès de Dieu.

Il est donc nécessaire de préciser la place et l'importance qu'occupent les ancêtres dans la vie des Basotho païens d'aujourd'hui, selon les convertis. Ils nous ont déjà renseignés sur certains de leurs actes envers eux, les plus importants étant les prémices, l'offrande de nourriture et les sacrifices. [46] Mais à en juger par les réponses données aux deux questions touchant leurs relations avec les ancêtres, ces pratiques ne semblent pas être observées par tous. L'une des questions traitait explicitement des ancêtres. Il fut demandé aux convertis si un Mosotho pouvait renoncer à ses ancêtres, les abandonner, et continuer toutefois à se considérer un vrai Mosotho. [47] Onze n'ont pas répondu à la question, 44 ont répondu avec une certaine vigueur qu'un tel geste était impensable, [48] mais 31, donc 41% de ceux qui ont répondu, croient que la chose est tout à fait possible et soutiennent même l'avoir faite. [49] Si la majorité reste fortement attachée aux ancêtres, une minorité importante s'en est déjà détachée au point de ne plus les craindre.

La seconde question ne mentionnait pas les ancêtres explicitement mais les concernait au plus haut point. Les convertis devaient indiquer les coutumes et les rites sesotho qu'ils aimaient le plus avant leur conversion. [50] De loin, tant chez les hommes que chez les femmes, la coutume préférée est celle de l'initiation. Les rites pour les défunts et les ancêtres viennent en second lieu, mais loin derrière l'initiation, n'ayant recueilli que douze voix. L'attachement à l'initiation démontre certes la vitalité encore grande de la tradition et, d'une certaine manière, l'influence des ancêtres, mais dans les rites de cette coutume, la symbolique de la renaissance est plus déter-

---

[45] Voir page 81.
[46] Voir pages 86, 87.
[47] QC53.
[48] L'argument le plus souvent employé par les convertis pour démontrer qu'ils ne pouvaient pas renoncer à leurs ancêtres fut que ceux-ci étaient leurs parents. Ainsi fut-il dit dans les questionnaires C19, 20, 54, 59, 104.
[49] Certains précisent qu'un tel geste n'est possible que si quelqu'un se convertit. Ainsi fut-il dit dans le questionnaire C20.
[50] QC63: Réponses: 1) initiation, 31; 2) sacrifices et rites en faveur des défunts et des ancêtres, 12.

minante que la communion aux ancêtres.[51] Les ancêtres tiennent sans doute une place encore importante dans la vie des Basotho mais certainement pas celle qu'ils occupaient autrefois. Leur domination théorique ne se traduit plus dans les faits par des obligations impératives pour tous. A moins qu'on n'ait pas voulu dire toute la vérité.

3. La faute

Dans l'enquête, la question du mal fut abordée sous deux angles. D'abord le mal a été considéré en tant qu'il est un acte humain mauvais, une faute ou un péché, qui requiert le pardon et postule la nécessité du salut. Deuxièmement, il fut étudié en tant qu'il est une souffrance physique, psychologique ou morale, qui peut ouvrir l'homme sur des perspectives de salut. Dans cette section-ci, il ne sera question que de la faute ou du péché, plus précisément de la faute comme la concevait le Mosotho avant sa conversion, donc de la faute en tant que réalité païenne. Trois questions seront étudiées: la nature de la faute, la conscience que l'homme a pu en avoir, et son pardon.

a. Nature de la faute

Afin d'éviter d'attribuer aux Basotho païens des notions qu'ils n'avaient sans doute pas, il serait préférable de ne parler, pour le moment, que d'actes mauvais ou de fautes plutôt que de péchés au sens strict. Le mot sesotho dont l'Eglise se sert pour parler du péché, est *sebe*. Par sa racine *be,* il signifie quelque chose de laid, de mauvais, un acte mauvais, une faute. Bien que ce mot, de soi, n'implique aucune référence nécessaire à Dieu, il n'y avait qu'un pas à franchir pour qu'il signifie le péché au sens chrétien du terme. Mais il est difficile de savoir avec précision si les Basotho l'ont franchi et s'ils voient dans le mot *sebe* ce que l'Eglise y a ajouté. Les chrétiens peut-être, mais les païens certainement pas. Traditionnellement, les Basotho n'employaient pas tellement le mot

---

[51] Il est remarquable que parmi les coutumes mentionnées, le mariage traditionnel n'a presque pas de place. Trois convertis seulement en parlent. Cependant la très grande majorité de ceux qui ont répondu se sont mariés selon les rites du mariage sesotho. Est-ce qu'ils n'en ont pas parlé parce qu'ils ont cru que la chose allait de soi et ne méritait pas d'être signalée, ou parce que le mariage coutumier a tellement perdu son caractère sacré qu'il ne compte plus parmi les coutumes?

sebe. Ils se servaient plutôt du mot *molato* qui signifie avoir une dette, une faute, être coupable. Ils employaient ce mot dans le contexte de leurs relations avec la société ou les individus. Ce mot est encore très couramment employé par tous les Basotho. L'Eglise l'emploie aussi, mais surtout dans les prières et jamais comme terme technique pour le péché. Aussi sera-t-il question de la faute plutôt que du péché, à moins que le contexte ne permette de parler du péché sans danger d'équivoques.

La première démarche fut de demander aux convertis de nous dire ce qu'est, selon eux, une faute pour un païen. [52] Neuf hommes ne répondirent pas à la question et huit femmes se dirent incapables de le faire. Les 69 autres donnèrent des réponses qui se divisent en trois catégories. Soixante-et-un pensent que la faute est un acte mauvais commis contre le prochain ou la société; cinq, un acte contre Dieu; et quatre, un acte contre sa propre conscience. Sans entrer immédiatement dans l'énumération des fautes possibles, qui ne fera du reste que confirmer le jugement qui suit, on peut déduire des affirmations des convertis que pour les Basotho païens, la faute est considérée avant tout comme un acte dirigé contre le prochain ou contre la société. Ceux qui font consister la faute en un trouble de conscience n'ont malheureusement pas précisé l'origine de ce trouble. Ils ont seulement indiqué que l'acte mauvais devient faute lorsque la conscience reproche à l'homme ce qu'il a fait. L'acte lui-même aurait donc pu être une action commise contre Dieu ou contre le prochain. Seule donc une très faible minorité conçoit la faute du païen comme un acte posé directement contre Dieu. L'accord entre l'opinion des convertis et celle des missionnaires sur ce point apporte une garantie supplémentaire sur l'objectivité du jugement précédent. Sans consultation préalable possible, les deux groupes en sont venus à la même conclusion à partir de points de vue différents. [53]

La question qui suivait n'avait pour but que de préciser la précédente. Il fut demandé aux convertis de préciser qui les païens croyaient offenser par leurs fautes. [54] Six femmes se sont dites incapables de répondre à la question. Les autres convertis l'ont fait de la façon suivante. Quarante-neuf croient que ceux qui sont offensés

---

[52] QC65a. QM9b.

[53] Les réponses des missionnaires coïncident avec celles des convertis. A la question QM9b: qu'est-ce que le péché pour le païen? ils ont répondu comme suit: 1) un acte contre le prochain ou la société, 34; 2) un acte contre Dieu, 7; 3) un acte contre la conscience, 3; 4) un acte mauvais, 5.

[54] QC66b.

sont les Basotho, vivants ou morts (ce qui inclut les ancêtres), et 30 pensent que Dieu est celui qui est offensé. Si l'unanimité presque complète existait au sujet de la nature de la faute qui, en fait, était définie par la qualité de sa relation à un autre être, elle ne se retrouve plus quand il est question spécifiquement de celui qui est offensé. Bien que la majorité croit toujours que l'homme est celui qui est offensé, une minorité importante, sans proportion avec le nombre de ceux qui donnaient Dieu comme l'objet de la faute, met l'acte mauvais en relation avec Dieu. Il est cependant encore trop tôt pour conclure que cette minorité païenne conçoit la faute strictement comme un péché. Il faut poursuive l'enquête en établissant la liste des fautes que les convertis connaissent.

La question demandée fut la suivante: pour un païen, quelle est la faute la plus grave qu'il puisse commettre? [55] Un bon nombre de femmes n'ont manifestement pas compris la question car elles donnent comme fautes des païens des offenses que seul un chrétien peut connaître ou accepter, comme de ne pas avoir la grâce, refuser de se convertir ou avoir le péché originel. Tous les hommes qui ont répondu à la question, de même que 21 femmes, l'ont cependant comprise correctement. La liste des fautes n'est pas longue mais certainement révélatrice. La voici: le meurtre, l'adultère, le vol, la pratique de la sorcellerie, le manque de respect et d'obéissance et l'orgueil. [56] Toutes ces fautes concernent le prochain et non Dieu. Les trois fautes mentionnées le plus souvent et donc considérées par les païens comme les plus graves, relèvent toutes, sous une forme ou sous une autre, de la justice. Dans le meurtre, ce n'est pas tellement que le sang soit versé qui donne à l'acte toute sa gravité mais que par ce geste, l'homme soit privé de son bien le plus grand, la vie. De même pour l'adultère, la gravité du crime ne vient pas surtout dc cc que l'agresseur ait eu des relations avec une femme qui n'était pas la sienne, [57] mais de ce qu'il l'ait fait contrairement aux règles établies et injustement. Le vol des biens matériels vient en troisième lieu car il n'a pas la même gravité que les deux actes précédents, ne portant pas atteinte directement au bien le plus sacré qu'est la vie. Mais dans ces fautes, Dieu n'est pas directement en cause. Il

---

[55] QC66a.

[56] Réponses à la question QC66a: 1) le meurtre, 20; 2) l'adultère, 15; 3) le vol, 8; 4) la sorcellerie, 3; 5) le manque de respect et d'obéissance, 3; 6) l'orgueil, 1.

[57] Il était admis que le chef de la famille puisse offrir les services de ses femmes inférieures à ses hôtes.

en va de même pour la sorcellerie. Elle est condamnée non parce qu'elle est en opposition à Dieu mais parce qu'elle est un danger pour la société. Par ses mauvais sorts, le sorcier met en danger la vie d'autrui. [58] Serait-ce que les Basotho païens n'ont aucune idée de la faute contre Dieu? Ou serait-ce que leurs relations avec Dieu se sont tellement affaiblies qu'ils ne s'en préoccupent pas? Ou bien enfin, serait-ce que, conscients de leur dépendance totale de Dieu, ils ne peuvent admettre qu'un homme s'oublie au point d'offenser Dieu? A partir des seules réponses, il est impossible de trancher la question. Mais à partir de ce qui fut dit sur leur conception de Dieu et sur le sens de leur amour pour Lui, il semble que des trois solutions proposées, la troisième soit la plus acceptable. Jusqu'ici, il reste cependant que la faute apparaît principalement comme un acte commis contre le prochain et la société.

Reste le problème de ceux qui croient que, par ses fautes, le païen offense Dieu. Il n'est pas impossible de penser que certains Basotho païens ayant des sentiments religieux plus purs et plus pénétrants, aient perçu la contradiction radicale qui existe entre la faute, même si elle va contre le prochain, et leur dépendance d'un Dieu bon. Il se peut aussi que vivant dans un milieu chrétien, ces païens aient réalisé, grâce au témoignage des chrétiens, que la véritable malice de la faute vient de son opposition à la perfection de Dieu. Il n'est pas à exclure, enfin, que les convertis qui ont avancé cette opinion, aient simplement affirmé une conviction trouvée dans leur foi, ayant été incapables de revoir la réalité comme ils le faisaient au temps où ils étaient encore païens. [59] Nous ne pouvons cependant pas refuser d'admettre que certains païens aient réellement vu le péché ou la faute dans ses relations à Dieu.

b. Conscience de la faute et pardon

Jusqu'ici, les convertis n'ont parlé que de leur connaissance objective de la faute. Il faut maintenant aller plus loin et leur demander un témoignage plus personnel, plus subjectif. Pour le moment, ce témoignage concerne leur vie antérieure à la conversion. Nous leur avons demandé d'abord si, à un moment de leur vie, du temps où ils étaient païens, ils ont eu conscience d'avoir offensé

---

[58] Sir Godfrey LAGDEN, *The Basutos,* vol. I, pp. 301-302.

[59] Il fut demandé aux missionnaires à la question QM9a, s'ils croyaient que les Basotho païens avaient une certaine notion du péché. Ils ont répondu comme suit: oui, 40; non, 4.

Dieu. [60] Seulement six convertis, dont cinq femmes, n'ont pas répondu à la question. Soixante-et-un disent avoir été conscients d'avoir offensé Dieu et 22 de ne pas l'avoir été. Proportionnellement, il y a beaucoup plus d'hommes que de femmes qui disent ne pas avoir été conscients de leurs fautes contre Dieu, exactement 32% contre 22%. Mais il reste que les convertis, en majorité, ont réalisé à un moment de leur vie qu'ils avaient offensé Dieu. Ces réponses semblent contredire les témoignages précédents sur la nature de la faute où seule une minorité met la faute en relation avec Dieu. Cette apparente contradiction peut cependant s'expliquer de deux façons. La formulation de la question a pu les forcer à dire plus qu'ils ne voulaient. Certains n'ont sans doute pas vu parfaitement l'implication de la mention de Dieu dans la question. Ils se sont surtout arrêtés sur l'idée de la faute. D'autre part, rien n'empêche de croire qu'à un moment de leur vie, ils se soient vus en contradiction avec Dieu. L'expérience religieuse des convertis n'est certainement pas identique en tout à celle des Basotho qui sont restés païens. Il est toutefois important de noter que la conscience du mal fut loin d'être universelle, tout au moins par rapport à Dieu.

La seconde question d'ordre personnel portait sur le pardon des offenses. [61] Elle comportait trois sous-questions. En premier lieu, il leur fut demandé si, avant leur conversion, la pensée d'un pardon possible de leurs fautes leur était venue à l'esprit. Les réponses sont sensiblement les mêmes que pour la question précédente. Soixante-trois disent qu'en effet, à un moment de leur vie, ils ont cru à la possibilité du pardon, alors que 21 avouent n'en avoir jamais eu la moindre idée. Les réponses aux deux sous-questions suivantes aident à mieux comprendre comment leur est venue l'idée de pardon. La deuxième sous-question leur demandait d'indiquer comment ils pensaient alors obtenir le pardon de leurs fautes. Pour 26, ce qu'ils crurent être requis pour le pardon de leurs fautes, fut le regret. Quelques-uns ajoutent qu'il était nécessaire de demander pardon. Mais le plus grand nombre mentionne des démarches qu'un païen ne peut entreprendre sans qu'il se convertisse: se convertir, demander le baptême, se confesser, croire en Dieu et le servir. Avec ces derniers, nous ne sommes plus dans le paganisme. S'il est concevable de croire qu'un païen puisse obtenir le pardon de ses fautes

---

[60] QC19.
[61] QC20, QM9b.

en exprimant du regret, [62] il ne l'est plus s'il met en cause des actes strictement chrétiens. Comment ont-ils pu répondre ainsi? Les réponses à la dernière sous-question soulèvent la même difficulté. [63] Les convertis devaient nommer celui ou ceux qui, selon eux, pouvaient pardonner. Quarante-neuf attribuent le pardon à Dieu, 21 au Christ, 3 au prêtre et un aux ancêtres et aux parents. Ces réponses sont nettement influencées par la foi chrétienne. Faut-il donc les rejeter sans plus, tout comme les précédentes? Si elles n'expriment que la conviction de chrétiens qui n'ont pu faire abstraction de leur foi, et par conséquent qui ont été incapables de retrouver leurs sentiments antérieurs, elles ne peuvent être retenues. Elles ne sont d'aucune utilité. Mais si elles reproduisent véritablement une conviction acquise alors qu'ils étaient encore païens, il faut au contraire les regarder comme très importantes. Elles indiqueraient que la majorité des païens n'ont eu aucune idée de la possibilité du pardon avant de venir en contact avec les chrétiens. Les convertis admettraient implicitement que lorsqu'ils étaient païens, ils ont reçu la révélation du pardon de Dieu dans le Christ par l'intermédiaire des chrétiens. La notion de pardon divin ne serait pas alors de tradition sesotho mais chrétienne.

L'abondance et la richesse des réponses fournies par les convertis sur Dieu et sur la condition morale des Basotho païens témoignent, à n'en pas douter, de l'existence d'une réelle expérience religieuse dans leur vie avant leur conversion. Ces hommes et ces femmes qui, pour la plupart, ont très peu d'instruction, n'ont pu trouver qu'en eux-mêmes les témoignages donnés. Sans le rechercher et sans le prévoir, ils ont su mettre en relief les valeurs et les faiblesses de leur vie religieuse et morale antérieure.

La part de déduction dans leur connaissance de Dieu paraît minime. Ils en ont eu plutôt comme une intuition impérissable à partir de leur situation dans le monde. Ils ont réussi à comprendre le monde par Dieu beaucoup plus qu'ils n'ont pénétré le mystère de Dieu à partir de la création. Aussi existe-t-il une disproportion évidente entre leur affirmation de l'être de Dieu et leur pénétration

---

[62] Au sujet du pardon des fautes (QM9b), les missionnaires ont répondu ainsi: 1) le pardon s'obtient par le regret des fautes et par la demande de pardon, 13; 2) par l'offrande de sacrifices, 5. Sept sont d'avis que les Basotho païens n'avaient aucune idée du regret et du pardon. La majorité pense donc comme les Basotho à savoir que le pardon vient du regret. Plusieurs ajoutent toutefois que ce regret reste superficiel et n'implique pas le ferme propos.

[63] QC20.

de son mystère, de sa vie et de ses desseins. Mais la pauvreté de leurs élaborations sur Dieu n'ébranle en rien l'affirmation de sa nécessité et l'acceptation de leur dépendance. Même sur le mystère de Dieu, tout n'est cependant pas ténèbres car ils ont perçu quelque chose des dimensions de son amour et de sa bonté.

Leur éthique poursuit des objectifs fondamentalement humains et sociaux de stabilité, d'harmonie et de paix. Rien ne laisse supposer que la norme ultime de leur agir ait été la sainteté ou la perfection de Dieu. Avec sincérité, ils ont cru aimer Dieu mais sans trop percevoir le degré d'abnégation, de justice et de sainteté qu'Il exige de ses créatures. La conscience du mal et de la culpabilité leur a permis toutefois de refuser la tentation de l'arrogance et de reconnaître leur faiblesse, sinon leur misère.

Toutes ces valeurs et ces faiblesses inhérentes à leur vie religieuse exercèrent une influence sur les Basotho païens dans leur cheminement vers la conversion. Non seulement sa qualité mais aussi son authenticité ont dépendu, pour une part, de l'acceptation et du perfectionnement de celles-là comme de la découverte et de l'élimination de celles-ci.

II - LES AGENTS DE LA CONVERSION

La première partie du chapitre portait exclusivement sur les Basotho en tant que sujets de la conversion. A partir principalement des témoignages des convertis, nous avons décrit ce que fut leur vie religieuse avant leur conversion. La seconde partie aborde le phénomène de la conversion d'un autre point de vue, celui de ses causes instrumentales ou dispositives, ou plus précisément, des instruments humains choisis par Dieu pour disposer les Basotho à poser l'acte de la conversion. Il ne sera donc pas question de l'acte lui-même mais seulement de ce qui y dispose. Pour cette raison, l'action de Dieu et de sa grâce ne sera pas considérée dans ce chapitre mais dans le suivant où il sera question de l'acte lui-même de la conversion. De plus, tout ce qui dans la vie culturelle des Basotho a eu une influence immédiate, adverse ou favorable, sur la conversion sera également considéré dans le chapitre suivant. Pour le moment, nous ne considérons que ce qui la prépare ou en provoque le désir. Trois groupes d'agents seront étudiés: les convertis, la communauté chrétienne et la communauté païenne.

1. *Les convertis*

Il convient de commencer cette investigation sur les agents de la conversion par les convertis eux-mêmes. Ce serait préjuger de la question que d'affirmer sans référence à des données précises que le désir de la conversion chez les Basotho fut provoqué uniquement par des causes ou des facteurs externes, tout comme de soutenir le contraire. Seul un examen objectif des faits pouvait aider à trouver la vérité sur ce point. Dans ce but, nous avons questionné les convertis afin de découvrir si, dans leur vie, des événements extraordinaires ou ordinaires les avaient effectivement poussés à se convertir. Pour les besoins de l'enquête furent considérés comme événements extraordinaires les rêves, les visions, les voix mystérieuses et les crises psychologiques et morales aigües, et comme événements ordinaires tous les autres faits de la vie, même les naissances, les mariages et les mortalités, car pour importants que soient ces événements, pour le Basotho, ils ne relèvent pas de l'inusité mais font partie de la condition ordinaire de la vie humaine et ils les traitent ainsi.

a. Faits extraordinaires

Raoul Allier a prétendu que les rêves, les visions et les voix ont joué un rôle énorme dans la conversion des Basotho comme dans celle de tous les peuples primitifs. [64] Les missionnaires catholiques ne sont pas sans avoir parlé souvent de ces phénomènes, eux aussi. Certains les rejettent comme une mystification indigne de la grâce de Dieu. [65] D'autres, par contre, rapportent des faits extraordinaires qu'on ne peut ranger parmi les fables *a priori*. Brièvement, en voici deux exemples. Au début du siècle, le Père François LeBihan baptisa un catéchumène, du nom de Joseph Maqoaeba, qui se convertit à la suite d'un événement extraordinaire attesté par sa famille et les habitants de sa région. Un jour, il eut la vision d'un livre sur lequel était gravée une croix. Le livre s'ouvrit et, bien qu'illettré, il put lire sans difficulté ce qu'il voyait. Averti par la famille qui était encore païenne, le missionnaire se contenta de l'assurer de ses prières et lui fit remettre une croix et un catéchisme. En voyant le livre, Maqoaeba reconnut celui de sa vision. Il l'ouvrit et se mit à le lire sans hésitation aucune puis commença aussitôt l'évangélisation de

---

[64] Raoul ALLIER, *La psychologie de la conversion chez les peuples non-civilisés,* Tome I, *les prodromes de la crise, la crise,* Paris, Payot, 1925, pp. 365-374.
[65] Exemple d'une telle attitude chez le missionnaire M44.

son village. [66] Un autre missionnaire raconte encore ce fait d'un païen très âgé qui demanda le baptême. Le prêtre se rendit chez lui et commença à lui annoncer le kérygme. Le veillard le remercia mais lui dit qu'il savait déjà tout cela car un ange de Dieu l'en avait déjà instruit. [66] Ces faits ne peuvent être tout simplement niés ou rejetés. L'erreur serait de leur donner une importance exagérée et d'en conclure qu'il en est ainsi pour la majorité des Basotho convertis. Mais qu'en disent ceux-ci et quelle est l'opinion de l'ensemble des missionnaires?

Voici d'abord le témoignage des convertis et des missionnaires sur les rêves et les visions. La première question portait sur l'expérience du rêve lui-même. [68] Tous, hommes et femmes, ont répondu à la question. Sur 89 convertis, 66 disent n'avoir jamais eu de rêves ou de visions avant leur conversion et seulement 23 soutiennent en avoir eus. Le témoignage des convertis venus du protestantisme ne diffère pas de celui des païens sur ce point. Sur 26, 23 n'ont jamais eu de rêves. Détail surprenant, proportionnellement, il y a plus d'hommes que de femmes qui disent avoir eu des rêves, soit 30% contre 18.5%. Il semble donc que pour la grande majorité des convertis, pour plus de 70% d'après les témoins questionnés, les rêves et les visions n'ont joué aucun rôle dans leur conversion. Pour les autres, l'objet des rêves permet de juger de la valeur de l'expérience et de son influence sur la conversion. [66] Tous les songes ont un contenu explicitement religieux et chrétien. Ils ne sont pas dépourvus également d'une certaine sérénité. Presque tous, [70] portent sur l'Eglise, la communauté chrétienne, la joie des élus sauvés par leur foi, l'amour des chrétiens pour les pauvres, les malades et les mourants. En rêve, les convertis se sont vus eux-mêmes au moment de leur réception dans l'Eglise ou de leur baptême. Une femme dit s'être vue au moment où elle portait son enfant sur les fonts baptismaux. Trois convertis seulement rapportent des rêves où la terreur n'est pas absente. L'un a vu Jésus lui montrant l'enfer et l'invitant à se convertir, l'autre s'est vu menacé par un serpent et sauvé par un prêtre, le troisième a vu Jésus séparant les croyants

---

[66] François LAYDEVANT, o.m.i., *Une gloire de l'Eglise au Sud-Afrique, le Père François LeBiban, o.m.i.,* ouvrage manuscrit déposé aux archives de la maison provinciale des Oblats, Mazenod, Lesotho, 1945, pp. 137-139.

[67] Ce récit a été pris dans le questionnaire M4.

[68] QC13a: Avez-vous rêvé avant de penser à vous convertir?

[69] QC13b: Si oui, à quoi avez-vous rêvé?

[70] Dix-sept rêves.

des incroyants au jour du jugement. Dans l'ensemble donc, même
pour ceux qui ont eu des songes, on ne peut parler d'expériences
terrifiantes, de nature à provoquer l'effroi ou la crise. Même si, chez
ceux qui en ont eus, ils y ont contribué, il est douteux que par eux-
mêmes ces songes puissent expliquer la décision finale de la conversion.

La situation est quelque peu différente au sujet des voix que
les convertis auraient entendues. [71] Ici encore la majorité, soit 50
sur 86, n'ont jamais entendu de voix. Mais le nombre de ceux qui
en ont fait l'expérience, 36, est beaucoup plus élevé que pour les
songes. Presque toujours, les voix viennent du ciel, en quelques
cas de la conscience. [72]. Presque tous pensent que celui qui parlait,
était Dieu ou Jésus. Plusieurs précisent toutefois que la voix de
Dieu passait par leur conscience. Un seul dit avoir entendu ses ancêtres. [73] Rien dans les réponses ne donne l'impression d'une expérience pénible. Il s'en dégage plutôt un sentiment de grande joie.
Pour la majorité, le phénomène des voix mystérieuses n'a joué aucun
rôle dans la conversion. Pour les autres, l'expérience n'a pu les
influencer au point d'en rendre compte à elle seule.

L'opinion des missionnaires diffère quelque peu du témoignage
des convertis mais sans pourtant le contredire. [74] Trente-trois disent
avoir rencontré des convertis qui leur ont confié avoir eu des songes
et entendu des voix avant leur conversion, alors que onze seulement
disent n'en avoir jamais rencontré. Les véritables dimensions du
phénomène apparaissent toutefois lorsqu'ils en évaluent la fréquence.
Vingt-quatre pensent n'avoir jamais rencontré plus de cinq de ces
cas dans toute leur vie missionnaire. Deux seulement parlent de plus
de 20 cas. Même pour les missionnaires, le phénomène reste donc
très marginal. Là où l'opinion des missionnaires ne concorde plus
avec les affirmations des convertis, c'est sur le contenu des songes

---

[71] QC14: Avez-vous entendu des voix lorsque vous pensiez à vous convertir?
QC15: Si oui, selon vous, d'où venaient ces voix? Qui sont ceux qui vous parlaient?
[72] A la question QC15a, les convertis ont répondu comme suit: 1) du ciel, 32;
2) de la conscience, 4; 3) de la terre, 1.
[73] A la question QC15b (qui parlait?), ils ont répondu ainsi: 1) Dieu, 22;
2) le Christ, 11; 3) l'Esprit-Saint, 1; 4) le prêtre, 2; 5) Marie, 1; 6) les Apôtres, 1;
7) les ancêtres, 1.
[74] QM4a: Avez-vous connu des convertis qui vous ont confié s'être convertis
après avoir eu des songes, des visions et après avoir entendu des voix mystérieuses?
QM2b: Combien de cas semblables avez-vous eus? QM4c: Ordinairement, de quoi
était-il question dans les rêves?

et sur l'origine des voix. Les missionnaires donnent aux défunts, aux ancêtres et à la Vierge Marie une prédominance qui ne se voyait pas chez les convertis. [75]

Si le merveilleux n'a joué qu'un rôle modeste dans l'histoire des conversions des Basotho, qu'en est-il des crises psychologiques et morales qui se traduisaient par des craintes et des peurs excessives? En raison de la nature plutôt complexe du problème, les questions les plus explicites s'y rapportant furent posées aux missionnaires. [76] Quarante n'ont jamais connu de Basotho qui se soient convertis sous l'effet de crise ou de peur aiguë. Et même pour les neuf qui disent en avoir rencontrés, il s'agit de cas isolés puisque 8 ne se souviennent que de trois cas chacun seulement. Pour ce qui est des Basotho ayant passé par une crise morale avant leur conversion, les opinions sont plus partagées. Neuf n'ont pas répondu à la question, 29 n'ont jamais eu affaire à des convertis aux prises avec de telles difficultés et onze ont eu à s'occuper de cas semblables. Les troubles ont pour origine l'une ou l'autre des trois causes suivantes. [77] La première est la famille, plus particulièrement celle où entre une femme par le mariage. Une païenne qui épouse un catholique est convaincue qu'elle doit se convertir. La deuxième cause de trouble est le paganisme. Beaucoup d'hommes voudraient se convertir mais se sentent incapables de le faire par crainte d'avoir à abandonner toutes leurs coutumes. La troisième cause est l'infidélité envers la foi. Certains, craignant de ne pas être fidèles au Seigneur après leur conversion, hésitent à exécuter leur dessein; d'autres, par contre, craignent uniquement de mourir sans baptême.

Aux convertis, nous avons posé une question assez générale dans l'espoir que leurs réponses couvriraient l'ensemble du problème. La question était la suivante: Lorsque vous avez commencé à penser à vous convertir, qu'est-ce que vous avez craint le plus? [78] Vingt-

---

[75] Sur le contenu des rêves et l'origine des voix, les missionnaires ont répondu comme suit: 1) les ancêtres et les défunts, 21; 2) La Vierge Marie et le rosaire, 10; 3) l'Eglise, 8; 4) le prêtre, 4; 5) les anges, 1.

[76] QM4d: Avez-vous connu des convertis qui se sont convertis sous l'influence de craintes qu'ils ne pouvaient s'expliquer? QM4e: Si oui, combien de cas semblables avez-vous eus? QM4g: Avez-vous connu des païens qui sont passés par une crise psychologique ou morale au moment de leur conversion? QM4h: Si oui, combien de cas avez-vous eus?

[77] Les missionnaires ont donné les réponses suivantes sur la cause de la crise morale: 1) la famille et le mariage, 7; 2) le paganisme, 4; 3) la fidélité à la foi et au baptême, 2.

[78] QC11.

quatre convertis soutiennent n'avoir jamais ressenti de crainte en rapport avec leur conversion et donc que celle-ci n'est liée en aucune façon à la crainte. Soixante-cinq cependant admettent que la crainte y fut pour quelque chose ou, du moins, qu'au désir de la conversion se mêlait un sentiment de crainte. Ces craintes ou angoisses peuvent se ramener à trois types principaux. Celle du premier type a pour objet la destinée ou la fin du converti. Sous ce rapport, ce que le plus grand nombre a craint fut de mourir comme des païens. Les autres ont ressenti une crainte beaucoup plus servile. Ils ont craint le jugement de Dieu, l'Eglise et la damnation éternelle. La crainte du second type a pour objet la fidélité du converti envers Dieu. Pour tous, il s'est agi de craindre non pas la sévérité de Dieu, son jugement, mais leurs propres faiblesses, leurs ingratitudes vis-à-vis de Dieu. Ils ont craint de manquer d'amour, de fidélité, de foi et de reconnaisance envers Dieu une fois convertis. [79] La crainte du troisième type, enfin, a pour objet les difficultés que pourrait rencontrer le converti après sa conversion. Certains craignirent les attaques du démon alors que les autres, les plus nombreux de cette catégorie, ont craint d'être forcés à observer les pratiques païennes par leur famille ou la société. [80] Ces sentiments n'ont rien de morbide ou d'excessif, ils manifestent au contraire une certaine délicatesse de conscience. Ils révèlent chez les convertis un sérieux et une délibération que ne pourrait se permettre quelqu'un qui prendrait une décision précipitée sous l'effet d'un choc brutal.

Les témoignages des convertis et des missionnaires montrent que très peu de Basotho se sont convertis à la suite d'expériences extraordinaires et merveilleuses ou de chocs émotifs violents, du moins pour la période qui nous concerne. Qu'ils aient connu des doutes, des appréhensions et des craintes n'infirme pas ce jugement mais suggère plutôt que leur conversion fut le fruit de la délibération et de la maturation. [81]

---

[79] Ce sentiment a dû être très profond chez certains car une convertie avoue avoir pris la décision de se faire religieuse au moment où elle commençait à penser à la conversion. Pour elle, c'était là le meilleur moyen de ne jamais cesser d'aimer Dieu avec ferveur. De fait cette convertie est aujourd'hui religieuse. C15. Une autre (C30) dit n'avoir jamais ressenti de crainte. Elle aimait déjà trop Dieu pour cela, dit-elle.

[80] Voici les réponses à la question QC11: 1) crainte de mourir sans baptême, comme les païens, 22; 2) crainte de l'enfer et du jugement de Dieu, 9; 3) crainte de manquer de fidélité à Dieu et à l'Eglise, 15; 4) crainte du paganisme, 13; 5) crainte du démon et du mal, 6.

[81] C'est du moins l'opinion des missionnaires. Trente-huit en effet croient que les

b. Faits ordinaires

Restent à considérer la vie ordinaire des Basotho et les événements dont elle est faite pour voir s'il n'y a pas là des éléments capables d'expliquer, au moins partiellement, leur conversion. La question concernant ce problème était formulée comme suit: Qu'est-ce qui vous a le plus poussé à vous convertir? Suivait l'énumération de six possibilités se rapportant toutes, sauf une, à des événements importants de leur vie familiale. La sous-question qui différait des autres, en raison de son caractère très générique, suscita des réponses très variées. Une seule concerne le problème qui nous occupe présentement. Treize convertis, dont onze femmes, insistèrent pour affirmer que leur conversion fut due, non à un facteur ou l'autre, mais à leur seule volonté. Ils se sont convertis sous la dictée de leur conscience. [82] Les autres convertis ont des réponses beaucoup plus nuancées et admettent presque tous que tel ou tel événement de leur vie a joué un rôle important dans leur conversion. L'expérience la plus déterminante a été celle d'une mortalité dans la famille. Suivent la maladie, les naissances et les mariages. Le nombre élevé des réponses ne laisse aucun doute sur l'importance de la question et donne des indications valables sur l'influence de ces événements par rapport à la conversion. [83] Pour un très grand nombre d'entre eux, ces événements importants de leur vie ont mis en question leur mode d'existence. Ils ont provoqué chez eux la recherche d'une réponse nouvelle à leurs interrogations sur le sens de la vie et du monde. La recherche est née non d'hypothèses abstraites mais de données existentielles. La réponse fut également, non pas abstraite, mais concrète et existentielle. Ils ont choisi de transformer leur vie.

Les missionnaires ont été moins concrets dans leurs réponses. Ils se sont surtout employés à signaler ce qui, dans le mode de vie ordinaire des Basotho, dans leur mentalité, peut expliquer le désir de la conversion. Leur contribution complète ainsi celle des convertis. Au rôle de certains événements précis, ils ajoutèrent celui plus

---

Basotho se convertissent à la suite d'une délibération prolongée. Seulement trois soutiennent qu'elle est l'effet d'une décision soudaine, Voir QM4i.

[82] Dans leurs réponses, plusieurs femmes ont senti le besoin d'affirmer le caractère absolument personnel et libre de leur conversion. Les hommes semblent moins préoccupés par ce problème.

[83] A la question QC22: qu'est-ce qui vous le plus poussé à vous convertir, les convertis ont répondu comme suit: 1) mortalité, 35; 2) maladie, 14; 3) la perte d'animaux, 1; 4) un mariage, 15; 5) une naissance, 11; 6) mon unique volonté personnelle, 13.

difficile à définir de la qualité de la vie. Plus que certaines coutumes déterminées, ce sont les dispositions des personnes qui les ont
interessés. Celles qu'ils mentionnent le plus souvent concernent la
vie religieuse traditionnelle des Basotho qui fut étudiée dans la première partie de ce chapitre. [84] Elles prennent ici une dimension
nouvelle. Ce sont le sens du divin, le respect de Dieu et du sacré,
la croyance en l'immortalité de l'âme affirmée dans le culte des
morts et des ancêtres, le besoin de la prière et la bonté naturelle
qui se traduit par un sens très développé de l'hospitalité. [85]

2. *La communauté chrétienne*

La méthode la plus fructueuse pour aborder l'étude des relations entre la communauté chrétienne et les païens en voie de conversion est sans doute de les considérer comme des ministères auprès
des païens. A condition toutefois de prendre la notion de ministère
dans son sens le plus large possible de don de l'Esprit-Saint accordé
aux chrétiens « pour la constitution du Corps du Christ. » [86] Les
missionnaires du Lesotho sont loin de tous voir les choses ainsi.
Pour plusieurs, même, la conception pratique et la notion abstraite
du ministère ne sont pas sans se contredire. Alors que 30 missionnaires commencent par dire que dans leurs missions respectives, il
ne se fait plus de ministère auprès des païens ou qu'il s'en fait
très peu, — prenant la notion de ministère dans son sens restreint
de ministère sacerdotal —, [87] ils poursuivent en donnant comme
ministères des activités confiées surtout aux laïcs, et comptent parmi
les ministres non seulement les prêtres mais aussi les laïcs. [88] De
plus, ils sont presque unanimes à dire que le ministère des conversions est aujourd'hui principalement la responsabilité des laïcs. [89]

---

[84] Voir pages 86-89.

[85] QM6, 11.

[86] Vatican II, *Lumen Gentium*, no. 18; *Unitatis redintegratio*, no. 2; *Apostolicam
actuositatem*, no. 2.

[87] QM2a: Se fait-il du ministère auprès des païens dans votre mission? Réponses:
1) oui, 13; 2) non, 21; 3) peu, 9.

[88] QM2b: Quel ministère se fait-il auprès des païens? Réponses: 1) Apostolat
des laïcs, 18; 2) visites des villages et des familles, 10; 3) l'école, 3.

QM2c: Qui s'occupent de ces ministères? Réponses: 1) le prêtre, 6; 2) les chrétiens, 24; 3) les religieuses par les cliniques, 2.

[89] QM2d: Qui trouvent les convertis et les amènent à l'Eglise? Réponses:
1) le prêtre, 3; 2) les chrétiens, 44; 3) les instituteurs, 1; 4) les religieuses par les
cliniques, 1.

Concrètement, les missionnaires conçoivent le travail d'évangélisation comme le ministère de toute la communauté chrétienne, prêtres, religieux et laïcs. C'est dans cette optique que nous l'étudierons.

a. Les prêtres et les religieux

Comme le montrent les réponses à la dernière question, les missionnaires semblent attribuer presque toute l'activité apostolique de la première évangélisation aux laïcs, leur propre travail commençant seulement au moment où les chrétiens leur présentent les convertis. Ils ont manifestement tendance à minimiser leur ministère. Ainsi, seulement onze d'entre eux accordent une certaine valeur à leur prédication comme moyen d'évangélisation auprès des païens et 10 à leur ministère auprès des familles et des malades. [90] Pour plus d'un, le facteur-clé de la conversion des païens serait l'image de puissance, d'équilibre et de sécurité projetée par l'Eglise. [91]

A en juger par leurs réponses, les convertis ne partagent pas cette opinion plutôt pessimiste. Nous les avons interrogés sur le rôle particulier du prêtre dans leur conversion. Selon leurs témoignages, la genèse de la leur est plutôt conforme à l'expérience vécue par les premiers chrétiens. S'ils ont profité de l'aide matérielle de l'Eglise et de sa participation au développement du pays, en aucun endroit dans leurs réponses mentionnent-ils l'engagement du prêtre dans ce domaine comme facteur de conversion. Pour eux, le prêtre a contribué à leur conversion dans l'exercice de ses fonctions sacerdotales. Ils relèvent tout particulièrement deux ministères: celui de la parole et celui de l'administration des sacrements, spécialement auprès des malades.

Ils parlent souvent de la prédication, de son importance, de son efficacité et de son contenu. Deux groupes de réponses attestent de l'importance qu'elle prit à leurs yeux. Invités à signaler le facteur qui, pour la première fois, avait suscité en eux le désir de la conversion, ils choisirent, en très grand nombre, la prédication de préférence à tous les autres possibles, et cela tant chez les hommes que chez les femmes. [92] Une autre question se rapportant à leur première visite à l'église avant leur conversion donne des résul-

---

[90] Réponses à la question QM3: Quels sont les agents de la conversion?

[91] Témoignage recueilli dans le questionnaire M12.

[92] QC10: Qu'est-ce qui a suscité en vous le désir de vous convertir pour la première fois? Réponses: 1) l'exemple des chrétiens, 21; 2) la prédication, 38; 3) l'épouse ou l'époux, 31.

tats analogues. Ils devaient indiquer ce qui leur avait plu davantage ce jour-là. De tous les éléments mentionnés, la prédication de l'évangile est encore ce qui obtint le plus grand nombre de suffrages, même si, cette fois, aucune mention explicite n'en était faite dans la formulation de la question. Il ne faudrait pas croire, du reste, que ces visites à l'église avant la conversion sont le fait de quelques exceptions puisque seulement huit des convertis questionnés disent n'être pas allés à l'église avant leur conversion. [93]

Les missionnaires doutent facilement de l'efficacité de leur prédication parce qu'ils croient que les Basotho ne comprennent pas ce qu'ils enseignent. Les convertis ne partagent pas entièrement cet avis. Pour onze qui disent n'avoir rien compris ou n'avoir compris que peu de chose, 68 sont convaincus d'avoir compris suffisamment pour en profiter. [94] Par l'énumération des points de doctrine qu'ils disent avoir préférés, ils montrent qu'effectivement, ils ont compris l'essentiel de la prédication. Pour eux, en ordre décroissant, ce qu'ils ont aimé le plus alors dans la prédication, fut l'enseignement sur Jésus, son amour et sa miséricorde, surtout envers les pauvres et les pécheurs; sur la foi; sur le salut et sur les exigences morales de la vie chrétienne. [95]

L'importance que les convertis ont donnée au ministère du prêtre auprès des malades et des mourants pour le développement de leur conversion est apparue dans leurs réponses à une question qui portait sur la mort des chrétiens. Il ne s'agit pas, ici encore, de témoignages isolés car de tous les convertis questionnés, seulement 14 disent n'avoir pas été témoins de la mort d'un chrétien. Ce qui, du reste, ne relève pas de l'extraordinaire car, pour eux, la mort comme le mariage est un événement communautaire. Pour 48 des convertis, donc pour plus de la moitié d'entre eux, ce qui les a impressionnés le plus à cette occasion, ce furent les visites du prêtre durant lesquelles il administrait les sacrements aux mourants, priait

---

[93] QC74: Etes-vous allé à l'église avant votre conversion. Oui, 72. Non, 8.

QC75: Qu'avez-vous le plus aimé à l'église ce jour-là? Réponses: 1) la prédication, 35; 2) la prière et chants, 29; 3) Suivent d'autres activités qui les ont intéressés à un moindre degré, comme la liturgie.

[94] QC32: Lorsque vous avez écouté la prédication avant votre conversion, compreniez-vous ce que les prêtres enseignaient? Oui, 68; Non, 11.

[95] QC33: Qu'avez-vous aimé le plus dans leur prédication? Réponses: 1) l'enseignement sur Jésus, 27; 2) sur la foi et salut, 16; 3) sur la vie chrétienne (surtout sur l'amour du prochain), 12.

avec eux et la communauté réunie, et annonçait la Parole. [96] Il serait faux de créer l'impression que le prêtre, par son ministère, a été absolument le facteur déterminant de la conversion. Mais il le serait encore plus de vouloir lui nier toute action. L'expérience des convertis ne permet pas de soutenir une semblable opinion.

Parler des religieux et de leur rôle dans l'éveil de la conversion chez les Basotho, c'est surtout parler des religieuses. Il ne saurait être question de vouloir minimiser l'influence des frères. Mais il est difficile d'évaluer leur rayonnement correctement car ils sont relativement peu nombreux et, en raison de leur travail, ils ont affaire à des groupes d'hommes et de garçons bien déterminés et plutôt restreints. Il n'en va pas de même pour les religieuses, tant pour leur nombre que pour la nature de leur apostolat. A partir des renseignements obtenus par l'enquête, il semblerait que le rôle visible des religieuses dans l'éveil des conversions ait été relativement peu important. Seulement trois missionnaires les comptent parmi les agents actifs de la conversion. [97] De tous les convertis, seules trois femmes les mentionnent comme les personnes qui les ont le plus encouragées et soutenues dans leur cheminement vers la conversion. [98] Plusieurs convertis ont cependant eu des contacts avec les religieuses, surtout parmi les adultes, dans les cliniques des missions. Trente-huit, en effet, disent y être allés avant leur conversion. [99] A n'en pas douter, ces contacts ont eu valeur d'évangélisation et ont contribué au développement des conversions car les convertis ont été impressionnés, lors de leurs premières visites, non pas tellement par les qualités professionnelles des religieuses, — ils prenaient sans doute cela pour acquis —, mais par leur charité, leur amour pour les pauvres, leur dévouement envers tous les malades sans exception, leur zèle apostolique et le témoignage de leur vie consacrée. [100] Que des païens ou de nouveaux convertis aient observé de telles valeurs chez les religieuses atteste de la limpidité de leur témoignage chrétien et évangélique auprès des Basotho. Il s'impose d'en tenir compte dans toute évaluation de leur rôle. Mais il est aussi nécessaire de

---

[96] Réponses à la question QC55: Qu'est-ce qui vous a le plus impressionné dans l'attitude des chrétiens devant la mort?

[97] QM3f, sur les agents de la conversion.

[98] Réponse à la question QC39: Qui vous a le plus encouragé à vous convertir?

[99] QC28: Avant votre conversion, avez-vous visité les dispensaires catholiques? Oui, 38. Non, 44.

[100] Réponses à la question QC29: La première fois que vous avez rencontré les soeurs infirmières, qu'est-ce qui vous a le plus impressionné?

reconnaître que, pour les convertis, l'engagement actif et poussé des religieuses à l'oeuvre de l'évangélisation directe leur est apparu minime.

b. Les chrétiens

Pour les missionnaires, les trois groupes principaux d'agents de la conversion auprès des païens sont les membres des mouvements d'action catholique, les catéchistes et les familles vraiment chrétiennes. [101] Les convertis ne divisent pas les chrétiens avec autant de précision et n'attribuent pas les mérites exactement aux mêmes groupes de chrétiens, mais ils n'ont aucun doute sur l'importance exceptionnelle de leur rôle dans leur conversion. Soixante-douze disent que le premier désir de la conversion a été suscité en eux par les chrétiens, [102] et 65 pensent que ce sont eux qui les ont le plus encouragés à le faire et à persévérer dans leur intention. [103] Le fait que plusieurs mentionnent de préférence des membres de leur famille n'enlève aucune valeur à leur affirmation puisqu'il s'agit toujours de simples chrétiens témoignant de leur foi. Du reste, il ne faudrait pas supposer que les convertis ont eu des contacts presque uniquement avec les membres chrétiens de leur famille. Au contraire, aucun ne prétend n'avoir jamais eu de contacts avec la communauté chrétienne. Pour la plupart, ces contacts ont été recherchés [104] et se passaient dans un climat de confiance et de liberté. En effet, peu admettent avoir tenté de fuir les chrétiens [105] et, sauf une convertie, personne ne craignait leur compagnie. [106]

Il est possible de préciser quelque peu l'influence qu'exercèrent les chrétiens sur les convertis car nous leurs avons demandé de dire ce qui les avait le plus impressionnés chez les chrétiens avant leur conversion. Ce qu'ils disent avoir vraiment aimé dans leur vie se ramène aux points suivants: leur vie de prière, leur amour des

---

[101] Réponses à la question QM3: 1) les membres de l'action catholique, 18; 2) les catéchistes, 15; 3) les familles chrétiennes, 13.

[102] QC10: Ce qui a suscité le premier désir de conversion: 1) l'exemple des chrétiens, 21; 2) l'exemple de l'époux ou de l'épouse, 31; 3) la famille, 6; 4) les amis, 14.

[103] QC39: Qui vous a le plus encouragé à vous convertir? 1) les membres de la famille (époux, épouse, père, mère, frères, soeurs, parents), 47; 2) les chrétiens, (amis, catéchistes, membres de l'action catholique et autres), 18.

[104] QC73: Aimez-vous rencontré les chrétiens? Oui, 68, Non, 13.

[105] QC91: Désiriez-vous fuir les chrétiens? Oui, 5. Non, 67. Pas de réponse, 17.

[106] QC40: Avez-vous craint la compagnie des chrétiens? Oui, 1. Non, 77. Pas de réponse, 11.

sacrements, surtout l'eucharistie, leur fidélité à Dieu, au Christ et à l'Eglise, leur zèle apostolique et le bon esprit qui règne dans leur famille. La foi, la sérénité, la paix, la confiance absolue en Dieu, l'oubli de soi furent particulièrement remarqués chez les malades et les mourants. [107] Ce sont ces mêmes attitudes des chrétiens qui les ont le plus encouragés à se convertir. L'esprit de prière, l'amour des sacrements et la fidélité à Dieu et à l'Eglise manifestée spéciale-ment par le rejet du paganisme prennent ici une importance déci-sive. [108] Ce n'est pourtant pas que les convertis n'aient rien eu à reprocher aux chrétiens. Vingt ont déploré la mauvaise conduite morale de plusieurs chrétiens et huit l'attachement de plusieurs au paganisme. [109] Certains convertis admettent même avoir été scanda-lisés par ces écarts de conduite au point d'avoir pensé à ne pas se convertir. Dans l'ensemble cependant, le témoignage de foi des chré-tiens fut positif, car seulement neuf pensent avoir été retardés dans leur conversion par la conduite des chrétiens alors que 57 disent que leur témoignage a accéléré la leur. [110] L'influence des chrétiens sur les païens s'est exercée sur deux plans: celui de l'action, de la parole surtout, et celui de la vie personnelle. Il est certain que le zèle apostolique des chrétiens a suscité beaucoup d'admiration chez les païens. Ils ne pouvaient rester insensibles à la force morale et à la conviction de simples hommes, capables de confesser publique-ment leur foi. Mais sans le témoignage de la vie, la parole n'eut pas porté beaucoup des fruits. Plus que l'action, ce que tous les convertis ont apprécié chez les chrétiens fut qu'ils aient vécu leur foi au foyer et au village.

Il convient de terminer l'étude du rôle des chrétiens dans la conversion des païens par l'école. Car si beaucoup de religieux et religieuses y enseignent, la grande majorité des instituteurs sont des laïcs. De plus l'influence de l'école ne s'explique pas uniquement

---

[107] QC78a: Lorsque vous avez commencé à fréquenter les chrétiens, qu'est-ce qui vous a plu davantage chez eux? 1) la vie de prière, l'amour des sacrements, 28; 2) leur fidélité à Dieu et leur foi, 19; 3) leur zèle apostolique, 21; 4) le bon esprit de leur famille, 19. Répondant à la question QC55 sur les mourants, 45 convertis ont mentionné les attitudes qui viennent d'être décrites.

[108] QC35: Dans la vie des chrétiens, qu'est-ce qui vous a le plus encouragé à vous convertir? Réponses. 1) l'amour de la prière et des sacrements, 47; 2) la fidé-lité à Dieu et à l'Eglise (par le rejet du paganisme), 37; 3) leur zèle apostolique, 20; 4) leur bonne conduite, 6.

[109] Réponses à la question QC78b: Qu'est-ce qui vous a déplu davantage chez les chrétiens.

[110] Réponses à la question QC37: La conduite des chrétiens a-t-elle accéléré votre conversion ou l'a-t-elle retardée? 23 n'ont pas répondu à la question.

par les maîtres. Les élèves chrétiens exercent, eux aussi, leur influence sur les non-chrétiens qui la fréquentent.

Il est difficile de déterminer avec précision l'influence qu'eut l'école dans les conversions car il s'agit souvent d'une action anonyme qui se s'observe pas avec la même force que celle qui s'exerce entre des individus. L'école agit non seulement par ce que le maître enseigne mais également par l'atmosphère qui y règne. Pour leur part, plus de la moitié des missionnaires donnent encore à l'école la première place parmi les instruments de la conversion. [111] Certains précisent cependant que ce rôle tend aujourd'hui à diminuer. Les convertis, par contre, sont définitivement plus discrets sur le rôle de l'école dans leur conversion. Cinq seulement parlent explicitement de l'école comme un des facteurs de leur conversion. [112] Il serait certainement inexact de mesurer le rôle de l'école à partir de ces seuls témoignages. Car un grand nombre de convertis ont été en contact avec l'école catholique avant leur conversion. Trente-neuf l'ont fréquentée avant leur conversion. [113] Des autres, 31 ont eu des enfants qui y sont allés également avant qu'eux-mêmes ne se convertissent. [114] En tout 70 des 89 convertis de l'enquête ont eu des contacts avec l'Eglise avant leur conversion par le moyen de l'école. Il est peu d'institutions ou de structures de l'Eglise qui ont pu atteindre un pourcentage aussi élevé de païens. D'autre part, il est difficile de croire que les convertis soient restés totalement indifférents à ces contacts.

Sans équivoque possible, les convertis ont affirmé le rôle irremplaçable joué par les chrétiens dans leur conversion. Ce qu'ils en ont dit est un témoignage à la vitalité de l'Eglise du Lesotho. Pour que des païens perçoivent dans la vie de la communauté chrétienne des qualités comme la fidélité à Dieu, au Christ et à l'Eglise, le zèle apostolique ainsi que l'amour de la prière et des sacrements, il fallait qu'elle en vive. D'eux-mêmes les convertis n'auraient pu mettre l'accent sur des valeurs aussi fondamentales de la vie chrétienne.

---

[111] QM3g: sur les agents de la conversion. Vingt-cinq missionnaires rangent l'école parmi les agents de la conversion. Aucun autre agent de conversion n'a reçu autant de voix.

[112] Réponses à la question QC39: Qui vous a le plus encouragé à vous convertir?

[113] Réponses à la question QC30: Avez-vous fréquenté l'école catholique avant votre conversion?

[114] Réponses à la question QC31: Vos enfants ont-ils fréquenté l'école catholique avant votre conversion?

3. La communauté des païens

Ce qui a été dit du rôle de la communauté chrétienne dans l'éveil des conversions, montre que les Basotho qui se sont convertis, vivaient déjà dans une société influencée par le christianisme. Mais au moment de leur conversion, ils faisaient partie à part entière de la communauté traditionnelle des païens. Ils y étaient liés par des relations politiques, économiques, culturelles et religieuses puissantes. Il convient donc d'examiner le rôle de cette communauté dans leur conversion.

Vu les oppositions objectives qui existent sur plus d'un point entre la foi et le paganisme, vu également l'attitude nettement négative des missionnaires vis-à-vis de la religion traditionnelle des Basotho, [115] il ne faut sans doute pas s'attendre à ce que les païens, surtout les anciens et les responsables de la tradition, aient agi en promoteurs zélés de la conversion. Mais n'y eut-il qu'obstruction de leur part? Ou bien ont-ils été capables de tolérance et même d'attitudes favorables? La réaction des païens semble avoir été différente selon qu'il s'est agi des hommes et des femmes. Une question qui portait sur l'attitude d'ensemble des païens vis-à-vis du christianisme, demandait aux convertis si les païens les avaient accusés de vouloir adhérer à une religion qui convenait aux étrangers mais non aux Besotho. Des hommes qui ont répondu à la question, 71% ont dit qu'en effet les païens leur avaient adressé ce reproche. Chez les femmes, au contraire, seulement 30% ont fait cette expérience. [116] Le groupe des hommes paraît ainsi avoir été plus sensible à ce problème que celui des femmes, et leur attitude fut plus négative et plus intransigeante. Contrairement à l'opinion souvent émise par les missionnaires, les hommes semblent beaucoup plus déterminés à défendre et à maintenir la tradition que les femmes. Ils la connaissent aussi beaucoup mieux.

Si l'on passe de l'attitude du groupe à celle des païens individuels, on retrouve sensiblement la même situation. Sur ce point, il y a concordance assez étroite entre l'opinion des missionnaires et celle des convertis. Selon les missionnaires, ceux qui s'opposent le plus aux conversions sont le grand-père, le père ou le frère aîné encore païen; les riches et les chefs païens, les sorciers et les poly-

---

[115] Voir pages 50-53.

[116] QC61: Les païens vous ont-ils dit que le christianisme était une religion pour les étrangers et non pour les Basotho? Réponses: 1) chez les hommes: oui, 20, non, 8, pas de réponse, 11; 2) chez les femmes: oui, 19, non, 30.

games. Un seul mentionne la mère comme pouvant s'y opposer. [117]
Comme les missionnaires portent un jugement d'ensemble, ils pourraient donner l'impression que tous les pères de famille et les hommes païens s'opposent aux conversions. Cette impression est corrigée et nuancée par les réponses des convertis qui, eux, jugent à
partir de leur propre expérience. Quarante-six des convertis, donc
plus de la moitié, disent n'avoir rencontré aucune opposition à leur
démarche de conversion, ce qui implique que la tolérance a prédo-
miné sur l'intransigeance. Des 28 qui disent avoir dû lutter pour
leur conversion, six attribuent l'opposition au démon qui voulait les
empêcher d'aimer Dieu, et 22 à des membres de leur famille, concrètement au père, au mari, au frère aîné ou au fils aîné. [118] Les
deux causes mentionnées le plus fréquemment pour cette opposition
sont l'attachement au paganisme, surtout à l'initiation, et l'aversion
pour l'Eglise. [119]

Lorsqu'il s'agit d'indiquer ceux qui ont le plus encouragé les
conversions (et qui étaient eux-mêmes les plus disposés à se convertir), la situation change complètement car il est alors surtout
question des femmes. Il est vrai que lorsque les missionnaires mentionnent les personnes les plus aptes à favoriser les conversions, ils
indiquent des catégories de païens qui peuvent être aussi bien des
hommes que des femmes. Ainsi en est-il lorsqu'ils mentionnent les
païens pauvres et honnêtes, ceux qui sont bien mariés et ceux qui
ont fréquenté l'école. Mais 17 précisent que la mère de famille con-
tribue plus que tout autre aux conversions. [120] Pour juger correctement des réponses des convertis à ce sujet, il faut d'abord éliminer
toutes les personnes qui, d'après la description donnée, sont, de
toute évidence, chrétiennes. Seuls sont concernés présentement les
païens qui auraient contribué aux conversions. Aucun converti ne
soutient explicitement avoir été encouragé par un païen, de la famille
ou non. Mais 13 disent l'avoir été par leur mère. De ces mères,
plusieurs étaient certainement païennes à ce moment-là, car il y a

---

[117] QM10b: Ordinairement, qui s'opposent le plus facilement aux conversions
et quels sont ceux qui sont le moins disposés à se convertir?
Réponses: 1) le grand-père, le père, le frère aîné (si l'un et l'autre sont encore
païens), 18; 2) le riches et les chefs qui sont païens, 18; la mère, 1.
[118] Réponses à la question QC38a: Qui s'est le plus opposé à votre conversion?
[119] Réponses à la question QC38c: Pourquoi s'opposaient-ils à votre conversion?
1) attachement au paganisme, 10; 2) aversion pour l'Eglise, 8.
[120] Réponses à la question QM11b: Ordinairement, quels sont ceux qui encou-
ragent davantage les conversions?

relativement peu de mères chrétiennes dont les enfants ne le sont pas. [121] Donc du côté des femmes, il y eut plus que simple tolérance, il y eut aussi encouragement actif.

Certes tous le hommes païens ne se sont pas opposés aux conversions de même que toutes les femmes païennes ne les ont pas encouragées. Mais, comme groupe, les hommes ont manifesté plus d'intolérance que les femmes, tout comme celles-ci, comme groupe, se sont montrées plus disponibles que ceux-là envers la foi.

CONCLUSION

La deuxième partie de ce chapitre avait pour but de faire connaître les agents qui ont contribué à la conversion des Basotho. La recherche est cependant allée au delà de la simple énumération. Elle a su mettre en lumière ce qui, dans la vie et l'action des convertis, des chrétiens, qu'ils soient prêtres, religieux ou laïques, et des païens même, provoqua le désir de la foi et le soutint jusqu'à son dénouement dans l'acte de conversion. Chez le converti, plus que les phénomènes extraordinaires et fantastiques, ce furent les événements importants de la vie ordinaire, comme la mort, qui ont été à l'origine d'une mise en question de leur vie et de leur destinée. De la part de la communauté chrétienne, ce fut le témoignage de la parole de Dieu et de la vie de foi qui suscita chez les païens une interrogation radicale. A cet assaut d'interrogations pressantes mais respectueuses de la liberté, la réponse fut, non pas de chercher une sécurisation terrestre plus parfaite par un effort d'insertion plus total à l'ordre du monde qui passe, ou par le raffinement des techniques de magie, mais de tendre à la soumission au Christ dans la foi. Rien ne fut dit pour expliquer l'origine de la puissance de ces influences. Ce serait être allé au delà des préoccupations actuelles. Le rôle de la grâce dans le phénomène de la conversion des Basotho sera en effet étudié dans le chapitre suivant.

De même que la première partie du chapitre avait donné plus que la simple description du païen religieux mais était allée jusqu'à repérer certaines pierres d'attente comme certaines pierres d'achop-

---

[121] Réponses à la question QC39a: Qui vous a le plus encouragé à vous convertir? Le témoignage de la convertie C30 confirme cette opinion. Elle dit, en effet, que sa mère qui n'était pas encore chrétienne, l'avait toujours encouragée à se convertir et que le jour de sa conversion, elle lui a manifesté une grande joie.

pement de la conversion dans la vie religieuse traditionnelle des
Basotho, ainsi la deuxième partie va au-delà de la simple énumération des agents. Elle permet de déceler certains aspects fondamentaux
de la conversion des Basotho. Jusqu'ici, en effet, tout indique qu'à
son origine, il y eut une mise en question de toute leur vie et un
effort de solution d'ordre essentiellement religieux.

CHAPITRE V

FACE AU SALUT

Ce chapitre a pour but de parachever l'enquête commencée au chapitre IV sur l'expérience de la conversion chrétienne que vécurent les Basotho. Des deux, il est certainement le plus important en raison des problèmes dont il traite et des éclaircissements qu'il apporte. Le chapitre IV, en effet, avait pour but d'identifier les personnes impliquées dans cette expérience et de décrire le rôle qu'elles avaient joué. Ainsi, il y fut question non seulement des Basotho mais aussi de tous les autres agents de la conversion.

Il faut maintenant aller plus loin et essayer de faire revivre l'expérience elle-même de la conversion en suivant l'évolution religieuse des Basotho païens à qui fut annoncée la Bonne Nouvelle. Il s'agit donc de mettre en rapports dynamiques les sujets de la conversion, ses agents humains, le Christ et Dieu afin de découvrir ce qui s'est vraiment produit.

Par l'intermédiaire de l'Eglise rendue présente par les missionnaires et le peuple chrétien, Dieu a engagé un dialogue nouveau avec les Basotho païens qui, invités à dépasser l'intuition du divin par l'intermédiaire de leurs symboles, se sont vu offrir la Vérité de Dieu dans son Verbe. [1] Dieu s'est révélé à eux comme jamais Il ne l'avait fait auparavant. [2] Il les a invités à le suivre et les a soutenus dans leurs doutes, leurs hésitations et leurs faiblesses jusqu'au terme de leur démarche. Il s'impose donc de voir comment ils ont accueilli cette révélation et jusqu'à quel point ils l'ont comprise, de trouver dans quel état d'esprit et pour quels motifs ils ont accepté de suivre le Christ, et enfin dans quelle mesure ils se sont engagés à Lui être fidèles.

Comme dans le chapitre précédent, l'analyse du phénomène de la conversion des Basotho se fera uniquement à partir des témoigna-

---

[1] Vatican II, *Ad Gentes*, no. 11.
[2] *Héb.* I, 1-4; *I Cor.* II, 7-10.

ges des convertis et des observations des missionnaires. L'objectif n'est pas de juger de la valeur de l'expérience mais uniquement de la décrire. Pour évaluer correctement les jugements des missionnaires sur tous les points qui seront soulevés dans le chapitre, il est nécessaire de se rappeler qu'ils jugent en fonction de tous les convertis qui se sont officiellement déclarés tels, qu'ils aient eu ou non les dispositions intérieures requises pour poser un tel geste. Les convertis par contre jugent presque exclusivement en fonction d'eux-mêmes. Et nous savons qu'il s'agit de personnes qui ont reçu le baptême ou qui s'y préparent activement, donc de personnes qui croient s'être vraiment converties.

Dans ce chapitre, quatre questions principales seront abordées: premièrement, la révélation proposée; deuxièmement, Dieu et l'homme dans la conversion; troisièmement, les motifs de la conversion; et quatrièmement, les conséquences de la conversion.

I - LA RÉVÉLATION DU SALUT

Comme l'ont démontré leurs témoignages, [3] tous les Basotho convertis admettent l'action déterminante d'agents ou de facteurs étrangers à eux-mêmes dans la genèse et la maturation de leur conversion. Par la parole, le travail ou le geste, les chrétiens ont été les instruments du Christ dans la révélation du Dieu Sauveur aux Basotho. Cette révélation a-t-elle vraiment contribué à changer l'orientation de leur vie? Pour le savoir, il ne suffit pas de donner un aperçu du contenu objectif du kérygme qui leur fut annoncé. Il faut surtout découvrir les aspects de ce kérygme qu'ils ont perçus et retenus, et voir l'importance que prirent ces vérités dans leur vie. Trois points de la révélation seront étudiés dans ces perspectives, soit Dieu, le péché et le Christ.

1. *Dieu* [4]

Par rapport à Dieu, il s'agissait d'abord de savoir si la révélation avait maintenu inchangée la vision que les Basotho en avaient ou si elle l'avait transformée, complétée et purifiée, ou encore si elle l'avait rendue plus confuse. En d'autres termes, il s'agissait de trou-

---

[3] Voir pages 104-110.
[4] QC10, 22, 50.

ver si la révélation du Dieu du Nouveau Testament avait contribué réellement à la conversion des Basotho.

Dans un premier temps, les convertis furent invités à se prononcer sur les rapports existant entre le Dieu des chrétiens et Celui des païens. Il leur fut demandé si, selon eux, le Dieu des Basotho païens différait du Dieu des chrétiens ou non. [5] Parmi les convertis venus du paganisme, 11 n'ont pas pu répondre, 33 soutinrent que le Dieu des païens était différent de Celui des chrétiens et 39 nièrent toute différence. Tant chez les hommes que chez les femmes, les opinions se divisent donc presque également, avec une faible majorité en faveur de l'identification. La position des convertis venus du protestantisme est sensiblement différente. Quinze croient qu'il y a des différences entre l'un et l'autre Dieu alors que 5 seulement n'en voient pas.

Au premier examen, ces réponses surprennent et donnent l'impression d'une grande confusion chez les convertis au sujet de l'identité personnelle de Dieu. Toutefois les réponses à la question suivante corrigent pour beaucoup cette impression. Elles expliquent en effet assez clairement la signification des premières réponses. On demanda aux convertis de donner les raisons qui justifiaient leur point de vue. [6] Les réponses des convertis qui soutiennent l'identité du Dieu des chrétiens et du Dieu des païens se divisent en deux catégories distinctes. Celles de la première, les plus nombreuses, ont pour objet Dieu, ses attributs et son action. Selon les tenants de cette position, il s'agit toujours du même Dieu car il ne peut y avoir qu'un seul Dieu, [7] qu'un seul créateur, [8] qui est éternel et qui agit avec la même justice et la même miséricorde pour tous les hommes. [9] Les réponses de la deuxième catégorie, les moins nombreuses, démontrent l'unicité de Dieu à partir de la similitude des actes des païens et des chrétiens envers Dieu. Les uns et les autres en effet prient Dieu, l'honorent et croient en Lui. [10]

Presque toujours les affirmations de ces convertis sont complétées par des explications qui en enrichissent la signification. Ainsi, disent-ils, s'il est vrai qu'il s'agit d'un Dieu unique, la connaissance que les chrétiens en ont, est bien différente de celle qu'en ont les

---

[5] QC50a.
[6] QC50b.
[7] 11 réponses.
[8] 6 réponses.
[9] 4 réponses.
[10] 13 réponses.

païens. Les premiers jouissent de la révélation, les autres non. Si tous croient en Dieu et le prient, les exigences de la foi et la qualité de la prière ne sont pas les mêmes pour les uns et pour les autres. Comme le remarque une convertie, [11] à sa foi et à son culte envers Dieu, le chrétien ne peut joindre la croyance à certains rites traditionnels comme le baptême du fiel. La foi, le culte et la prière des chrétiens ont un caractère d'absolu et d'exclusivité inconnu des païens.

Les réponses des convertis qui nient l'unicité de Dieu, peuvent se regrouper sous les deux mêmes catégories que celles du premier groupe mais dans des proportions inverses. Le plus grand nombre des réponses, soit 24, démontre la distinction entre le Dieu des chrétiens et Celui des païens à partir cette fois des relations existant entre l'homme et Dieu. Deux grands reproches sont faits aux païens au sujet de leurs relations avec Dieu. Le premier est qu'ils ne Le connaissent vraiment pas. Ils en ont une connaissance imprécise, limitée, nébuleuse, et n'ont aucune idée qu'Il puisse être leur Sauveur. Certains même ne connaissent qu'un dieu particulier, celui des Basotho, qu'ils confondent souvent avec les ancêtres. Le second reproche fait aux païens est connexe au premier et en dérive. Les païens ne savent vraiment pas honorer et prier Dieu. Leur culte et leurs prières ne s'adressent pas à Dieu seul mais aussi aux créatures, particulièrement aux ancêtres. Ils en concluent qu'en raison de ces attitudes si différentes, il ne peut s'agir pour les chrétiens et les païens du même Dieu.

Ceux qui nient qu'il s'agisse du même Dieu, à partir de la nature de Dieu et de son action, sont par contre très peu nombreux. Ils ne sont que sept. Les preuves de non-identité qu'ils apportent sont les suivantes. Contrairement au Dieu des païens, Celui des chrétiens est universel, éternel et parfait. Il n'est pas le dieu de certains mais le Dieu de tous les hommes, sans distinction.

Ainsi, si on reprend les réponses données à la question QC50 et si on les interprète à la lumière des explications données par les convertis dans la question suivante, on voit que seulement sept d'entre eux donnent des arguments qui pourraient démontrer que le Dieu des chrétiens n'est pas Celui des païens alors que tous les autres admettent par leur argumentation même qu'il s'agit du même Dieu. La division n'est pas en Dieu mais dans l'attitude des hommes

---

[11] Observation faite par la convertie C55.

vis-à-vis de Dieu. La connaissance de Dieu qu'ont les chrétiens, la foi qu'ils Lui vouent, le culte qu'ils Lui rendent et les prières qu'ils Lui adressent, ont une qualité, une perfection et une exigence que les païens ne peuvent atteindre. [12] Bien qu'à tort, il reste que subjectivement un bon nombre de convertis ont cru que le Dieu des chrétiens n'était pas Celui des païens.

Il ne fait pas de doute que le kérygme sur Dieu a modifié grandement la connaissance que les Basotho païens avaient de Dieu avant leur conversion, de même que leur attitude et leurs dispositions envers Lui. Même ceux qui justement affirment qu'il ne s'agit que d'un seul Dieu n'argumentent plus comme les païens. Ceux-ci en effet, même s'ils ne les nient pas, ne parlent pas de Dieu en termes d'attributs. Ils ne peuvent faire plus que d'En affirmer l'existence mystérieuse qui s'est imposée à eux, et d'En reconnaître les fonctions évidentes. Les convertis, par contre, vont plus loin. Ils parlent d'universalité et d'éternité de Dieu. Plus encore, ils confessent que la richesse de leur connaissance ne vient pas d'eux ou de leur tradition mais de la révélation et de la foi. Une tradition nouvelle a commencé à les nourrir, celle de Dieu lui-même qui parle par les croyants.

Les aspects du mystère de Dieu qu'ils ont particulièrement saisis, sont d'abord son éternité qui consacre à leurs yeux le caractère absolument unique de Dieu qu'ils avaient déjà perçu, et Le sépare sans équivoque possible de toutes les créatures; puis deuxièmement, son universalité qui est l'affirmation non seulement de sa présence et de son action en tout lieu et en tout temps mais aussi de sa domination sur tous les hommes, toutes les races et tous les peuples. Si la bonté et la miséricorde de Dieu ne sont pas soulignées autant qu'elles le devraient, c'est sans doute qu'ils en avaient déjà perçu vaguement et imparfaitement certaines manifestations. [13] Mais cette lacune est partiellement comblée par la perception qu'ils eurent, grâce à leurs contacts avec la Parole, que Dieu est le Sauveur de tous.

La révélation du mystère de Dieu a de plus donné une nouvelle

---

[12] Les réponses à la question QC50b montrent comment les Basotho ont peu d'intérêt pour l'étude des choses en elles-mêmes ou de leur essence. Ils sont plutôt attirés par les relations, ou les fonctions, qu'ont les êtres entre eux, ou mieux encore, par les relations qu'eux-mêmes entretiennent avec ces êtres, qu'il s'agisse de Dieu, des hommes ou des choses. Ce mode de pensée se retrouve tout au long de ce chapitre, par exemple sur la question du péché. Il n'est pas sûr que les missionnaires en aient toujours apprécié l'importance et la signification.

[13] Voir pages 84-86.

dimension à leurs relations avec Dieu. Ils ont perçu qu'ils ne pouvaient plus partager leur foi et leur culte entre Dieu et les créatures.
Une exigence d'absolu s'est imposée à eux dans leurs relations avec
Dieu. Ils ont saisi qu'il leur fallait servir Dieu pour lui-même. [14]
La révélation du Dieu du Nouveau Testament ne peut certes à elle
seule expliquer totalement la conversion des Basotho mais elle ne
peut pas ne pas les avoir incités avec urgence à reconsidérer leurs
relations avec Lui, le sens de leur vie et la valeur de la béatitude
qu'ils avaient jusque là recherchée.

2. Le péché [15]

Comme on vient de le voir, dans leur évolution vers la conversion, les Basotho se sont remis en question par rapport à Dieu.
Mais se sont-ils examinés pour voir si, dans leurs relations avec
Dieu, tout était juste et bon ou au contraire si le mal, le péché, n'y
entrait pas? Il ne s'agit donc plus maintenant d'analyser la conception et la conscience du péché et de la faute qu'eurent les Basotho
avant leur conversion, [16] mais de préciser l'intelligence et la conscience qu'ils en eurent après avoir été soumis à l'influence de la foi
par le kérygme et le témoignage des chrétiens.

a. La vision du péché

Tout comme pour la question de Dieu, il s'agissait en premier
lieu de voir si les convertis avaient évolué dans leur intelligence de
ce qu'est le péché. On leur demanda donc s'ils voyaient une différence entre ce qu'est le péché pour un païen et ce qu'il est pour
un chrétien. [17] Cinq sont d'avis qu'il n'y a aucune différence et sept
avouent n'en avoir aucune idée. Les autres expriment de nombreuses opinions pour démontrer qu'il y a des différences. Premièrement,
par leurs péchés, les païens croient qu'ils offensent les hommes ou

---

[14] Dans les réponses aux questions QC10f et QC22f qui portent surtout sur
les motifs de conversion, 16 ont dit s'être convertis parce qu'ils avaient compris
qu'ils devaient aimer et servir Dieu par dessus tout. De même selon les missionnaires, une des causes les plus fréquentes de conversion est le désir exprimé par les
païens de servir et d'aimer Dieu (QM5b). Cette question sera reprise plus à fond
dans la section sur les motifs de conversion, pages 141-145.

[15] QC21, 67-70, 72, 88; QM9, e, d, 10a, 14 d, e, f.

[16] Voir pages 91-97.

[17] QC67.

la société alors que les chrétiens savent qu'ils offensent Dieu. [18]
Deuxièmement, le péché des chrétiens est plus grave que celui des
païens parce que les chrétiens ont la révélation et la loi de Dieu
pour se guider alors que les païens n'ont que leur conscience. [19]
Troisièmement, les païens ne savent pas regretter leurs fautes et
croient que certaines ne comptent pas, n'étant connues de personne,
même pas de Dieu. Les chrétiens au contraire savent qu'ils doivent
regretter toutes leurs fautes et qu'aucune n'est soustraite au jugement de Dieu qui voit tout. [20] Enfin, les païens ne peuvent obtenir
le pardon de leurs fautes [21] alors que les chrétiens le peuvent. [22]

Il serait vain de chercher dans ces réponses des arguments qui
soient tirés principalement de la nature des actes concernés. Ici
encore, l'argumentation se fait par le biais des relations entre le
pécheur, le prochain et Dieu. Pour les convertis, la différence entre
le péché du chrétien et celui du païen est à chercher d'abord de
ce côté-là. Les réponses peuvent n'être pas toujours entièrement satisfaisantes au point de vue théologique, mais ce n'est pas d'abord là
ce qui importe pour le moment. Il s'agit plutôt de découvrir quelles
réalités chrétiennes se cachent sous ces perceptions. D'autre part,
la troisième et la quatrième séries de réponses semblent trahir une
certaine arrogance chez les convertis par rapport aux païens. Mais,
ici encore, il ne s'agit pas de porter un jugement moral sur la valeur
des convertis par rapport aux païens, mais d'essayer de voir quelles
perceptions chrétiennes les ont amenés à évaluer leurs fautes et
celles des païens comme ils l'ont fait.

Les convertis ne se sont pas préoccupés du contenu des actes
ou de leur objet pour juger du péché. Ce qu'ils ont d'abord retenu
comme capital et d'essentiel, c'est que, pour le chrétien, le péché
est toujours en dernier ressort un acte contre Dieu. Tout comme
aucun homme ne peut se soustraire à la domination de Dieu, ainsi
aucun acte humain ne peut s'évaluer justement sans se référer à
Lui. Le seconde notion fondamentale que les convertis ont cru
saisir, est celle de la gravité de la faute, qui varie selon la responsabilité du pécheur, la responsabilité elle-même variant selon les
connaissances de celui-ci. Les convertis ont jugé que le péché des

---

[18] 30 réponses.
[19] 15 réponses.
[20] 8 réponses.
[21] Selon une convertie, ils ne peuvent être pardonnés parce qu'ils ne savent pas
pardonner. Convertie C85.
[22] 8 réponses.

chrétiens est plus grave que celui des païens parce que les chrétiens ont une connaissance plus nette de leurs responsabilités personnelles et qu'ils commettent le péché en pleine lumière. Contrairement aux païens en effet, les chrétiens n'ont pas seulement leur conscience pour se guider. Ils ont aussi la connaissance de la volonté de Dieu et de sa loi. Ainsi les convertis n'ont pas considéré la faute objective ou le degré de consentement pour en déterminer la gravité mais seulement la responsabilité qui est déterminée par la connaissance de la loi de Dieu.

Selon les convertis, les suites du péché ne sont du reste pas les mêmes pour les chrétiens et pour les païens. Ce qu'ils ont voulu exprimer plutôt gauchement par leurs deux derniers arguments, c'est d'abord que les chrétiens sont conscients de la possibilité du pardon. Ils ne se sont pas expliqués beaucoup sur l'origine de ce pardon et il n'est pas sûr que tous aient voulu subordonner le pardon de leurs fautes à leur capacité de pardonner. Vraisemblablement, ils ont surtout pensé au pardon sacramentel. Quoi qu'il en soit, ils ont cependant vu une issue positive au drame du péché dans le pardon. Ils ont aussi vu que le pardon exigeait une disposition intérieure nouvelle, celle du regret véritable et universel des fautes.

Au moment de leur conversion, les Basotho étaient donc loin de la conception restrictive et plutôt formaliste de la faute qu'ils avaient eue antérieurement. [23] Ils en ont vu l'extension véritable et la malice qui s'accroît d'autant plus que l'homme pèche en pleine lumière. Ils ont enfin connu l'espérance du pardon qui n'est possible que dans le vrai repentir.

b. La reconnaissance de leurs péchés

Avec les questions qui suivaient, les convertis passaient du plan théorique au plan strictement personnel. Il leur fallait en somme se juger par rapport au péché qu'ils venaient de décrire. Il leur fut d'abord demandé s'ils avaient pris conscience de leur état de pécheurs une fois qu'ils eurent connu Jésus et son enseignement. [24] Soixante-treize répondirent par l'affirmative et 3 par la négative. Sauf ces trois exceptions, tous réalisèrent et acceptèrent donc qu'ils avaient péché et qu'ils avaient besoin de pardon. La concision et la sobriété des réponses témoignent d'une admission sincère qui ne

---

[23] Voir pages 91-94.
[24] QC68.

recherche aucune excuse. On pourrait penser que la formulation de la question ait influencé les convertis et qu'ils aient répondu dans le sens désiré. Mais les réponses à une autre question, où aucune mention explicite du péché n'était faite, viennent confirmer les données précédentes. Les convertis furent invités à révéler la chose qui leur causa le plus de peine au moment de leur conversion. [25] Si 18 disent n'avoir éprouvé aucune peine, 55 affirment le contraire et donnent comme cause de leur peine la vision des péchés qu'ils avaient commis avant leur conversion. Une fois éclairés par le message de Jésus, les convertis, dans leur ensemble, ont donc vu et admis leurs péchés. L'expérience des missionnaires confirme les déclarations des convertis. Trente-sept missionnaires, en effet, disent que, selon eux, ceux qui se convertissent sont conscients d'avoir offensé Dieu dans leur vie alors que seulement cinq sont d'avis contraire et que trois se disent incapables de se prononcer. [26]

La deuxième question d'ordre personnel l'était au plus haut point. Les convertis devaient en effet nommer les fautes qu'ils avaient considérées comme étant leurs péchés les plus graves au moment où ils s'étaient reconnus pécheurs. [27] Tous les péchés mentionnés peuvent se regrouper sous les sept chefs suivants. Vingt-et-un dirent que pour eux, à ce moment-là, ce qui leur est apparu comme étant le péché le plus grave qu'ils avaient commis, fut d'avoir offensé Dieu en refusant de suivre ses inspirations, de l'aimer et de le servir. Vingt, que ce fut le péché originel, seize, l'adultère, 8 le manque d'amour pour le prochain, 7 le vol, 4 les pratiques païennes et 2 le meurtre. Cette liste des fautes est très révélatrice de l'évolution religieuse et morale des païens au temps de leur conversion. Il suffit de la comparer à celle donnée au chapitre précédent pour s'en rendre compte. [28] Un nombre important, 21, reconnaît maintenant non seulement que la faute la plus grave est celle qui va contre Dieu, mais qu'ils ont eux-mêmes péché ainsi. Même si en termes absolus, il y en a encore plus, exactement 39, qui s'accusent de préférence d'actes commis contre le prochain, le changement est notable. Ils sont maintenant beaucoup plus sensibilisés qu'autrefois à la nécessité d'évaluer la qualité de leurs relations avec Dieu. Reste la dif-

---

[25] QC21.

[26] QM9c: Ordinairement, ceux qui se convertissent, sont-ils conscients d'avoir péché au cours de leur vie?

[27] QC70: A ce moment-là, qu'est-ce qui vous est apparu comme votre plus grand péché?

[28] Voir page 93.

ficulté des 20 convertis qui ont donné le péché originel comme étant
leur faute la plus grande. On pourrait rejeter ces réponses en pen-
sant que manifestement ceux qui ont répondu ainsi, n'ont pas compris la question ou ne savent pas ce qu'est un péché personnel,
confondant péché actuel et péché originel. Mais ce serait là leur
demander de penser exactement comme nous. Ils ont peut-être voulu
nous dire autre chose. Nous avons déjà vu comment, pour les Basotho, ce n'est pas l'essence des choses qui les préoccupe mais les
relations qu'elles impliquent et la signification que celles-ci prennent
à leurs yeux. Il est évident que le péché originel, pour l'homme
d'aujourd'hui, ne consiste pas en un acte personnel. Mais le kérygme
leur a présenté ce péché comme signifiant l'état d'inimitié envers
Dieu dans lequel naissent tous les hommes. Aussi est-il possible
que ceux qui ont répondu ainsi, aient voulu dire qu'à ce moment,
ce qu'ils ont vu comme le plus grand mal, le plus grand désordre
dans leur vie, fut de se savoir privés de l'amitié de Dieu.

Une fois à l'écoute de Jésus, les Basotho désireux de se convertir ont donc confessé leurs péchés et se sont même suffisamment
examinés pour pouvoir les identifier. Restait alors la question du
pardon. Ont-ils, à ce moment, désiré obtenir le pardon de leurs
péchés? [29] Tous ceux qui ont répondu à la question, soit 78, disent
en avoir alors désiré le pardon. Mais comment pensaient-ils pouvoir l'obtenir? [30] Quarante-cinq répondirent qu'ils pensèrent l'obtenir en se convertissant, en désirant le baptême et la pénitence. Qua-
rante-sept ajoutent à ce désir de la conversion, le regret de leurs
péchés, le ferme propos de ne plus les commettre et la prière.

L'annonce du message évangélique a permis aux païens qui
devaient se convertir, non seulement d'avoir une meilleure intelligence du péché, mais de se reconnaître eux-mêmes pécheurs et de
vouloir le pardon de leurs fautes. Les réponses à la question QC69b
suffisent à montrer le lien qui a existé chez la plupart entre leur
désir de pardon et leur désir de conversion. Si certains missionnaires pensent que la question du péché a joué un rôle secondaire
dans les conversions, aucun cependant ne nie simplement l'importance de la question. [31]

---

[29] QC69a: Si vous avez cru être un pécheur, avez-vous désiré recevoir le pardon
de vos péchés?

[30] QC69b: Qu'avez-vous fait pour être pardonné?

[31] QM9d: D'après votre expérience, quelle place tient dans la conversion des
païens la réalisation qu'ils ont d'avoir offensé Dieu?

3. Le Christ [32]

Pour analyser correctement l'expérience de la conversion des
Basotho, il ne suffit pas de savoir comment ils ont réagi devant la
révélation du mystère de Dieu et de leur besoin de pardon. Il est
aussi nécessaire de voir ce qu'a signifié et ce qu'a été pour eux la
révélation du Christ, car la mission de l'Eglise se résume, en quelque
sorte, à annoncer la Bonne Nouvelle dans la personne du Christ. [33]
Nous verrons d'abord ce que les convertis nous disent sur la personne du Christ, sa vie et son oeuvre, et deuxièmement, sur son
message.

a. Le Christ, sa vie et son oeuvre

De toute évidence, il fallait commencer par découvrir si, dans
leur cheminement vers la conversion, les Basotho avaient connu le
Christ. Deux questions portaient sur ce problème. La première invitait les convertis à remonter dans le temps jusqu'au jour de leur
premier désir de conversion, donc au moment de leur vie où, sans
avoir encore pris la décision de se convertir, ils songeaient cependant à le faire. [34] Il leur fut demandé si à ce moment-là, ils connaissaient le Christ. Les réponses furent assez inattendues. Cinquante-
quatre dirent qu'à ce moment, ils connaissaient déjà le Christ mais
35 avouèrent qu'ils ne le connaissaient pas. Donc près de 40% des
convertis admirent qu'ils ignoraient tout ou presque du Christ au
moment où ils commençaient à s'ouvrir à la foi, ce qui est un pourcentage certainement élevé. Les missionnaires sont encore plus divisés que les convertis sur cette question. Dix-sept, en effet, disent
avoir connu des Basotho désireux de se convertir qui ne savaient
rien du Christ alors que 17 autres affirment le contraire. [35] Comme
le remarque fort justement un missionnaire, [36] à ce stage, beaucoup
de païens, surtout ceux qui ont eu peu de contacts avec les chré-

---

Réponses: 1) tient une place, mais pas nécessairement de premier ordre, 15;
2) tient une place importante, 15; 3) 14 n'ont pas répondu. Sans s'expliquer davantage, un missionnaire a répondu que, pour lui, la question du péché entrait même
trop dans la conversion des Basotho (missionnaire M43).

[32] QC12, 18, 33, 59, 60, 81-85; QM7a, b, c, 12a, b.

[33] *Actes*, V, 40-42.

[34] QC12: Avez-vous désiré vous convertir avant d'entendre parler du Christ ou
après?

[35] Réponses à la question QM7a: Avez-vous connu des païens qui ont demandé
de se convertir et qui ne connaissaient pas le Christ?

[36] Observation faite par le missionnaire M35.

tiens, parlent presque uniquement en termes de Dieu. Cette tendance à vouloir relier leur conversion à Dieu plutôt qu'au Christ,
semble venir de leur tradition religieuse plutôt que du christianisme.
Car pour eux, Dieu est vraiment l'unique de qui tout dépend et de
qui tout vient. S'ils ne Le nommaient pas souvent ou s'ils ne L'invo-
quaient pas souvent explicitement dans leurs prières, ce n'est pas
qu'ils L'ignoraient ou Le négligeaient, comme ont pu penser les
premiers missionnaires protestants, mais parce que la tradition exige
de ne jamais prononcer le nom des personnes qu'on respecte ou
qu'on veut honorer, sauf en des circonstances exceptionnelles comme
en temps de crise ou de grand danger. Beaucoup ont pensé que ces
règles de convenances ne valaient que pour les hommes entre eux.
Mais en réalité elles s'appliquent d'abord aux relations que l'homme
entretient avec Dieu. [37]

La situation se transforme cependant si on prend les convertis
au temps de leur conversion. En effet, 77 affirment alors sans ambi-
guïté qu'ils connaissaient le Christ. Il n'y en a que 4 pour lesquels
on ne peut l'affirmer avec assurance. [38] Le même changement d'attitude s'observe chez les missionnaires. Quarante pensent que les
Basotho connaissent le Christ au moment de leur conversion alors
que cinq seulement ne l'admettent pas. [39] L'évolution observée va
non pas de la conversion au baptême, mais du premier désir de la
conversion au jour de celle-ci. Comme l'attestent les données précédentes, cette évolution fut réelle et importante.

Il ne suffit cependant pas de savoir si les convertis avaient
connu l'existence de Jésus. Il fallait aussi les interroger sur le mystère de Jésus, sur sa vie et son oeuvre. Souvent lorsqu'ils parlent
du Christ, les Basotho chrétiens nous disent que leurs ancêtres en
ont connu confusément quelque chose et que Dieu les avait préparés à l'accepter grâce au récit, transmis par la tradition, des faits
et gestes d'un de leur héros. Selon eux, ce récit mythique annonce
le Christ. La majorité des convertis sont également de cet avis. Nous

---

[37] François LAYDEVANT, o.m.i., *Le Basutoland,* pp. 218-220.
[38] QC94: Lorsque vous avez pris la décision de vous convertir, croyiez-vous au
Christ? Strictement, la question porte sur la foi au Christ. Mais il est évident que
pour croire au Christ, les convertis se devaient de le connaître. La difficulté concerne
surtout les 4 convertis qui disent qu'ils ne croyaient pas au Christ à ce moment.
Il se peut qu'ils aient connu le Christ sans y avoir cru.
[39] QM14c: Est-ce que ceux qui se convertissent, ordinairement croient en Dieu
et au Christ? La remarque faite au sujet de la question précédente vaut également
pour celle-ci.

leur avons demandé, en effet, de mentionner des contes sesotho qui les auraient aidés à comprendre qui étaient le Christ et la Vierge Marie. [40] Bien que 17 disent ne connaître aucun conte sesotho qui aurait pu les aider ainsi, 52, soit 75% de ceux qui ont répondu, soutiennent en connaître au moins un, et tous mentionnent le même, qui est aussi celui dont parlent les chrétiens, à savoir celui de Senkatane ou de Litaolane.

Afin de pouvoir juger de la validité du rapprochement établi entre le Christ et ce Senkatane, voici brièvement le récit de ses exploits. Il y avait en ce temps-là, un monstre énorme appelé Kholumolumo, plus grand que tout le Lesotho, qui, grâce à sa langue très longue, dévora tous les hommes et tous les animaux. Seule une jeune fille échappa à la destruction. Cette jeune fille mit au monde, sans le commerce d'aucun homme, un enfant qui naquit avec une série d'osselets divinatoires, et qu'elle appela Litaolane, c'est-à-dire le petit devin, et Senkatane. Pendant que la mère était allée à la source puiser de l'eau, l'enfant devint soudain un grand jeune homme, fort et plein de sagesse. Il s'étonna de la solitude qui régnait autour de lui et demanda à sa mère où étaient tous les hommes. Avec effroi, sa mère lui répondit: « Tu vois cette masse énorme qui se débat? C'est le monstre qui a tout dévoré ». Senkatane prit alors ses armes et partit attaquer le monstre qui cependant, avec sa longue langue, l'avala. Mais Senkatane, comme du reste tous les autres hommes qui étaient dans le ventre de la bête, ne mourut pas. Avec son couteau, il déchira les entrailles du monstre qui poussa un horrible gémissement et tomba. Après de grands efforts, tout en évitant de tuer les hommes qui étaient dans le ventre du monstre, il finit par pratiquer une ouverture dans les flancs de celui-ci. De cette ouverture, en même temps que lui, sortirent toutes les nations du monde. Jaloux de leur sauveur, les hommes voulurent le tuer. Mais ils échouèrent car la sagesse de Litaolane confondait toujours le malice des hommes. Un jour, il mourut et son âme s'envola parmi les oiseaux. [41]

Les Basotho donnent peu d'explications sur le monstre Kholu-

---

[40] QC51: Quels sont les contes sesotho qui vous ont le plus aidé à comprendre qui sont le Christ et la Vierge Marie?

[41] Eugène CASALIS, *Les Bassoutos ou vingt-trois années d'études et d'observations au sud de l'Afrique,* Paris, Société des Missions Evangéliques, 1933, pp. 423-425; François LAYDEVANT, o.m.i., *L'enfance chez les basotho,* dans *Annali Lateranensi,* vol. XII (1948), p. 255; Thomas MOFOLO, *Moeti oa Bochabela,* Morija, Sesuto Book Centre, 1968, pp. 17-18.

molumo. Ils le décrivent comme un monstre marin qui aurait surgi d'une rivière qu'ils ne peuvent cependant pas identifier. Les seules explications sur ce monstre du mythe qui nous sont connues ont été données par des chrétiens. Elles sont toujours moralisantes. Kholumolumo est le diable ou un fléau de Dieu envoyé pour châtier les hommes à cause de leur méchanceté. [42] Mais la présence de la vierge-mère et du dragon suggère une interprétation bien différente. Le mythe contient l'affirmation symbolique du besoin de régénérescence de la vie ou d'une nouvelle insertion dans l'ordre du monde qui fut compromis. L'homme se sécurise en revivant symboliquement son insertion. [43] Quant à Senkatane, sorte de héros lunaire, il ressemble au Christ par sa naissance et par sa fonction de sauveur du genre humain. En cela, il a pu aider les Basotho à admettre comme possible la naissance virginale du Christ et sa mission de sauveur universel. Mais Senkatane diffère totalement du Christ par ce qu'il est et par le salut qu'il apporte aux hommes. Il sauve non pas en donnant Dieu par le don de sa vie, mais en restaurant l'ordre du monde ou la condition humaine. De plus, il ne sauve pas par sa mort et sa vie mais par sa force et son astuce. Avec Senkatane, le mystère du Christ et du salut reste entier. Un kérygme qui voudrait dépendre de ce récit mythique, loin d'aider, rendrait impossible l'intelligence du mystère de Jésus.

Aussi dépassant le mythe pour rejoindre la réalité de la foi, nous avons interrogé les convertis sur leur connaissance du Christ de la révélation. Nous avons déjà vu l'intérêt qu'ils portèrent à la personne du Christ dès leurs premiers contacts avec l'Eglise. De tous les thèmes de prédication, celui qu'ils aimèrent le plus fut celui qui traitait de Jésus. [44] Afin de voir ce qu'ils avaient saisi de cet enseignement, nous les avons d'abord questionnés sur la personne de Jésus, sur sa vie et son oeuvre. Un première question leur demandait d'indiquer leurs préférences par rapport aux principaux mystères de la vie de Jésus et à ses actes les plus importants. L'éventail des possibilités était assez large puisque la question comportait sept sous-questions. [45] Un certain nombre de convertis, environ 5, furent

---

[42] Thomas Mofolo, *op. cit.,* pp. 16-18. Marcel Ferragne, *Elle a visité son peuple, Notre-Dame de Fatima au Basutoland,* Roma, *Voix du Basutoland,* 1951, p. 66.

[43] Mircea Eliade, *Traité d'histoire des religions,* Paris, Payot, 1949, pp. 182, 183, 185.

[44] QC33. Voir page 106.

[45] QC18: Lorsque les chrétiens vous ont expliqué qui était le Christ, qu'est-ce qui vous a le plus impressionné: a) sa conception, sa naissance et sa mort; b) sa ré-

incapables de faire un choix entre les différents mystères et les différents actes du Christ. Ils acceptèrent tout. Les autres firent preuve de plus de discernement et furent capables d'établir un choix, bien que très peu n'aient pu choisir qu'une seule sous-question. Leurs choix s'établirent comme suit. Soixante-et-un indiquèrent la conception, la naissance et la mort de Jésus comme étant les mystères qui les avaient le plus impressionnés; 28, sa résurrection; 29, son amour pour les malades et les pauvres; 19, ses miracles; 28, son amour pour les pécheurs; et 19, sa divinité. Le petit nombre de ceux qui ont été frappés par la divinité du Christ n'est pas sans surprendre. Mais peut-être que pour un certain nombre d'entre eux, l'extraordinaire ne fut pas que le Christ soit Dieu mais Dieu qui agit pour le bien et le bonheur de l'homme. Pour des hommes qui, jusque-là, étaient friands de merveilleux et croyaient à la puissance des devins, des médecins et des sorciers, le peu d'intérêt qu'ils portèrent aux miracles attribués à Jésus surprend également. Serait-ce qu'ils auraient perçu, comme par intuition, que là n'était pas l'essentiel de la mission de Jésus? Un nombre important, mais relativement faible, de convertis donne sa préférence à la résurrection de Jésus. Presque tous ceux-ci avaient d'abord également choisi la mort de Jésus. De fait, il ressort de ces réponses qu'ils furent les seuls à unir la mort et la résurrection de Jésus. Pour les autres, du moins à ce moment-là de leur vie, les deux mystères n'étaient pas perçus comme allant nécessairement ensemble. La majorité a choisi la mort sans faire aucune référence à la résurrection.

Les aspects de la vie de Jésus, qui les ont le plus impressionnés, furent donc d'une part sa mort et de l'autre son amour pour les pauvres, les malades et les pécheurs. Nous disons la mort seulement, car même si la sous-question mentionnait aussi la conception et la naissance, presque tous ont tenu à spécifier que des trois événements mentionnés, leur choix allait à la mort rédemptrice de Jésus.

Les réponses à une dernière question sur la vie de Jésus viennent confirmer les préférences des convertis. Il ne s'agissait plus de choisir entre plusieurs mystères ou actes de Jésus mais d'indiquer seulement l'acte le plus important que, selon eux, Jésus avait posé en faveur des hommes. [46] Treize convertis n'ont pas répondu à la

surrection; c) sa miséricorde pour les malades et les pauvres; d) ses miracles; e) sa miséricorde pour les pécheurs; f) sa divinité; g) autres choses?

[46] QC85: Selon vous, quelle est l'action la plus importante que le Christ ait faite pour vous et pour les hommes?

9

question, mais 68 l'ont fait et ont affirmé que, pour eux, cet acte
avait été sa mort rédemptrice sur la croix. Seulement un converti
joint la résurrection à la mort, deux se contentent de dire que Jésus
a aimé les hommes et un, qu'Il leur a donné la vie. [47] Ce que les
Basotho ont vu dans le Christ, au moment de leur conversion, fut
principalement qu'Il avait sauvé les hommes par sa mort sur la
croix et qu'Il avait agi ainsi en raison de son amour pour eux.

La place presque exclusive que prend la mort du Christ aux
yeux des Basotho peut s'expliquer de deux façons qui ne sont du
reste pas totalement étrangères l'une à l'autre. Par leurs rites traditionnels de mise à mort, les Basotho affirment symboliquement
le lien qui existe entre la mort et la vie. La vie en effet jaillit de
la mort ou, du moins, il ne peut y avoir de vie sans que la mort
n'intervienne. Les Basotho ont perçu cette vérité dans le mystère
du Christ. Mais cette vie qui, pour eux, naît de la mort, n'a jamais
été conçue en terme de résurrection. Il s'agit plutôt de la vie elle-
même, du principe vital, qui est renouvelée et régénérée. Traditionnellement, les Basotho étaient donc moins prêts à saisir la signification tout à fait nouvelle de la résurrection qui aboutit à une vie
également tout à fait nouvelle qui n'a aucune mesure avec l'ancienne. D'autre part, dans leur kérygme, les missionnaires n'ont
pas réussi à rectifier cette conception traditionnelle des Basotho.
Par l'imagerie employée et par l'importance, tout à fait justifiée et
nécessaire, donnée au fait et à la signification de la mort du Christ,
sans le vouloir et même sans le savoir, ils ont ancré les Basotho
dans leur vision ancienne et n'ont pu faire saisir toute la signification et l'importance de la résurrection.

b. Le message du Christ

De la personne et du mystère du Christ, l'enquête passa ensuite
à son enseignement afin de découvrir, ici encore, ce que les convertis
en avaient perçu. Il leur fut d'abord demandé de signaler le com-

---

[47] L'opinion des missionnaires, sur ce point encore, ne diffère pas des affirmations des convertis. A la question QM7b qui leur demandait de préciser ce que,
selon eux, signifie le Christ pour les païens qui demandent à se convertir, ils ont
répondu ainsi: 12, que, pour les païens, le Christ est d'abord le sauveur; 6, qu'il est
le Fils de Dieu; 6, qu'Il est Dieu; 1, qu'Il est le Tout-Puissant; et 1, qu'Il est le
frère aîné. Par contre, 7 pensent que les convertis n'ont aucune idée précise de ce
qu'est le Christ. D'autre part, ce qui, selon les missionnaires, attire le plus les païens
vers le Christ, est son amour miséricordieux, alors que ce qui, au premier abord, les
en éloigne le plus, est son appel au renoncement qui peut aller jusqu'à la mort.
Voir QM7c.

mandement de Jésus qui, selon eux, est de nature à surprendre les
païens et à provoquer chez eux une forte réaction. [48] Treize n'ont
pas pu répondre à la question et une dizaine d'autres qui manifestement ne l'avaient pas comprise, ont parlé de certaines actions ou
paroles du Christ qui ne sont pas des préceptes. Ainsi, plusieurs
citent les paroles de Jésus au bon larron sur la croix. Les autres
convertis ont cependant fourni des réponses pleinement valables.
Vingt-huit pensent que, pour eux, le commandement de Jésus le plus
saisissant pour les païens est celui où Il demande à tous les hommes
de renaître à une vie nouvelle; 13, que c'est celui d'être baptisé;
10, celui de croire; deux, celui de faire pénitence; et un, celui d'annoncer la Bonne Nouvelle aux hommes de toute la terre. Nous sommes loin des préceptes du décalogue! L'enseignement de Jésus, présenté sous forme de préceptes ou de commandements, qui a le plus
secoué les convertis, se ramène à trois éléments connexes: la nouvelle naissance, le baptême et la foi. Rien n'indique qu'ils aient
perçu le lien qui unit ces trois réalités mais il reste qu'ils les ont
perçues.

La question suivante, sans s'opposer à la première, reprenait
le problème sous un autre angle. Il s'agissait de découvrir les commandements de Jésus qui leur avaient plu davantage ou qu'ils
avaient aimés le plus. [49] Cette question, qui suivait pourtant la précédente dans le questionnaire soumis aux convertis, fut dans l'ensemble mal comprise. La plupart des convertis se sont contentés
de rapporter des gestes et des paroles de Jésus où il est question
surtout de la miséricorde de Jésus pour les pécheurs. Treize autres
confessent qu'ils n'ont jamais vraiment aimé un commandement d'une
façon particulière. Selon une convertie, la raison en est qu'un païen
n'a pas la foi requise pour aimer réellement l'enseignement de Jésus. [50] Vingt-six seulement ont donné des réponses satisfaisantes.
Dix donnent leur préférence à la nécessité de renaître; 8, à celle
d'aimer son prochain; et 8, à celle de prier. Donc, un ensemble de
réponses assez pauvres et peu éclairantes, si ce n'est qu'on sent un
besoin d'insister sur la miséricorde de Jésus et que, de nouveau,
la préférence va au mystère de la nouvelle naissance. Il n'est toute-

---

[48] QC59: Quel est le commandement de Jésus qui semble le plus étrange à
un païen?
[49] QC60: Quel est le commandement de Jésus qui plaît le plus à un païen?
[50] Observation faite la convertie C55.

fois pas sans intérêt de noter l'importance relative donnée aux préceptes de l'amour fraternel et de la prière.

Comme le message de Jésus n'est évidemment pas contenu entièrement et uniquement dans ses préceptes, il fallait également découvrir ce que les convertis avaient saisi des paroles et des paraboles de Jésus. Quatre questions traitaient de ce sujet. [51] Ce sont peut-être celles auxquelles les convertis ont répondu de la façon la moins satisfaisante. De 30 à 35% d'entre eux n'ont pu fournir aucune réponse. Quelques-uns n'ont sans doute pas compris les questions. Mais il est impossible d'admettre qu'il en fut ainsi pour tous. Il faut chercher l'explication de ce phénomène ailleurs. Ces questions supposent une connaissance au moins sommaire de l'évangile. Or l'analyse des réponses semble montrer qu'un bon nombre de convertis n'ont aucune familiarité avec les évangiles. [52] Tous, bien sûr, connaissent quelque chose du message de Jésus mais un grand nombre paraît ne pas l'avoir entendu de sa bouche ou dans ses propres paroles. [53] La majorité a quand même pu répondre aux demandes.

La première série de questions portait sur les paroles de Jésus. [54] Des paroles de Jésus, celles qui les ont le plus impressionnés et qu'ils ont aimées le plus, sont, en ordre décroissant, les suivantes: celles où Jésus promet le royaume à ceux qui croient, qui sont baptisés et Lui sont fidèles; [55] celles où Il se décrit comme le bon pasteur, la lumière, la résurrection et la vie; [56] celles où Il déclare à Nicodème qu'il lui faut renaître de l'eau et de l'Esprit; [57] celles où Il parle de la nécessité de l'amour du prochain [58] et de la prière; [59] et enfin, celles où Il annonce les béatitudes. [60] A travers toutes ces citations, les convertis réaffirment ce qu'ils avaient déjà énoncé, à savoir la nécessité de croire et de renaître. Mais leurs

---

[51] QC81-84.

[52] Il n'est pas sans intérêt de noter que sur les 89 convertis interrogés, seulement 18 disent avoir possédé le livre du Nouveau Testament durant leur catéchuménat.

[53] Les réponses données à ces questions par les converties venues du protestantisme ne sont pas meilleures que celles des autres convertis. Elles sont même nettement de qualité inférieure puisque 77% d'entre elles n'ont pas pu répondre aux questions.

[54] QC81: Quelles sont les paroles de Jésus qui vous ont le plus secoué? QC82: Quelles sont celles qui vous ont encouragé et réjoui le plus?

[55] 38 réponses.

[56] 21 réponses.

[57] 18 réponses.

[58] 8 réponses.

[59] 7 réponses.

[60] 2 réponses.

contacts avec la parole de Jésus leur a aussi ouvert des perspectives nouvelles. Ils ont compris qu'ils étaient invités par le Christ à faire partie du royaume des cieux où seuls peuvent entrer ceux qui croient en Lui et Lui sont fidèles car il est la voie, la vérité et la vie. Ils n'ont pas ignoré la loi de l'amour du prochain qui s'étend à leurs ennemis, et celle de la prière qui débouche sur les béatitudes. Mais ces derniers aspects semblent avoir eu moins d'impact pour eux que les premiers.

Les convertis ont eu beaucoup de difficultés à répondre aux questions concernant les paraboles. [61] Celles qu'ils citent sont relativement peu nombreuses. Les voici: 13 convertis mentionnent des paraboles se rapportant au royaume des cieux et aux conditions requises pour y entrer. Dans ce groupe, la parabole qu'ils mentionnent le plus souvent, neuf fois, est celle de Lazare et du mauvais riche. Six mentionnent des paraboles qui décrivent l'amour miséricordieux de Jésus pour les pécheurs et les pauvres comme celles du bon pasteur, de la brebis perdue, du publicain et l'enfant prodigue. Quatre citent d'autres paraboles ayant trait à la foi et à l'Eglise comme celle du semeur. Deux enfin rapportent encore la parabole de la deuxième naissance contenue dans le discours de Jésus à Nicodème. De nouveau, la vérité fondamentale que les convertis ont retrouvée dans les paraboles est celle du royaume de Dieu qui ne ressemble pas à ceux du monde car Dieu ne juge pas ceux qui s'y présentent d'après leurs richesses.

Une fois de plus, nous avons questionné parallèlement les missionnaires sur ces mêmes points, Nous leur avons demandé de préciser ce qui, selon eux, dans l'enseignement de Jésus, plaisait le plus aux païens et les attirait davantage. [62] Leurs observations diffèrent sensiblement de ce que pensent les convertis. Neuf croient que les païens ne comprennent rien de ce qui leur est annoncé. Le plus grand nombre, 16, pensent que le message qui attire et gagne le plus le coeur des païens est la révélation de la miséricorde de Dieu et de Jésus pour les hommes. Sept croient que c'est plutôt la rédemption. Cinq seulement donnent une certaine importance

---

[61] QC83: Quelles sont les paraboles de Jésus qui vous ont surpris le plus? QC84: Quelles sont les paraboles de Jésus qui vous encouragé le plus?

[62] QM12a: D'après votre expérience, quels sont les aspects de l'évangile qui répondent le mieux aux attentes des païens et qui provoquent le plus souvent leur conversion?

Les missionnaires semblent avoir eu autant de difficultés à répondre à cette question que les convertis. Quinze n'ont même pas essayé de le faire.

au mystère de la deuxième naissance. Aucun ne parle du royaume et de la foi comme des découvertes majeures pour les païens.

Ainsi, au moment de leur conversion, les Basotho ont vu que Jésus était vraiment le sauveur de tous les hommes et qu'Il les avait sauvés par sa mort sur la croix. Ils ont pris conscience de son amour miséricordieux pour tous, surtout pour les humbles, les malades et les pécheurs. Ils se sont aussi vus appelés par Lui à partager le royaume de son Père, à renaître à la vie nouvelle à condition de croire en Lui, de Lui vouer fidélité et d'aimer les hommes comme Il les a aimés. Certains aspects du mystère de Jésus ne semblent pas avoir pris à leurs yeux l'importance voulue. Les plus importants sont ceux de sa divinité et de sa résurrection. Ils ne se sont pas expliqués longuement sur le sens de la vie nouvelle qu'ils recherchent en Jésus. Ils ont cependant vu Jésus clairement dans ses relations avec Dieu, surtout par la vision du royaume des cieux et du salut par la croix. Le message de Jésus leur apparut surtout comme un appel à une vie nouvelle basée sur la foi. Les implications morales de cet enseignement, tant d'ordre personnel, familial que social, semblent avoir pris relativement peu d'importance à leurs yeux.

II - Dieu et les Basotho dans l'acte de conversion

Les missionnaires et les chrétiens ont annoncé la Bonne Nouvelle aux Basotho encore païens, non dans le but de leur transmettre simplement une nouvelle sagesse, mais afin de les amener à se convertir à Dieu dans le Christ. Dans leur cheminement spirituel, les convertis sont maintenant arrivés à ce moment décisif de l'acceptation ou du refus du Christ. Tous ceux qui ont participé à l'enquête, comme des milliers d'autres qu'ils représentent, croient avoir choisi le Christ et donc de s'être convertis. Comment conçoivent-ils cet acte de leur conversion? Le voient-ils comme un acte relevant entièrement d'eux ou comme un acte jaillissant de la rencontre de l'amour de Dieu et de leur libre acceptation de cet amour? En somme, il s'agit de voir quelle part ils attribuent respectivement à Dieu et à eux-mêmes dans leur conversion, et quelle interprétation ils donnent aux actes qui conduisirent à cette expérience unique de leur vie. Pour y arriver, nous étudierons leur conversion sous deux aspects: d'abord en tant qu'elle est une grâce de Dieu, et deuxièmement en tant qu'elle est un acte de foi libre. Toute la recherche consiste non pas à prouver qu'il en fut nécessairement ainsi, mais seulement à découvrir ce qui s'est réellement produit. Il va sans dire que tout repose, ici encore, sur les témoignages des convertis et des missionnaires.

1. *La conversion comme grâce* [63]

Il eût été peu utile de demander simplement aux convertis s'ils considéraient leur conversion comme une grâce de Dieu. Ils auraient répondu par un oui ou par un nom, sans se soucier de donner les explications nécessaires pour comprendre le sens de leurs réponses. Il valait mieux les amener à décrire leur état d'âme et leurs dispositions face à la décision qu'ils sentaient devoir prendre de se convertir. Comment ont-ils abordé ce moment? Comment ont-ils pu poser un tel geste et grâce à quel concours? Le premier pas consistait à découvrir s'ils avaient marché vers leur conversion avec une pleine assurance ou si, au contraire, ils s'en étaient approchés avec hésitation. [64] La grande majorité de ceux qui ont répondu, soit 68%, disent n'avoir nullement hésité avant de prendre la décision de se convertir. Ils s'y sont préparés dans un climat de parfaites confiance et assurance. Mais il n'en fut pas de même pour les autres. Ils admettent avoir hésité fortement. Plus importantes que l'admission de cette disposition sont sans doute les raisons données pour l'expliquer. [65] Un parle de la crainte de son entourage et deux de l'attitude hostile des parents. Tous les autres cependant donnent des raisons purement personnelles, d'ordre religieux. Un craignait de manquer de fidélité à Dieu après sa conversion, un autre sentait le besoin d'une réflexion plus prolongée. Cinq admettent qu'ils se sentaient encore trop attachés aux coutumes païennes. Mais 17 disent qu'ils ont hésité parce qu'ils n'avaient pas la foi ou parce que leur foi n'était pas suffisante. Ainsi, la raison principale de leurs hésitations est de l'ordre de la foi. Ce qui laisse entendre que ceux qui se sont décidés sans hésitation, pensaient avoir la foi et que, pour eux, la décision de se convertir ne fut pas un acte profane mais religieux.

Allant au-delà du stade de l'hésitation, nous leur avons demandé

---

[63] QC43-45, 79, 89, 90. QM13b.

[64] QC89: Avant de prendre la décision de vous convertir, avez-vous hésité beaucoup? Oui, 24. Non, 50.

[65] QC90: Qu'est-ce qui vous a fait hésiter le plus?

si, à certains moments, ils avaient craint de n'avoir jamais la force de se convertir. [66] Il s'agissait de voir s'ils avaient conçu leur démarche de conversion comme une entreprise possible pour eux. Sur ce point, les convertis se divisent en deux groupes presque égaux. Quarante avouent avoir expérimenté cette crainte et 37 disent ne l'avoir jamais ressentie. De tous les convertis, ceux qui ont craint le plus de ne jamais pouvoir se convertir furent les hommes. Neuf seulement d'entre eux disent n'avoir éprouvé que de l'assurance. Pourtant tous se sont convertis, même ceux qui craignaient de ne pouvoir le faire. Où donc ont-ils puisé la force de le faire? [67] Soixante-trois disent que cette force leur est venue de Dieu et du Christ; [68] 16 qu'elle leur fut accordée par l'intermédiaire des chrétiens ou, plus précisément, grâce aux prêtres, aux catéchistes, aux parents, aux enfants et aux amis. Seulement 4 croient avoir trouvé en eux-mêmes la force de se convertir. Donc pour la quasi totalité des convertis, la force requise pour se convertir leur est venue d'une source autre qu'eux-mêmes, qui en définitive est Dieu car le peuple chrétien y a contribué en autant qu'il agissait comme l'instrument de Dieu, ainsi que le note une convertie. [69]

Afin de leur faire préciser encore davantage leur pensée sur ce point, nous leur avons demandé si, selon eux, leur conversion venait de leurs seuls efforts, du Christ seul, des chrétiens seuls ou de toutes ces personnes réunies. [70] Il n'est pas sûr que les convertis se soient arrêtés beaucoup à considérer les implications de l'adjectif « seul » qui accompagnait chacune des catégories de personnes mentionnées. Ils se sont intéressés plutôt aux personnes, ne craignant pas d'en choisir deux ou même trois. Ils ont tenu à signaler toutes celles qui, selon eux, avaient contribué à leur conversion. Soixante-cinq disent que la force de se convertir leur est venue du Christ; 29, des chrétiens; 32, du Christ, des chrétiens et d'eux-mêmes. Seulement deux soutiennent qu'elle leur est venue exclusivement d'eux-mêmes. De nouveau les réponses ne laissent aucun doute sur la

---

[66] QC44: A un certain moment, avez-vous craint que vous n'auriez jamais la force de vous convertir?

[67] QC45: Selon vous, d'où vous est venue la force de vous convertir?

[68] Leur préférence va plutôt à Dieu simplement, sans qu'ils distinguent entre le Père et le Fils, puisque 54 disent avoir trouvé la force de se convertir en Dieu alors que 9 l'attribuent explicitement au Christ. D'autre part, seulement 3 convertis qui sont des femmes, ont mentionné l'intervention des saints en rapport avec leur conversion.

[69] Observation faite par la convertie C59.

[70] QC79.

conviction des convertis. Leur conversion fut le fruit de l'intervention de Dieu, du Christ et de l'Eglise.

Lorsque les Basotho débattaient l'idée de se convertir, ont-ils
recherché l'aide de la prière? Ou se sont-ils contentés d'utiliser des
moyens purement humains? Nous avons déjà vu la place que tenait
la prière dans leur vie avant leur conversion. [71] Au temps où ils
étaient préoccupés par le problème de leur conversion, la prière
a-t-elle pris une place plus importante dans leur vie qu'autrefois? [72]
A l'exception de trois femmes qui disent n'avoir rien changé à leur
vie de prière au temps de leur conversion parce qu'elles menaient
déjà une vie de prière intense, tous les autres convertis disent avoir
alors prié beaucoup plus qu'auparavant. Soixante-et-onze adressaient
leurs prières à Dieu et à Jésus, 15 à la Vierge Marie et 7 aux saints
et aux anges. [73] Ce besoin d'une prière renouvelée au temps de leur
ultime décision sur la conversion exprime d'une manière différente
la place unique que les convertis attribuèrent à Dieu dans cette
expérience.

Il serait vain de chercher dans les réponses des convertis l'emploi du mot grâce. Il ne s'y trouve pas. Mais, sans aucun doute
possible, la réalité y est. Par leurs témoignages, les convertis nous
ont montré que, pour eux, l'acte de la conversion ne fut possible
que par l'intervention personnelle de Dieu et du Christ dans leur
vie. Les missionnaires sont cependant loin de tous partager la conviction de leurs convertis. Cinq disent être incapables de déterminer
si, pour les Basotho, l'acte de la conversion est une décision purement humaine ou l'effet de la grâce. Dix-huit voient cet acte comme
une démarche purement humaine; 21, comme un effet de la grâce;
et 5, comme un acte où interviennent Dieu et l'homme également. [74]

---

[71] Voir pages 87-88.

[72] QC43 a, b: Lorsque vous débattiez la question de votre conversion, avez-vous
senti le besoin de prier plus qu'avant? Qui avez-vous alors prié?

[73] Tous ceux qui disent avoir prié la Vierge Marie, les saints et les anges,
avaient d'abord indiqué qu'ils avaient prié Dieu ou Jésus. Dans toutes les réponses,
le même ordre fut suivi: on commençait par Dieu, puis venait Jésus, et ensuite les
saints et les anges.

[74] QM13b: Pour les Basotho, la conversion est-elle une décision purement humaine ou un effet de la grâce?

2. *La conversion comme acte de foi libre* [75]

Bien que presque tous les convertis admettent l'intervention
de Dieu et de l'Eglise dans l'acte de leur conversion, ils savent
aussi que ce sont eux qui ont posé ce geste. Il sont conscients de
s'être convertis. Il s'agit donc de voir maintenant comment ils voient
cet acte qu'ils ont posé eux-mêmes. Nous avons déjà vu que, pour
les convertis, leurs relations avec les chrétiens se sont développées
dans un climat de confiance et d'amitié. [76] Restait à déterminer le
degré de liberté qu'ils ont cru garder à travers leurs rapports avec
le monde chrétien dans leur démarche de conversion. Se sont-ils
sentis parfaitement libres, surtout au moment de leur décision? [77]
Seulement 4 convertis n'ont pas répondu à la question. Tous les
autres, soit 83, affirment avoir aujourd'hui la conviction qu'ils se
sont convertis en parfaite liberté. Il serait difficile de trouver un
témoignage moins équivoque. Bien sûr, les convertis ne précisent
pas de quelle liberté il s'agit. Du reste, des distinctions trop précises rendraient suspecte l'authenticité des réponses. Mais sans crainte
de se tromper, on peut penser qu'ils parlent de la liberté en tant
qu'elle est absence de contrainte et d'intimidation de la part des hommes. Sous cet aspect, selon eux, leur conversion fut parfaitement
libre.

Fut-elle un acte pleinement personnel ou une démarche plus ou
moins réfléchie, provoquée par la collectivité? L'opinion des missionnaires sur la question est encore une fois très divisée. [78] Treize pensent qu'il s'agit principalement d'une décision personnelle; 21, d'une
démarche à caractère social et collectif; et 8, d'un acte où les pressions sociales et le choix personnel jouent également. Plus détachés
que les convertis et moins préoccupés qu'eux à démontrer le caractère libre et personnel de la conversion, les missionnaires ont pu
plus facilement détecter l'attraction exercée sur les Basotho par certaines conversions spectaculaires comme celle du chef Griffith, et,
d'une façon plus générale, par la progression de la foi chrétienne
dans leur milieu. Aussi l'opinion des missionnaires qui donnent beau-

---

[75] QC40, 41, 46-48, 88, 94. QM13a, 14 c. d. e, f.
[76] Voir pages 107, 108.
[77] QC41: Aujourd'hui, avez-vous l'impression de vous être converti librement
ou non?
[78] QM13a: Les convertis voient-ils leur conversion comme une démarche purement personnelle ou comme une démarche collective?

coup d'importance à l'aspect social de la conversion, est-elle établie, à n'en pas douter, sur des faits réellement observés.

Mais l'interprétation qu'ils donnent de ces faits n'est peut-être pas la seule valable et ne correspond pas nécessairement à tous les objectifs recherchés par les convertis. Nous les avons questionnés sur ce point. En premier lieu, nous leur avons demandé s'ils s'étaient convertis seuls ou en compagnie d'autres personnes. [79] Seulement 27% de ceux qui ont répondu, disent s'être convertis seuls. Tous les autres l'ont fait en compagnie d'autres personnes. Trente-deux se sont convertis avec des membres de leur famille; 26, avec des personnes qu'ils ne connaissaient pas particulièrement; et 14, avec des amis. [80] Enfin, passant du niveau des faits à celui des considérations théoriques, nous leur avons demandé d'indiquer ce qui, selon eux, serait le mieux pour un Mosotho: se convertir seul ou en compagnie des membres de sa famille? [81] Les réponses ne laissent aucun doute sur les préférences des Basotho. Quatre-vingt dix pour-cent de ceux qui ont répondu, affirment que, pour un Mosotho, le mieux serait de se convertir en compagnie de sa famille. [82] Dans les réponses aux questions QC 46 et 47, un nombre important de femmes avaient encore insisté pour bien spécifier qu'elles s'étaient converties seules et sans l'aide de personne, voulant ainsi affirmer le caractère tout à fait personnel et libre de leur décision. Mais, pour cette dernière question, la plupart d'entre elles n'hésitent pas à affirmer leur préférence pour une conversion familiale.

Cette préférence indubitable des Basotho pour la conversion collective au niveau de la famille peut avoir au moins deux significations. D'une part, en agissant ainsi, les Basotho pourraient rechercher à minimiser ou à restreindre leur engagement et leur responsabilité personnelle. Il leur serait plus facile et moins exigeant de suivre le groupe que d'être obligés de prendre une décision purement personnelle. S'il en était ainsi, les missionnaires auraient raison de voir dans la conversion une démarche humaine, à caractère plutôt social et collectif. Par contre leur préférence pourrait avoir une autre signification. Elle pourrait également signifier le besoin qu'ils ont de prendre une décision, non seulement au niveau des personnes, mais aussi à celui de la famille, sans que les responsabi-

---

[79] QC46.
[80] QC47.
[81] QC48.
[82] Voici les réponses exactes à la question: 1) seuls, 8; 2) avec la famille, 76.

lités personnelles en soient minimisées. Alors ce serait toute la
famille qui s'engagerait à suivre le Christ. Cette explication s'appuie
sur une valeur sesotho traditionnelle bien établie, celle de l'unité de
la famille. Le besoin d'unité religieuse à l'intérieur de la famille
est ressenti par eux aussi fortement que celui de l'unité dans les
coutumes, l'économie et, aujourd'hui, la politique. Une décision de
cet ordre ne peut se prendre sans que toute la famille en discute.
D'autre part cette explication s'appuie sur un fait déjà vérifié dans
l'enquête. Presque tous les convertis interrogés sont des adultes
mariés. Leur préférence pour une conversion familiale signifierait
alors le désir qu'auraient les parents de se convertir avec leurs enfants plutôt que la recherche d'un moyen qui diminuerait les exigences d'une décision personnelle.

Restait à déterminer la nature de l'acte par lequel les convertis
pensent s'être convertis. Il était impossible de leur poser une question formulée en ces termes. Il fallait plutôt les questionner sur
les aspects de la révélation qu'ils jugèrent déterminants à cet égard,
et sur certains actes posés au moment de leur conversion qu'ils
considérèrent comme décisifs. Nous avons déjà vu à l'occasion de
l'analyse de leur perception du message du Christ, qu'un des aspects
qui revient constamment et qui prit une grande importance à leurs
yeux, est celui de la foi en Dieu et au Christ [83]. Pour eux, le salut
est lié à la foi. Ils virent qu'ils ne pouvaient y accéder sans la foi.
De plus, les convertis nous ont eux-mêmes dit que la raison principale de leur hésitation à se convertir fut d'avoir réalisé qu'ils
manquaient de foi ou qu'ils n'en avaient pas [84]. Cette admission
tend encore à confirmer l'importance unique que prit pour eux la
foi au moment de la conversion. Ils nous ont encore fourni une
autre indication précieuse. Nous avons vu précédemment que grâce
à la révélation, ils ont pris conscience de leur état de pécheurs et
qu'ils ont vu dans le Christ l'unique sauveur [85]. Or nous leur avons
demandé de préciser le moment où, selon eux, ils avaient obtenu
le pardon de leurs péchés: fut-ce au moment où ils ont cru au
Christ et ont demandé pardon, ou au jour de leur baptême seulement? [86] Soixante-sept pour-cent des convertis ont répondu qu'ils

---

[83] Voir pages 131, 133.

[84] QC90. Voir page 135.

[85] Voir pages 122, 123, 129, 130.

[86] QC88: Voici les réponses exactes à la question: 1) Ils ont demandé pardon
le jour où ils ont cru, et pensèrent qu'effectivement ils avaient été pardonnés à ce
moment-là, 54; 2) Ils ont demandé pardon le jour de leur baptême, 26 réponses.

avaient la conviction d'avoir été pardonnés au moment où ils avaient
cru au Christ et Lui avaient demandé pardon. Des 33% qui croient
avoir été pardonnés au jour de leur baptême, le plus grand nombre
précise qu'ils ont commencé à demander pardon à partir du moment où ils ont cru et qu'ils ont continué à le faire jusqu'au jour
de leur baptême. Ainsi la foi vouée au Christ et à Dieu apparaît
encore une fois comme le facteur déterminant de leur démarche
vers la conversion vu que, pour eux, un événement tout à fait
nouveau s'est produit dans leur vie, celui du pardon, au moment
où ils ont cru [87]. Enfin nous avons déjà vu [88] que la quasi totalité
de ceux qui ont participé à l'enquête, 95% exactement, affirment
qu'ils croyaient au Christ au moment de leur conversion.

Les missionnaires sont aussi unanimes entre eux sur ce point
que les convertis eux-mêmes. [89] Aucun ne dit avoir connu des Basotho qui se seraient convertis sans croire à Dieu et au Christ.
En effet, un seul avoue ne pas pouvoir se prononcer alors que 43
soutiennent que ceux qui se sont convertis avaient la foi, bien que
certains d'entre eux ne pouvaient pas facilement distinguer entre
Dieu et le Christ. [90] Pris ensemble, tous ces témoignages concou-
rent à indiquer que, pour les convertis, le moment décisif de leur
expérience fut celui où ils ont cru. Ils ont la conviction qu'à partir
de ce moment, leur vie a été changée radicalement.

III - LES MOTIFS DE CONVERSION DES BASOTHO [91]

Le problème des motifs de conversion chez les Basotho aurait
pu être traité moins sommairement dans le questionnaire destiné
aux convertis. Seulement trois questions en parlent explicitement.

---

[87] A la question QM14f, nous avons demandé aux missionnaires d'expliquer ce
qu'ils enseignaient ordinairement à leurs convertis sur cette question du pardon des
péchés en relation avec la foi et la pénitence véritables. Douze n'ont rien répondu à
la question. Treize disent leur enseigner qu'il est possible d'obtenir le pardon grâce
à un acte de foi véritable accompagné d'un regret sincère. Les autres disent insister
sur la nécessité du baptême pour le pardon des péchés. Un missionnaire précise qu'en
agissant ainsi, il se conforme au plan du salut (M29). Il existe donc une différence
notable entre ce qu'enseigne la majorité des missionnaires et ce que croient leurs convertis. La grande majorité a cru que l'acte de foi accompagné d'une véritable pénitence leur méritait la justification et restaurait les liens d'amitié entre eux et Dieu.

[88] Voir note 38 et page 126. QC94.

[89] QM14c: Ordinairement, ceux qui se convertissent, croient-ils en Dieu et au
Christ?

[90] Observation faite par le missionnaire M15.

[91] QC10, 21, 22, 24-26, 35, 39, 59, 60, 72, 81-85. QM5a, b, c, d, 8a, b, c.

Cette faiblesse est cependant partiellement corrigée de deux façons: premièrement par les témoignages donnés indirectement par les convertis à l'occasion de leurs réflexions sur le message du Christ et sur la vie des chrétiens; et deuxièmement par les renseignements fournis par les missionnaires dont le questionnaire était beaucoup mieux fait sur ce point. Deux questions seront étudiées dans cette section. La première porte sur les motifs de conversion des Basotho en général et la deuxième traite de l'Eglise comme motif de conversion.

1. *Les motifs en général*

Presque tous les missionnaires ont eut à traiter avec des païens qui, selon leur jugement, se sont convertis pour des motifs faux ou du moins nettement insuffisants. [92] Tous les motifs mentionnés peuvent se ramener aux quatre suivants. Premièrement, des païens, surtout des femmes, se sont convertis uniquement en raison de leur mariage. Comme par le mariage les femmes deviennent membres de la famille de leurs époux, pour être mieux acceptées par ceux-ci et par les familles, elles se sont crues obligées de devenir chrétiennes. [93] Deuxièmement, par leur conversion des païens ont recherché surtout des avantages matériels et sociaux. Ils ont cru qu'en adhérant à l'Eglise, ils obtiendraient de bons emplois, jouieraient d'une plus grande sécurité et favoriseraient l'éducation de leurs enfants, sinon la leur. [94] Troisièmement, d'autres païens se sont convertis parce qu'ils avaient une idée fausse des sacrements et des rites de l'Eglise. Ils les ont identifiés à leurs rites magiques et ont voulu en tirer profit. [95] Enfin, un croit qu'ils se convertissent uniquement parce qu'ils craignent la damnation éternelle. [96]

A côté de ces païens qui se sont présentés à l'Eglise pour des motifs faux ou insuffisants, les missionnaires en ont aussi rencontrés qui, selon eux toujours, se sont convertis pour des motifs véritablement chrétiens. [97] Selon eux, le motif le plus souvent invoqué par

---

[92] QM5a: Quels sont les motifs de conversion faux et imparfaits que vous avez découverts chez vos convertis?

[93] 28 réponses.

[94] 26 réponses.

[95] 10 réponses.

[96] Une réponse.

[97] QM5b: Quels sont le vrais motifs de conversion que vous avez découverts chez vos convertis?

les païens fut le vif désir qu'ils avaient de servir Dieu, de Le connaître et de L'aimer, de vivre avec Lui pour toujours et de partager sa vie.[98] Le second motif en importance fut le désir d'être sauvés par le Christ qui leur a révélé son amour miséricordieux.[99] Enfin, le troisième motif de conversion fut l'Eglise en laquelle les païens virent la véritable Eglise du Christ.[100] Les motifs de conversion rapportés par les missionnaires sont en somme assez classiques et pourraient s'appliquer à tous les convertis. L'étonnant est qu'ils ne soient pas plus nombreux et plus caractérisés.

Pour nous, cependant, l'intérêt n'était pas là. L'important était de découvrir, dans la mesure du possible, dans quelle proportion les Basotho s'étaient convertis pour de justes motifs. Nous avons donc demandé aux missionnaires si, selon eux, la majorité des Basotho s'était convertie pour de vrais motifs ou pour de faux motifs.[101] Sept missionnaires ont été incapables de répondre à la question. Sept pensent que les Basotho se convertissent surtout pour de faux motifs;[102] 12, pour des motifs insuffisants ou imparfaits; et 21, pour de justes motifs. Ainsi, seulement 17.5% des missionnaires qui ont répondu à la question, affirment explicitement que les Basotho se convertissent pour des motifs tout à fait inacceptables. C'est sans doute un pourcentage élevé mais pas autant qu'on aurait pu le craindre. Il est regrettable qu'à partir des seuls questionnaires, il soit impossible de déterminer la région du pays où ces sept missionnaires ont travaillé, et la durée de leur expérience missionnaire au Lesotho. Il reste que pour la grande majorité des missionnaires, 82.5%, les Basotho se convertissent pour des motifs acceptables, même si parfois ceux-ci sont imparfaits ou entachés d'intérêts humains.

Mais qu'arrive-t-il à ceux qui se convertissent pour des motifs faux ou insuffisants?[102] Le jugement des missionnaires sur ce point

Six missionnaires se sont dit incapables de préciser les motifs vrais de conversion de leurs convertis. Un admet même qu'il ne questionne jamais les convertis sur leurs motifs de conversion (M33).

[98] 21 réponses.
[99] 16 réponses.
[100] 12 réponses.
[101] QM5d.
[102] Les missionnaires qui soutiennent cette opinion, n'ont malheureusement pas pris le temps d'expliquer ou de prouver leur affirmation. Un seul s'est expliqué brièvement. Il fonde son affirmation sur son expérience auprès des païens à l'heure de la mort. Selon lui, d'une façon générale, ceux qui se convertissent à l'heure de la mort, le font pour de faux motifs (M42).
[103] QM5d.

est précieux par rapport aux convertis qui ont participé à l'enquête. En effet, selon leur expérience, ces cas se résolvent de trois façons différentes. D'après 28 Pères, ceux qui se sont convertis pour de faux motifs quittent rapidement le catéchuménat et l'Eglise. Ils sont incapables de persévérer, ne s'étant jamais véritablement convertis. Selon 11 autres missionnaires, ces convertis apprennent à purifier leurs motifs durant le catéchuménat et deviennent ensuite de bons chrétiens. Enfin pour 3 autres Pères, ceux qui arrivent au baptême sans purifier leurs motifs, restent toujours des chrétiens tièdes qui n'ont aucun zèle apostolique. L'expérience des missionnaires est donc que très peu de faux convertis persévèrent et que le grand nombre d'entre eux qui sont finalement arrivés au baptême, ont pu le faire parce qu'à un moment de leur catéchuménat, ils se sont véritablement convertis en se donnant de vrais motifs de foi.

Les questions se rapportant aux motifs de conversion qui furent posées aux convertis, traitaient des avantages matériels et temporels de la conversion. Nous leur avons demandé, non pas s'ils s'étaient convertis pour ces avantages, mais seulement s'ils avaient cru pouvoir profiter matériellement de leur conversion. Trente-trois pourcent de ceux qui ont répondu ont admis qu'en se convertissant ils avaient espéré être mieux traités qu'auparavant dans les cliniques des missions [104] et trouver plus facilement du travail. [105] D'autre part, 46% d'entre eux ont avoué qu'en se convertissant, ils avaient pensé qu'eux ou leurs enfants seraient plus facilement admis dans les écoles catholiques. [106] Ainsi, au moins le tiers de tous les convertis interrogés admettent qu'ils ont espéré pouvoir profiter matériellement de leur conversion. Ils ne disent pas que ce fut là le motif de leur conversion, mais ils avouent que cette préoccupation matérielle ne fut pas étrangère à leur décision. Il s'agit certes d'une minorité, mais d'une minorité non négligeable. Le doute exprimé par certains missionnaires sur la validité des motifs de conversion de plusieurs convertis n'était donc pas injustifié.

Indirectement, les convertis nous en ont dit cependant davantage sur leurs motifs de conversion lorsqu'ils explicitèrent les aspects

---

[104] QC24: Avez-vous pensé qu'en vous convertissant, vous seriez mieux soigné qu'auparavant à la clinique de la mission? Réponses: 1) Oui, 28. 2) Non, 56.

[105] QC26: Avez-vous pensé qu'en vous convertissant, vous trouveriez du travail plus facilement qu'auparavant? Réponses: 1) oui, 28. 2) Non, 56.

[106] QC25: Avez-vous pensé qu'en vous convertissant, vous seriez plus facilement admis dans les écoles catholiques ou que vos enfants y seraient plus facilement admis? Réponses: Oui, 39. Non, 45.

de la Bonne Nouvelle qui les avaient particulièrement impressionnés et attirés. Certains thèmes reviennent constamment dans leurs réponses et trahissent, à n'en pas douter, des convictions et des aspirations profondes chez eux. Ils ont perçu avec acuité que la foi et la fidélité au Christ [107] étaient nécessaires au salut et pour l'entrée dans le royaume où Dieu les appelle, [108] que le Christ qui les a aimés jusqu'à donner sa vie pour eux, est le seul sauveur, [109] et enfin que le mystère du salut se traduit pour les croyants en la nouvelle naissance annoncée par Jésus à Nicodème. [110] A moins que toutes ces perceptions de la révélation ne soient restées au niveau purement intellectuel, elles ne peuvent pas ne pas les avoir éclairés et guidés dans l'élection de leurs motifs de conversion.

2. L'Eglise comme motif de conversion

Seulement six missionnaires disent avoir connu des convertis qui ignoraient tout de l'Eglise au moment de leur conversion. Tous les autres, soit 39, disent avoir eu à traiter uniquement avec des convertis qui en connaissaient au moins l'existence. [111] Il est donc important de savoir comment les convertis ont vu l'Eglise et quel rôle ils lui attribuèrent dans leur conversion. Pour ces deux points nous dépendrons presque totalement des témoignages des missionnaires, aucune question sur l'Eglise n'ayant été posée aux convertis. Nous avons questionné les missionnaires non pas sur leur vision de l'Eglise mais sur la conception qu'en eurent les convertis. [112] Sept missionnaires pensent que pour les convertis, l'Eglise signifie principalement l'institution temporelle visible qui forme une société puissante et bien organisée. Il s'agit là d'une opinion minoritaire. En effet, d'une part, 16 missionnaires croient que l'Eglise, pour les convertis, signifie d'abord le lieu de culte, la maison de prière où les hommes se réunissent pour honorer Dieu. Cette conception n'est sans doute pas encore très élevée mais elle relie cependant l'idée de l'Eglise à Dieu. D'autre part, 14 missionnaires croient que les

---

[107] Voir page 130.
[108] Voir page 133.
[109] Voir page 129.
[110] Voir pages 131, 132.
[111] QM8a: Avez-vous connu des païens qui vous ont demandé de se convertir et qui ne connaissaient rien de l'Eglise?
[112] QM8b: Ordinairement, que signifie l'Eglise pour les païens qui veulent se convertir?

convertis ont une conception encore plus parfaite de l'Eglise. Pour eux, elle serait la famille de Dieu, la communauté des croyants et le véritable instrument du salut, en un mot la véritable Eglise fondée par le Christ. [113] Dans l'ensemble, les convertis auraient ainsi eu une conception valable de l'Eglise. Par elle, croient-ils, Dieu opère le salut et forme son peuple. A tout le moins, par elle, les hommes entrent en contact avec Dieu.

Ce jugement de la majorité des missionnaires concorde avec ce que les convertis ont déjà affirmé. Ils ont peu parlé de l'Eglise, même comme institution, si ce n'est pour dire qu'ils voulaient en devenir membres. [114] Mais ils se sont exprimés beaucoup plus longuement sur l'Eglise en tant qu'elle est la communauté des croyants et le peuple de Dieu. Ils ont aimé cette communauté parce qu'elle vivait de la parole de Dieu et des sacrements et parce qu'elle donnait le témoignage de sa foi et de son amour, surtout par son zèle apostolique. [115] Leur évaluation des chrétiens s'est faite à partir de valeurs exclusivement chrétiennes.

Cette Eglise qu'une minorité de convertis a mal connue, voyant en elle surtout des valeurs contraires aux exigences évangéliques, mais que la majorité a aimée pour ce qu'elle est vraiment, fut-elle considérée comme un motif de conversion par eux? [116] Répondant à la question QM5b, 12 missionnaires avaient déjà rangé l'Eglise (catholique), en tant qu'elle est la véritable Eglise du Christ, parmi les vrais motifs de conversion des Basotho. [117] Dans leurs réponses à la présente question, le nombre de ceux qui le croient, augmente encore. Car même si 24 soutiennent que bien que la pensée de l'Eglise ne soit pas totalement absente de leur préoccupations, les Basotho se convertissent surtout pour des motifs autres, comme le désir d'aimer Dieu et d'être sauvés, 25 croient que la majorité d'entre eux se convertissent principalement pour devenir membre de l'Eglise. La place de l'Eglise dans la conversion est donc d'importance. Ce rôle pourrait cependant s'évaluer d'une double façon. Pour un nombre important de convertis, l'Eglise, comme peuple de Dieu,

---

[113] QM5b. Voir page 143.

[114] Réponses aux questions QC10f (Qu'est-ce qui a suscité pour la première fois le désir de vous convertir?) et QC22f (Qui vous a le plus encouragé à vous convertir?)

[115] Voir page 108 et suivantes.

[116] QM8c: Pensez-vous que les Basotho se convertissent d'abord pour devenir membre de l'Eglise ou pour des raisons purement personnelles et spirituelles?

[117] Voir page 143.

a été ce qui les a forcés à se remettre en question et à se mettre
à l'écoute de Dieu. Pour beaucoup d'autres, elle a été plus encore.
Elle a été ce qu'ils ont recherché à travers leur conversion.

IV - LES CONSÉQUENCES DE LA CONVERSION [118]

Cette section ne traite pas des effets surnaturels qu'aurait pro-
duits la conversion chez les Basotho et dont ils auraient été conscients. Ils nous ont déjà fait connaître leur pensée sur ce point. Selon
eux, par leur conversion, ils ont été pardonnés et rétablis dans
l'amitié de Dieu. [119] Il est plutôt question dans ces pages des changements que la conversion leur a imposés par rapport à leurs institutions et à leurs coutumes. Au stage de la conversion, il ne saurait
être question également de vérifier si les convertis ont parfaitement
transposé dans les faits les changements recherchés. La conversion,
en effet, marque seulement le départ d'une vie nouvelle et non son
terme d'arrivée. Il s'agit uniquement de voir si les convertis ont été
conscients des changements qu'exigeait leur conversion, s'ils en ont
perçu l'ampleur et s'ils ont manifesté de quelque façon la volonté
d'entreprendre cette tâche immédiatement après leur conversion.
D'une façon particulière, il s'agit de découvrir quelle attitude ils
ont prise vis-à-vis de leurs coutumes sesotho.

1. Ont-ils accepté de se transformer?

Dans l'ensemble, les missionnaires croient que les convertis
ont été conscients des changements spirituels et moraux qu'exigeait
leur conversion. [120] En effet, bien que six le nient, 39 l'affirment,
certains précisant que tous les convertis n'ont cependant pas perçu
au même degré l'ampleur des changements requis. [121] Les convertis
sont pour leur part encore plus catégoriques, du moins quant à la
connaissance de leur obligation de se transformer. A la demande s'ils
avaient cru qu'en se convertissant, ils s'étaient engagés à transformer
leur vie au moins partiellement ou au contraire s'ils avaient pensé

---

[118] QC23, 27, 52, 56-58, 71, 72, 80, 86, 87, 92, 93, QM14 a, b.
[119] Voir note 86, page 140.
[120] QM14a: Les convertis sont-ils ordinairement conscients des changements
spirituels et moraux que nécessitera leur conversion?
[121] Observation faite par le missionnaire M3.

ne s'être engagés à rien dans ce domaine, [122] ils ont répondu ainsi. Personne, tant chez les hommes que chez les femmes, ne crut que rien ne serait changé dans leur vie. Vingt ont pensé que certaines choses seulement le serait, et 55 que toute leur vie le serait. Tous, sans exception, disent donc avoir été conscients de la nécessité de changer leur vie en raison de leur conversion. L'unanimité cesse uniquement quant aux dimensions de ces changements. Soixante-treize pourcent crurent à la nécessité d'un changement total et 27% à celle d'un changement partiel.

Mais étaient-ils prêts à entreprendre ce travail? Les missionnaires sont encore plus unanimes sur ce point que sur le précédent. Alors que deux seulement ne croient pas que les convertis aient été disposés à se transformer, 40 affirment le contraire sans y ajouter aucune restriction. [123] Aux convertis, nous avons posé une question un peu différente. Nous leur avons demandé s'ils croyaient que ce travail de transformation chrétienne fût possible ou même facile. [124] Les réponses surprendront seulement ceux qui ne connaissent pas les Basotho. Impulsifs et généreux, ils ont tendance à minimiser les difficultés. Aussi si deux seulement ont pensé que de devenir chrétien serait une entreprise impossible et 20 une tâche difficile, 43 jugèrent qu'il s'agissait là d'une entreprise facile. Cette attitude confiante semble confirmer la crainte de certains missionnaires qui pensent que les convertis ne réalisent pas toujours pleinement la radicalité des transformations que nécessite leur conversion. Les mêmes dispositions confiantes se retrouvent au sujet des exigences de l'Eglise. [125] Seulement 9 convertis ont craint que l'Eglise ne leur imposât des obligations impossibles ou très onéreuses alors que 67 disent n'avoir trouvé rien d'exagéré dans ce que l'Eglise leur a demandé d'accomplir.

Leur volonté d'être fidèles aux exigences de leur conversion a dû se manifester dans leur vie dès le jour où ils ont pris le ferme engagement de se convertir, par des résolutions visant à amorcer le travail de leur transformation. [126] Il semble qu'effectivement pres-

---

[122] QC86.

[123] QM14b: Ordinairement, acceptent-ils d'entreprendre ce travail de transformation?

[124] QC93: Avez-vous pensé que de devenir chrétien serait pour vous a) impossible; b) difficile; c) facile?

[125] QC92: Lorsque vous avez débattu l'idée de vous convertir, avez-vous craint que l'Eglise ne vous demandât trop? Si oui, comment?

[126] QC27: Lorsque vous avez décidé de vous convertir, quelle est la première chose que vous avez voulu changer dans votre vie?

que tous les convertis ont pris une décision importante à ce moment-là. Trente-cinq ont alors décidé d'abandonner définitivement
le paganisme; 29, de transformer leur coeur et leur vie par la prière,
la pratique de la charité et l'observance des commandements; et
20, de renoncer aux péchés et à leurs mauvaises habitudes. Leurs
témoignages montrent qu'ils ne se sont pas arrêtés à des actes très
précis. Il s'est agi plutôt d'un dessein vaste et généreux qu'ils en-
tendaient réaliser. Certains ont été plus concrets le jour même de
leur conversion. [127] En effect, ce jour-là, 46 ont tenu à professer
leur nouvelle foi par un geste public, soit à l'église, soit au village.
Dix ont même organisé de grandes fêtes au foyer afin, disent-ils,
que tous soient témoins de leur joie.

2. Leur attitude vis-à-vis de la vie coutumière

La vie nouvelle que s'engageaient à mener les Basotho le jour
de leur conversion, mettait en question la vie coutumière qu'ils
avaient partagée jusque là. Les orientations que prendrait leur vie
chrétienne dans l'avenir, dépendraient grandement de l'attitude qu'ils
étaient sur le point d'adopter vis-à-vis de leurs coutumes et de leurs
institutions. Il importait donc de savoir comment ils avaient vu ces
coutumes au temps de leur conversion. Nous leur avons demandé,
en premier lieu, s'ils avaient craint qu'en se convertissant, il ne
leur fût plus possible de vivre comme les autres Basotho. [128] Vingt-
sept pour-cent des convertis dirent qu'en effet, ils ont alors craint
de ne plus pouvoir vivre ainsi en raison de leur conversion. Les
autres cependant ont pensé qu'ils pourraient continuer à le faire,
excepté, comme le précisent quelques femmes, pour ce qui a trait
aux coutumes et aux rites païens qui sont mauvais. [129] On retrouve
ici encore, quoique à un moindre degré, l'attitude assurée que les
convertis manifestèrent au sujet des exigences de la conversion.

Passant à des considérations plus précises, nous avons abordé,
en premier lieu, la question des ancêtres. Nous avons demandé aux
convertis s'ils pensaient qu'en se convertissant, ils avaient fait plaisir à leurs ancêtres ou s'ils leur avaient déplu. Treize disent n'en
avoir aucune idée, n'ayant jamais considéré leur conversion en rela-

---

[127] QC87: Le jour où vous vous êtes converti, qu'avez-vous fait pour bien
montrer à votre famille et aux gens de votre village que vous étiez vraiment converti?
[128] QC71. Réponses: Oui, 20. Non, 55.
[129] Entre autres, témoignages des convertis C19 et 30.

tion avec les ancêtres. Dix-huit sont d'avis qu'en se convertissant, ils ont déplu à leur ancêtres. Mais 48 sont convaincus que par leur conversion, ils ont fait plaisir à leurs ancêtres. [130] Une minorité semble s'être dégagée de la domination des ancêtres même avant la conversion. La plupart ont cependant été attentifs au problème et 72 % d'entre eux n'ont vu aucune opposition entre leur dépendance envers les ancêtres et leur conversion. Ils ont cru, au contraire, que les deux démarches s'harmonisaient. Nous leur avons ensuite demandé ce qu'ils avaient fait pour leurs ancêtres depuis leur conversion. [131] Quarante disent n'avoir absolument rien fait pour eux depuis leur conversion. Vingt-cinq disent avoir offert des messes et des prières pour eux; 12, qu'ils leur ont offert de la nourriture et de la bière; et 3, qu'ils se sont recommandés à leur protection. Ainsi, seulement 15 convertis, soit 19 % de l'ensemble, ont célébré à l'intention de leur ancêtres des rites sesotho traditionnels depuis leur conversion. Vingt-cinq, soit 31 %, ont remplacé ces derniers par des rites chrétiens. Les autres, soit 50 % de l'ensemble, n'ont absolument rien fait. S'il faut en croire ces réponses, les liens unissant les Basotho à leurs ancêtres se sont relâchés sensiblement avec la conversion et, pour la plupart, ces relations n'ont pas évolué nécessairement dans un sens chrétien.

Quelle fut leur attitude vis-à-vis des coutumes? Premièrement, ont-ils réalisé que des changements s'imposaient dans ce domaine? [132] Les convertis ne sont pas unanimes sur ce point. Douze pour-cent ont cru qu'aucun changement ne s'imposait alors que les autres ont admis que de nombreuses coutumes devaient être abandonnées ou transformées. Il n'y a pas davantage unanimité quant à la valeur des différentes coutumes. Dans leurs témoignages, on détecte même un certain degré d'hésitation et de gêne. A part une petite minorité qui n'y trouve rien de bon et est prête à tout condamner, le grand nombre des convertis a pu signaler une ou plusieurs coutumes qu'ils pensent être conformes à la foi. En voici la liste, en ordre décroissant selon l'importance qu'ils leur ont donnée: les rites pour les mourants et les défunts, le mariage coutumier, le respect envers les anciens, l'amour et le respect de Dieu, les rites pour la pluie, l'ini-

---

[130] QC52.

[131] QC54.

[132] QC23: En vous convertissant, pensiez-vous a) que vous auriez à changer un grand nombre de vos coutumes? b) que vous n'auriez rien à changer? Réponses: a) 74. b) 10.

tiation sesotho et les fêtes sesotho. [133] Les convertis ont ensuite donné la liste des coutumes qu'ils croient être contraires à la foi. La voici, toujours en ordre décroissant selon leur importance: l'initiation sesotho, les chevilles médicamentées, les sociétés des possédés de l'esprit mauvais, les incisions rituelles, la divination, les rites pour les ancêtres, la polygamie, le baptême du fiel, la sorcellerie et le mariage par enlèvement. [134] Si les convertis se montrent massivement contre l'initiation sesotho, leur attitude plutôt tolérante vis-à-vis certaines autres coutumes très répandues et très actuelles qui sont jugées mauvaises, n'est pas sans surprendre. Il suffira de mentionner le mariage par enlèvement et les rites pour les ancêtres.

La dernière question sur les coutumes leur demandait de dire s'ils connaissaient des coutumes qui étaient condamnées par l'Eglise mais qui, à leur avis, n'étaient pas contre la foi. [135] Dix-sept convertis n'ont pas répondu à la question et 39 ont déclaré explicitement que toutes les coutumes condamnées par l'Eglise méritaient de l'être. Mais 28, soit 33 % de l'ensemble, croient que l'Eglise a condamné certaines coutumes sans raison. En voici la liste: l'initiation sesotho, les rites pour les ancêtres et les défunts, le mariage par enlèvement et les fêtes sesotho. [136]

Bien que par l'ensemble de leurs réponses les convertis manifestent une entente substantielle sur la valeur des différentes coutumes, ils ne sont pas sans se contredire sur certains points, certaines coutumes comme l'initiation apparaissant dans les trois listes. D'autre part, ils sont loin d'accepter unanimement les décisions de l'Eglise sur les coutumes. Le tiers soutient explicitement ne pas

---

[133] QC56: Selon vous, quelles sont les coutumes sesotho qui sont conformes à la foi chrétienne? Voici le détail des réponses: 1) les rites pour les mourants et pour les défunts, 18 réponses; 2) le mariage coutumier, 13; 3) le respect pour les anciens, 10; 4) l'amour et le respect pour Dieu, 10; 5) les rites pour la pluie, 6; 6) l'initiation sesotho, 3; 7) les fêtes sesotho, 3; 8) aucune coutume n'est conforme à la foi, 13.

[134] QC57: Selon vous, quelles sont les coutumes sesotho qui sont contraires à la foi chrétienne? Voici le détail des réponses: 1) l'initiation sesotho, 57 réponses; 2) les chevilles médicamentées, 21; 3) les sociétés des possédés de l'esprit mauvais, 15; 4) les incisions rituelles, 14; 5) la divination, 14; 6) les rites pour les ancêtres, 8; 7) la polygamie, 2; 8) le baptême du fiel, 3; 9) la sorcellerie, 2; 10) le mariage par enlèvement, 2.

[135] QC58.

[136] Voici le détail des réponses à la question QC58: 1) l'Eglise n'a condamné aucune coutume injustement, 39 réponses. 2) Coutumes condamnées par l'Eglise mais jugées bonnes par les convertis: a) l'initiation sesotho, 9; b) les rites pour les ancêtres, 7; c) les rites pour les défunts, 6; d) le mariage par enlèvement, 4; e) les fêtes sesotho, 2. 3) 17 n'ont pas répondu.

comprendre que certaines coutumes soient condamnées. Il semble qu'ils n'aient pas vu le bien-fondé des arguments de l'Eglise contre ces coutumes. L'incompréhension est surtout visible au sujet de l'initiation sesotho, des rites pour les défunts et les ancêtres de même que pour le mariage par enlèvement. Certains silences ne sont pas également sans soulever des interrogations. On se serait attendu à plus d'intérêt pour des questions comme les rites de naissance, la sorcellerie et les grandes institutions sociales ou familiales. Chez une minorité importante, un malaise évident subsiste au sujet des relations à établir entre leur foi et leur coutumes.

Le dernier aspect de la vie coutumière qui fut touché, fut celui des médecines sesotho dont l'importance a déjà été signalée. [137] Il s'agissait de voir, non pas s'ils avaient cessé d'en faire usage, mais ce qu'ils en pensaient. Nous leur avons demandé de nous expliquer quelles différences ils voyaient entre elles et les sacrements. [138] Seize convertis ont été incapables de répondre, 3 dirent que les médecines et les sacrements se ressemblaient, et 5 qu'ils n'avaient rien de commun entre eux. Les autres ont vu non seulement une différence entre les sacrements et les médecines mais ils ont aussi été capables d'expliquer comment ils les différenciaient. Trente-et-un les distinguent par leurs auteurs: les médecines sont des fabrications purement humaines alors que les sacrements viennent de Dieu et du Christ. Vingt-neuf convertis les distinguent également par leurs effets. Les sacrements donnent la grâce et concernent d'abord l'âme tandis que les médecines concernent le corps. Seul un converti insiste sur la nécessité de la foi pour la réception fructueuse des sacrements et un seul autre distingue entre les médecines vraiment curatives et les médecines magiques. Ces réponses montrent qu'au moins 78 % des convertis ont perçu que les sacrements et les médecines n'étaient pas du même ordre, leurs origines et leurs effets n'ayant rien de commun. Mais une zone d'imprécision persiste car presque personne n'a su distinguer entre les médecines authentiques et les médecines magiques et très peu les ont condamnées explicitement. Pour la plupart, elles restent bonnes pour le corps alors que les sacrements le sont pour l'âme. Il ne s'imposait vraiment pas, après ces réponses, de les questionner sur l'usage qu'ils avaient décidé d'en faire.

---

[137] Voir pages 52, 53.
[138] QC80: Quelles différences avez-vous trouvées entre les sacrements et les médecines sesotho?

Conclusion

Avec ces aperçus sur les conséquences de la conversion dans la vie des Basotho, se termine l'analyse de la phase récisive de leur conversion. Dans ce chapitre, grâce à leurs témoignages, nous avons essayé de dégager ce que furent, pour eux, les causes efficiente, formelle et finale de leur conversion de même que ses effets dans leur vie. Comme selon leurs témoignages, les Basotho croient que leur conversion trouve son origine dans la communication de la révélation faite par le moyen des chrétiens, tant par la parole que par l'exemple, il fallait découvrir non seulement ce qu'ils en avaient saisi mais aussi ce qu'elle avait produit en eux. De Dieu, ils ont surtout perçu sa présence universelle qui s'étend à tous les hommes et à tous leurs actes, et sa volonté de sauver tous les hommes. Par rapport à eux-mêmes, la révélation leur a découvert leur état de pécheur, donc leur besoin de pardon et de salut, et les dimensions de leurs devoirs envers Dieu qui veut être aimé sans partage. La grande révélation fut celle du Christ qu'ils ont vu comme l'unique sauveur qui, mû par son amour miséricordieux pour les pauvres et les pécheurs, a voulu mourir sur la croix afin d'obtenir le pardon des péchés, de donner la vie nouvelle et d'ouvrir les portes du royaume des cieux. Dans les paroles de Jésus, ils se sont personnellement sentis interpellés et invités à participer à la vie du royaume promis. Par la révélation de Dieu et du Christ, la vision de leur misère a débouché, non pas sur le désespoir, mais sur l'espérance en une vie nouvelle et meilleure en Dieu.

Reconnaissant leur impuissance à adhérer à Dieu et au Christ par leurs seules forces, ils se sont tournés vers Eux et vers l'Eglise dans un geste confiant. Priant en union avec le peuple de Dieu, ils ont demandé la force de croire. Leur conviction est que Dieu les a entendus et qu'ils ont cru. Peu préoccupés d'analyser le rôle de la communauté chrétienne, en tant que corps social, dans leur décision de se convertir, ils ont surtout tenu à en affirmer le caractère libre et personnel. Selon eux, leur conversion s'est décidée entre Dieu et eux. S'ils n'ont pas été exempts de préoccupations purement humaines et matérielles dans leur cheminement vers la conversion, leurs motifs déterminants semblent avoir été d'un autre ordre. Ils ont recherché le salut et la vie nouvelle. Acceptant dans un généreux dessein de suivre le Christ avec fidélité, ils ont vu la nécessité de transformer leur vie mais avec une confiance et une assurance tellement grandes qu'ils ont négligé de chercher à trouver les dimensions réelles des exigences de la fidélité. Ils ont voulu suivre l'Eglise dans son attitude vis-à-vis de la vie coutumière. Mais il n'est pas sûr qu'ils aient saisi la portée de son intervention et qu'ils aient vu leur vie antérieure à la lumière de la foi. La route de la fidélité semble encore couverte de beaucoup d'obstacles.

Avec ce chapitre, se termine également la phase d'exploration empirique du présent travail. Nous savons maintenant ce que fut l'expérience de la conversion chez les Basotho. Nous savons d'où ils sont partis, quels furent les agents qui ont provoqué chez eux le processus de la conversion, quel fut le kérygme qu'ils reçurent, comment ils ont réagi à cette annonce et dans quelles dispositions ils ont accepté leur nouvelle vie. Que vaut cette expérience qui fut unique pour les Basotho qui la vécurent? Fut-elle une démarche vraiment religieuse ou, plus correctement, fut-elle une véritable conversion chrétienne? Au point où nous en sommes, il serait prématuré de porter un jugement car une expérience ne peut se juger elle-même. Il faudra la soumettre au jugement de la révélation et de la foi pour trouver la réponse.

CHAPITRE VI

ANALYSE THEOLOGIQUE DE LA CONVERSION

Comme nous venons de le voir, l'expérience de la conversion chrétienne chez les Basotho, décrite dans les deux chapitres précédents, [1] ne peut s'apprécier valablement à partir d'elle-même et des seuls éléments qu'elle contient. Leur analyse pourrait aider à dégager la structure d'un certain phénomène de conversion mais non à en démontrer l'authenticité et la valeur en tant qu'expérience chrétienne. Les Basotho n'ont pas entrepris cette démarche en raison des exigences de leur culture ou à la suite d'une prise de conscience spontanée d'exigences religieuses nouvelles. Ils n'en ont pas davantage établi les normes et les exigences. Ils ont au contraire accepté de vivre une expérience qui leur fut proposée par l'Eglise. La seule façon d'apprécier correctement la conversion des Basotho, dans la mesure où l'entreprise est possible, est de la comparer à l'expérience type de la conversion telle que révélée et demandée par le Christ et son Eglise. D'où la nécessité dans le présent chapitre de préciser ce qu'est la conversion chrétienne vécue dans le cadre de l'Eglise. Il ne saurait être question donc d'étudier la conversion en elle-même ou la conversion comme passage d'une religion non-chrétienne à une autre religion non-chrétienne, ou du catholicisme à une autre foi ou à l'athéisme. [2] Il ne saurait davantage s'agir de la conversion purement rationnelle ou philosophique comme la concevait Plotin, qui, loin d'ouvrir nécessairement l'homme sur Dieu, le refermait plutôt sur lui-même. [3] Le présent chapitre se limite exclusivement à la conversion chrétienne.

Egalement, celle-ci ne sera pas étudiée en tant que phénomène

---

[1] Voir les chapitres IV et V.

[2] Henry Pinard DE LA BOULLAYE, *Conversion*, dans *Dictionnaire de Spiritualité*, t. II, 2, col. 2224, 2225.

[3] Paul AUBIN, s.j., *Le problème de la conversion, Etude sur un terme commun à l'hellénisme et au christianisme des trois premiers siècles*, Paris, Beauchesne, 1963, pp. 161-166, 186, 187.

purement humain, soit psychologique ou sociologique.[4] Sans nier
l'importance de ces facteurs, ils ne peuvent, par eux-mêmes, rendre
compte totalement de la conversion et en dégager le sens existentiel plénier.[5] Etant un phénomène essentiellement religieux, elle
s'explique d'abord par des démarches, des causes et des motifs d'ordre religieux. L'homme mis en présence d'un Dieu personnel qui
l'appelle, est invité à changer radicalement le sens de sa vie.[6] Pour
le chrétien, la conversion ne se situe pas davantage au niveau du
religieux purement naturel ou humain mais à celui du Dieu de la
révélation et de la grâce.[7] L'explication véritable de la conversion
vient de la foi et de la théologie. Aussi sera-t-il question en ce
chapitre d'une étude théologique de la conversion.

En s'appuyant sur la terminologie biblique[8] tout comme sur
celle des Pères grecs,[9] la théologie distingue deux aspects ou deux
moments dans la conversion. Le premier se caractérise surtout par
le retour vers Dieu, le Christ et son Eglise et est appelé de préférence l'*épistrophè*. Le second exprime davantage la transformation
intérieure, religieuse et morale, qu'implique la conversion à Dieu.
On parle alors surtout de *métanoia*. Tous les actes préparatoires
d'accès à la foi et l'acte premier de foi authentique à Dieu et au
Christ constituent l'*épistrophè* et peuvent donc être considérés en
eux-mêmes sans qu'il soit nécessaire de traiter de la *métanoia*.[10]
Comme le questionnaire qui a servi de base à l'analyse de l'expérience de la conversion des Basotho, porte exclusivement sur le
premier mouvement de la conversion, c'est-à-dire sur son *épistrophè*,
la présente analyse de la conversion se limitera à cet aspect. Il ne
sera pas non plus question de ce qu'on appelle en spiritualité la
seconde conversion.[11] Celle-ci présuppose non seulement la connaissance antérieure du Dieu Sauveur mais également la foi en Lui.

---

[4] Pierre CHARLES, s.j., *Théologie de la conversion, théorie catholique et théorie
protestante*, dans *Les conversions, compte-rendu de la huitième semaine de missiologie
de Louvain (1930)*, Louvain, 1930, pp. 28-33.

[5] Y. M. J. CONGAR, *La conversion, étude théologique et psychologique*, dans *Parole et Mission*, no. 11 (1960), p. 506.

[6] Y. M. J. CONGAR, *art. cit.*, pp. 495.

[7] Vatican II, *Ad Gentes*, no. 13.

[8] Jean GIBLET et Pierre GRELOT, *Pénitence-Conversion* dans *Vocabulaire de théologie biblique*, Paris éd. du Cerf, 1964, col. 788. Y. M. J., CONGAR, *art. cit.*, p. 497.

[9] Paul AUBIN, s.j., *op. cit.*, pp. 89, 120.

[10] André SEUMOIS, o.m.i., *Théologie missionnaire, II, Théologie de l'implantation ecclésiale*, Rome, Bureau de Presse O.M.I., 1974, p. 200.

[11] Henry Pinard DE LA BOULLAYE, *art. cit.*, col. 2259.

Si elle implique une nouvelle découverte de Dieu, elle consiste surtout en la transformation de tout l'agir par l'identification totale au Christ. Seule sera considérée ici la première conversion ou l'adhésion initiale au Dieu Vivant.

Il n'y a pas à proprement parler de différences réelles entre la conversion d'un Juif et celle d'un païen. Elles aboutissent également à une nouvelle naissance dans le Christ. Il n'est cependant pas moins certain que, concrètement, ces hommes vivent leur expérience très différemment. Le point de départ, la problématique, les implications et les exigences ne se recouvrent pas. Dans leur travail d'évangélisation, saint Pierre et saint Paul ont été sensibles à ces différences et ont su en tenir compte. [12] Elles ont même été pour eux l'occasion de préciser certains points de doctrine fondamentaux pour l'Eglise. [13] A leur suite, et en conformité avec la tradition de l'Eglise, le IIe concile du Vatican a rappelé avec insistance aux missionnaires la nécessité de bien connaître la situation religieuse des groupes humains qu'ils devaient évangéliser. [14] La conversion étant une expérience existentielle de l'homme, vécue à partir d'une situation concrète et caractérisée, son sujet ne peut en être un élément négligeable. Avec Dieu, c'est d'abord lui qui est impliqué. Dans ce chapitre, la conversion est étudiée principalement en fonction du païen, cet homme profondément religieux mais privé de la révélation définitive du Dieu Vivant, [15] et plus précisément encore, du païen à culture où prédominent l'animisme et le cosmobiologisme. [16] Le chapitre traitera successivement des points suivants: 1 - La situation religieuse du païen avant sa conversion, 2 - la structure de la conversion, 3 - la nature de la conversion. [17]

---

[12] *Actes des Apôtres*, X, 34-48, XIV, 11-17, XVII, 22-31, XXIV, 10-21. Pierre BUIS, *Portée missionnaire du discours à l'aréopage*, dans *Spiritus*, no. 17 (1963), pp. 357-360.

[13] *Actes des Apôtres*, XV, 5-29. Le conflit soulevé à cette occasion permit aux Apôtres d'affirmer le caractère spécifique de la vie chrétienne qui ne passe pas nécessairement par le judaïsme, et à saint Paul d'élaborer son enseignement sur le primat de la foi et l'impuissance de la loi dans la question du salut.

[14] *Ad Gentes*, no. 11, 26. *Nostra Aetate*, no. 2.

[15] Henri MAURIER, *Essai d'une théologie du paganisme*, Paris, éd. de l'Orante, 1965, pp. 38-41.

[16] F. M. BERGOUNIOUX, o.f.m., et Joseph GOETZ, s.j., *Les religions des préhistoriques et des primitifs*, col. Je sais Je crois, Paris, Fayard, 1958, pp. 79-88. Dans les notes subséquentes, cet ouvrage sera cité comme suit: Joseph GOETZ, *Les religions des primitifs*.

[17] Comme toute cette recherche porte non sur une expérience hypothétique ou possible de la conversion mais sur une expérience historique, celle des Basotho,

I - Le païen appelé

Depuis Capéran, [18] de nombreux théologiens ont étudié la vie religieuse des non-chrétiens, païens et autres, et leurs systèmes religieux en fonction non pas de la conversion chrétienne mais du salut réalisé en marge de celle-ci. [19] Notre propos sera différent. A la lumière de la révélation et avec l'aide complémentaire de l'ethnologie religieuse, nous essaierons de décrire la situation religieuse concrète des païens, ayant en vue particulièrement les Bantous du sud-est de l'Afrique, afin de pouvoir apprécier le chemin qu'ils auront à parcourir pour accéder à la foi, et découvrir le biais par lequel ils y arriveront.

1. *Le cosmos et Dieu*

Il serait vain de chercher dans la Bible et les Pères des témoignages et un enseignement précis s'appliquant aux païens de toute culture et de toute époque. Il y est d'abord question des païens qui furent les contemporains des prophètes, de Jésus, des Apôtres et des Pères. De la même façon, les déclarations du magistère sur la question visent premièrement les hommes et les problèmes de leur époque. Mais des affirmations à première vue particulières de la Bible et du magistère, se dégagent des principes de portée universelle. L'un de ceux-ci est que l'existence de la vie religieuse des païens y est reconnue et n'est pas condamnée en elle-même. Seules les aberrations et les dégénérescences le sont. Moïse condamna les sacrifices des païens, qui étaient offerts aux faux dieux, [20] mais non le sacrifice lui-même; Jésus réprouva la forme mécanique de leurs prières, mais non la prière; [21] Paul, enfin, décria l'excès de leur

---

nous ne posons pas la question de sa nécessité. Il ne s'agit pas de savoir s'il leur convenait de se convertir, mais de préciser le sens que prit cette expérience dans leur vie. Tout en acceptant la possibilité du salut pour ceux qui ignorent invinciblement la révélation divine, l'Eglise, fidèle aux ordres du Christ et aux exemples des Apôtres, a toujours reconnu le devoir qui lui incombe d'annoncer l'évangile et d'amener tous les hommes à la foi et au salut. Voir *Lumen Gentium*, no. 16, 17; *Ad Gentes*, no. 5, 13.

[18] Louis Capéran, *Le problème du salut des infidèles, Essai historique*, Toulouse, Grand Séminaire, 1934, XI, 616 p.

[19] André Seumois, o.m.i., *op. cit.*, T. III, pp. 165-215.

[20] *Exode*, XXXII, 13-35.

[21] Matthieu, VI, 7-8.

religiosité à Lystres et à Athènes mais non leur sentiment religieux. [2] Lorsque, répondant à Deogratias, saint Augustin condamna les sacrifices païens, il précisa bien qu'il n'entendait pas condamner le sacrifice lui-même mais seulement son offrande aux faux dieux. [23] Dans sa déclaration sur les religions non-chrétiennes, le IIe concile du Vatican reconnaît également l'existence d'un profond sentiment religieux chez beaucoup de non-chrétiens de même que l'existence de religions où se trouvent des éléments de vérité et de sainteté. [24] Mais pour savoir quelles formes ont prises le sentiment religieux et les religions, il faut recourir à l'ethnologie religieuse.

Vivant en intense symbiose avec son univers, [25] l'homme a pris conscience que dans la vie, il est solidaire avec tous les êtres du monde et qu'avec eux, il partage un destin commun. Comme la vie est la seule réalité qui compte vraiment et sur laquelle il n'a pas domination, il ordonne tout à sa préservation en recherchant une conformité totale, consciente et volontaire, aux lois fondamentales de toute existence terrestre. [26] Pour sa sécurité et sa survie, il tend vers une participation entière à la vie et à l'unité du monde ainsi qu'à une intégration sans réserve à ses rythmes cycliques constants par lesquels la vie surgit toujours renouvelée de la mort. [27] L'univers ne représente donc pas l'image du chaos mais celle de l'ordre et de l'harmonie au service de la vie. Le monde devient ainsi une constante hiérophanie, le lieu privilégié du sacré, mieux encore le sacré lui-même sans lequel la vie perd son sens. Dans la cosmobiologie il y a donc religion, mais non en ce sens que l'homme est mis en présence d'un être personnel transcendant. [28] Il s'agit plutôt d'une soumission volontaire à la structure transcendante du cosmos dont dépend son existence et auquel il s'intègre comme à son absolu. Bien que les rites et les mythes ne produisent rien de soi et se célèbrent afin de pouvoir revivre symboliquement les événements primordiaux racontés, la vie a une importance telle et elle est si facilement menacée par les puissances et les esprits que la tentation est toujours grande de les transformer en rites purement magiques

---

[22] *Actes des Apôtres*, XIV, 11-17; XVII, 22-31.
[23] Charles COUTURIER, s.j., *Les Saints païens selon saint Paul*, dans *Spiritus*, 1963, p. 401.
[24] *Nostra Aetate*, no. 2.
[25] Pour ce paragraphe, voir Joseph GOETZ, s.j., *Les religions primitives*, pp. 79-118.
[26] Joseph GOETZ, s.j., *op. cit.*, pp. 92, 93.
[27] Joseph GOETZ, s.j., *ib.*, p. 89.
[28] Joseph GOETZ, s.j., *ib.*, p. 93.

afin de la protéger et de la renouveler. A ce moment-là, le sens
religieux se dissout complètement pour laisser se développer les
aberrations les plus dégradantes.

Chez les africains qui ont cette vision du monde, il ne s'agit
jamais de cosmobiologie pure. Dieu a aussi sa place. Il n'est pas
une forme impersonnelle qu'on craint ou qui menace l'homme. Il
se s'identifie pas non plus avec l'ordre du cosmos ou avec celui-ci.
Il possède au contraire toutes les caractéristiques d'un être personnel: il parle avec l'homme, il façonne les choses, gouverne le monde
et accepte les prières que les hommes lui offrent. [29] De sa vie personnelle, de ses qualités et attributs, l'homme ne sait rien ou presque. Sa sainteté et sa pureté n'ont même pas été perçues clairement. C'est que l'homme a pris conscience de Dieu à partir de sa
condition terrestre, de son-être-dans-le-monde, et après avoir été
marqué par la fascination qu'exerça l'univers sur lui. En effet, bien
qu'il n'eut pas le souci de confronter sa vision du monde avec son
expérience de Dieu, celle-ci ne pouvait qu'être largement fonction
de cell-là. L'homme sait ne pas être l'auteur de l'ordre immuable
du monde et il expériemente constamment son impuissance devant
la vie qui est pourtant l'unique valeur véritable de son monde.
Il y perçoit donc le maître absolu de la vie, qui la dispense, la
maintient et la protège. [30] Sans être du monde, Dieu n'en est pourtant pas éloigné autant qu'on l'a laissé entendre. Il s'est effacé pour
laisser agir l'homme mais il y maintient une présence constante car
le monde n'existe que parce qu'Il lui donne d'être à chaque instant. [31]

Comme l'homme a pris conscience de Dieu à travers ses activités, ses fonctions, en faveur du monde, il ne recherche rien d'autre que de se sécuriser en celui-ci. Il ne désire pas en sortir pour
aller vers Dieu seul. Cette dimension de la vie humaine ne l'a pas
atteint. Son destin est lié nécessairement à celui du monde qui ne
tend à rien d'autre qu'à sa propre restauration cyclique. [32] Aussi
le païen ne recherche-t-il aucun salut hors du monde, même en Dieu.
Il est déjà sauvé par sa participation voulue à la structure du
monde. [33]

[29] Henri MAURIER, *op. cit.*, p. 80.
[30] Joseph GOETZ, s.j., *op. cit.*, p. 72.
[31] Joseph GOETZ, s.j., *Dieu lointain et puissances proches, dans les religions coutumières,* dans *Studia Missionalia,* vol. 21 (1972), p. 33.
[32] F. QUÉRÉ-JAULMES, *Introduction,* dans *Les chemins vers Dieu,* Paris, éd.
du Centurion, 1967, p. 20.
[33] Joseph GOETZ, s.j., *Le péché chez les primitifs, tabou et péché,* dans *Théologie du péché,* Tournai, Desclée, 1960, p. 183. Henri MAURIER, *op. cit.*, p. 81.

2. *Les puissances et les esprits*

Dans la Bible, l'existence des esprits, bons et mauvais, anges et démons, ne fait pas problème, elle s'impose même. [34] Les anges y sont recensés, identifiés et même classifiés. [35] Il en va de même pour les démons qui, en raison de leur conflit contre Dieu, sont désignés comme les ennemis qu'il faut abattre. [36] La lutte entre le Christ et son Eglise d'une part, et Satan et ses anges d'autre part, prend un caractère dramatique qu'ont su faire ressortir saint Jean et saint Paul. Satan et ses anges dominaient le monde par le péché, le mal et la mort. Aujourd'hui, l'Eglise poursuit la lutte jusqu'à la victoire finale que marquera le retour définitif du Christ. [37] Le croyant sait que, même si les puissances et les esprits, bons et mauvais, exercent une activité dans le monde que Satan veut dominatrice, ils ne sont que les créatures de Dieu et n'ont sur lui et les hommes aucune puissance de domination. [38] Mais qu'en est-il du païen?

A partir de l'expérience de sa propre condition, il a aussi perçu l'existence d'êtres ambigus, de puissances personnelles et impersonnelles, d'esprits, qui veulent le secourir ou le dominer. Conscient du fait de la survie de l'âme, il sait que les défunts et les ancêtres vivent toujours, qu'ils ne sont nullement indifférents à ce qui se passe sur la terre et même qu'ils jalousent facilement les vivants de la terre. Pour les Africains, ces êtres ne sont pas des dieux mais des créatures car Dieu est vraiment l'unique. [39] Mais avec tous, l'homme doit établir les relations qui conviennent. Non pas qu'ils servent d'intermédiaires nécessaires entre Dieu et lui car certains esprits, en ce qu'ils ont de mauvais, ne le pourraient pas, mais plus véritablement encore parce que Dieu n'a pas besoin d'intermédiaires. L'homme vraiment religieux peut toujours rencontrer Dieu directement. La véritable raison est que ces êtres agissent sur le monde

---

[34] Pierre-Marie GALOPIN et Pierre GRELOT, *Anges*, dans *Vocabulaire de théologie biblique*, col. 44.

[35] *Tobie*, III, 17; *Daniel*, VIII, 16; *Héb.* IX, 5; *Colossiens*, I, 16; *Ephésiens*, I, 21.

[36] *Tobie*, VI, 8; *Zacharie*, III, 2; *Daniel*, X, 13; Matthieu, IV, 11; Jean, XII, 31; *Actes*, XX, 7-10.

[37] L. BOUYER, *Les deux économies du gouvernement divin: Satan et le Christ*, dans *Initiation théologique*, T. II, Paris, éd. du Cerf, 1952, pp. 504-517. Lucien CERFAUX, *Le monde païen vu par saint Paul*, dans *Recueil Lucien Cerfaux*, tome II, Gembloux, éd. J. Duculot, 1954, p. 422.

[38] Henri MAURIER, *op. cit.*, p. 146.

[39] Joseph GOETZ, s.j., *Dieu Lointain*, p. 35.

et les hommes. Conséquemment, pour sa sécurité, le païen ne peut les négliger. [40]

Au sujet des Bantous du sud-est africain, donc des Basotho, Baumann affirme que le culte des ancêtres est leur véritable religion. [41] C'est là une affirmation ambiguë car le culte des ancêtres ne peut rendre compte de toute leur vie religieuse. Plus encore, comme tout animisme, il n'est véritablement pas religieux. [42] Par les rites envers les ancêtres, le païen n'entend nullement se soumettre à eux comme à des dieux ou à un absolu. Il veut les pacifier, se les rendre favorables et maintenir vivante la communion avec eux car ils restent toujours la source immédiate de leur vie.

Dans ses relations avec les esprits, le païen n'agit pas autrement. Il les sait détenteurs d'énergies qui peuvent lui être utiles ou nuisibles. Il fera tout pour neutraliser les puissances mauvaises et mettre les bonnes à son service. Pour y arriver, il se servira de tous les moyens disponibles: formules et médecines magiques, devins, magiciens et, même sorciers. [43] Cet anthropomorphisme envahissant n'a rien de religieux. Il est même la négation de toute religion car le païen ne recherche que son utilité et n'entend nullement témoigner de sa soumission à Dieu.

3. Le péché

Il est certain que, pour la Bible, le péché objectif du païen existe. Par rapport au Dieu Vivant et à son dessein, le païen est en manque car il s'est formé son propre destin que, dans sa prétention, il juge le meilleur sinon l'unique. [44] Ici encore, saint Paul est celui qui a su le mieux isoler la racine du péché du païen et en formuler la structure. Le sombre réquisitoire du premier chapitre de l'épître aux Romains (I, 18-27) pourrait à la rigueur ne s'adresser qu'aux païens de Rome et de l'empire, mais la vérité qui le sous-tend vaut pour tous les païens. [45] La racine du péché du païen n'est pas l'ido-

---

[40] Joseph Goetz, s.j., *ib.*, pp. 55, 56. Pierre Antoine, s.j., *Vous n'êtes plus esclaves mais fils,* dans *Christus,* no. 45 (1965), pp. 56-70.

[41] H. Baumann et D. Westermann, *Les peuples et les cilisations de l'Afrique,* Paris, Payot, 1957, p. 139.

[42] Joseph Goetz, s.j., *Les religions des primitfs,* pp. 86, 88.

[43] Joseph Goetz, s. j., *Dieu lointain,* pp. 33-47.

[44] Louis Ligier, *Péché d'Adam et péché du monde,* T. I, Paris, Aubier, 1960, pp. 27, 28.

[45] Sur cette question, voir Louis Ligier, *Péché d'Adam et péché du monde,*

lâtrie qui n'en est qu'une manifestation, mais l'impiété qui consiste en ce qu'il tient captive injustement la vérité sur Dieu, bien qu'il la connaisse. Pour le païen, d'invisible qu'Il était, Dieu a voulu devenir visible à travers sa création. Mais lui n'a pas voulu Le glorifier et Lui rendre grâces. Il est inexcusable de ne pas avoir accordé sa religion à sa connaissance de Dieu car, pour Paul, non seulement il pouvait connaître Dieu mais de fait il L'a connu. Le péché d'impiété cause l'aveuglement et non le contraire. [46] De son impiété et de son aveuglement, découlent tous les autres péchés comme l'idolâtrie, l'oubli de Dieu et les dérèglements moraux. L'épître aux Romains rejoint ainsi le prologue du quatrième évangile où saint Jean nous montre la lumière venue dans le monde être rejetée par l'homme en faveur des ténèbres. [47]

Le païen est certes conscient de la présence du mal et de certains désordres dans le monde et dans sa vie. Il en éprouve même de l'angoisse et est prêt à tout pour s'en libérer. [48] Mais il est moins certain qu'il juge comme peccamineuses, au sens strict du terme, toutes les actions humaines mauvaises ou même qu'il ait conscience d'être pécheur. Son agir se situe à des niveaux différents qui semblent ne pas communiquer entre eux. Sa pratique de la magie ne semble pas concerner ses relations avec Dieu. Les rites magiques et les prières sincères adressées à Dieu coexistent parfaitement. De même sa solidarité avec les ancêtres et le monde n'enlève pas à la magie et à la divination leur raison d'être et ne rend pas caduques leurs fonctions. En tout cela, le païen ne voit pas opposition mais complémentarité. [49]

L'action mauvaise prend un sens différent selon le niveau où elle se situe. Au plan de la magie, il ne peut être question de péché. L'action étant purement mécanique, la conscience n'est pas engagée

---

T. II, pp. 169-185. Joseph PIERRON, *Regards de Paul sur les mondes à évangéliser,* dans *Spiritus,* no. 17 (1963), pp. 361-370.

[46] Louis LIGIER, *op. cit.,* T. II, pp. 177, 179, 180. L. CERFAUX, *Le Chrétien dans la théologie paulinienne,* Paris, éd. du Cerf, 1962, p. 35.

[47] L'enseignement de saint Paul et de saint Jean montre dans quel sens il est possible de parler de « saints païens ». Leur sainteté vient de ce qu'ils suivent non leur jugement et leurs lumières mais Dieu qu'ils ont connu et auquel ils se sont soumis totalement en amour et vérité. Ils n'ont vécu que pour Lui. Leur sainteté dépent donc, non d'une alliance quelconque entre eux et Dieu ou de la valeur d'une religion non-chrétienne, mais de leur soumission, de leur foi et de leur amour envers Dieu.

[48] Joseph GOETZ, s.j., *Le péché,* p. 183.

[49] Joseph GOETZ, s.j., *ib.,* pp. 133, 134, 170.

et la réparation de la faute se fera mécaniquement. Un geste ou une
parole appropriée remettra tout dans l'ordre. De même l'homme se
libère d'un état de tabou par l'emploi du rite ou de la formule
requise. [50] S'il manque à ses devoirs envers ses ancêtres, il a compromis la sécurité de sa famille. Pour rétablir l'harmonie, il lui suffira d'accomplir les rites prescrits par la coutume ou de transférer
sur un autre objet son manquement ou son état d'interdit. Ici encore,
le païen ne se croit pas en état de péché car ses relations avec Dieu
ne sont pas engagées et compromises.

S'il met en danger l'ordre du monde lui-même par des actions
et par une vie qui sont contraires aux prescriptions de la tradition,
son angoisse sera plus profonde car en s'attaquant à l'ordre du monde, il en a menacé l'existence et par conséquent la sienne propre.
Pour rétablir l'harmonie cosmique, il ne suffira pas d'une formule.
Il lui faudra se soumettre de nouveau volontairement à l'ordre du
monde. C'est déjà plus que de se relever d'un état de tabou ou
d'interdit, mais ce n'est pas encore sortir d'un état de péché car ce
qui est impliqué, ce n'est pas Dieu mais le cosmos. [51] Le païen n'est
pas indifférent aux actions mauvaises qui se commettent entre les
hommes sur le plan social. Mais Dieu et la conscience y entrent
peu car les obligations et les sanctions viennent de la société et non
de Dieu. [52] Les seules actions qui impliquent vraiment l'homme en
conscience et l'engagent à fond vis-à-vis de Dieu, sont celles qui ont
rapport directement à Dieu. Conséquemment, les seules actions mauvaises qu'il considère comme péché, sont celles par lesquelles l'homme s'oppose à Dieu directement, [53] car Dieu seul est l'Etre transcendant auquel personne ne peut se soustraire. Mais pour le païen,
la pensée d'une telle action est tellement monstrueuse en raison des
conséquences tragiques qu'elle implique, qu'il en conçoit difficilement la possibilité. Le champ du péché personnel est donc extrêmement limité pour lui. N'ayant jamais pu réaliser une synthèse vivante
entre son monde et Dieu, il a soustrait du domaine du jugement
divin toutes les actions qui lui permettent de s'y intégrer et d'y
vivre en paix.

---

[50] Joseph GOETZ, s.j., *Le péché*, pp. 172-177.
[51] Joseph GOETZ, s.j., *ib.*, pp. 184-187.
[52] Lorsqu'il s'agit de vol, par exemple, le mal n'est pas tant d'avoir volé que
de s'être fait découvrir et d'avoir été ridiculisé par la société. Une fois la sanction exé-
cutée, l'auteur du vol se sent complètement libéré de toute responsabilité.
[53] Joseph GOETZ, s.j., *Le péché*, pp. 171, 188.

II - Structure de la conversion

1. *Détresse et espérance*

Les options religieuses et pseudo-religieuses fondamentales du païen ne semblent pas l'orienter vers la conversion chrétienne. Celle-ci en effet suppose une âme en quête et insatisfaite. [54] Lui au contraire affiche un contentement assuré, ne cherche pas à sortir de sa situation et essaie de résoudre ses problèmes en fonction de son univers. [55] De plus, la conversion naît de l'interrogation de Dieu qui révèle à l'homme l'amplitude de sa misère morale. [56] Le païen par contre ignore presque tout de son péché et, ne sachant pas très bien ce que Dieu pense de lui comme individu, s'efforce avant tout de rester sous la constante protection divine dont il est du reste assuré en raison de la bonté même de Dieu. Pour bénéficier de cette protection, il tâche de s'insérer le plus parfaitement possible au cosmos d'où l'action divine ne s'éloigne jamais. [57]

La conversion du païen est cependant non seulement une possibilité ou une hypothèse mais un fait qui s'impose. Si elle ne peut s'expliquer d'abord par le dynamisme interne de sa vie religieuse, il faut en chercher l'explication hors d'elle. [58] En raison même de la nature de cette expérience, il s'impose de commencer par scruter l'action de Dieu en faveur du païen. Quelle pédagogie Dieu suit-il pour l'amener à mettre en question son système de vie et à désirer le salut proposé?

a. Le Dieu de la révélation

Comme le péché se conçoit en fonction des relations que l'homme entretient avec Dieu, la révélation initiale devra porter plutôt

---

[54] Donatien MOLLAT, s.j., *Ils regarderont Celui qu'ils ont transpercé, la conversion chez saint Jean,* dans *Lumière et Vie,* no. 47 (1960), p. 111. J. DUPLACY, *Foi, Ecriture Sainte,* dans *Catholicisme,* T. IV, col. 1371, 1372.

[55] Henri MAURIER, *op. cit.,* pp. 236, 246.

[56] C. SPICQ, *Le péché des hommes,* dans *Grands Thèmes bibliques,* Paris, éd. Feu Nouveau, 1958, p. 109.

[57] Joseph GOETZ, s.j., *Dieu lointain,* pp. 32, 33.

[58] Ce qui ne nie pas la possibilité d'ouverture du païen sur des dimensions nouvelles. Mais comme celles-ci sont découvertes avant tout par des contacts avec l'extérieur, il semble plus pertinent pour la présente recherche de découvrir d'abord comment ces agents extérieurs ont pu influencer le païen que de simplement démontrer qu'il l'a été. Maurier s'est surtout préoccupé du second aspect du problème. Voir *Théologie du paganisme,* pp. 246-258.

sur Dieu, l'homme et son monde que sur le péché. Les prophètes
attaquèrent directement les péchés des Juifs parce que ceux-ci savaient déjà qui était Dieu et ce qu'Il exigeait d'eux. Mais il n'en
va pas de même pour le païen. Leur connaissance de Dieu a été
pervertie par leur sagesse aveugle. Aussi Paul, à Lystres et à Athènes, commence-t-il par traiter de la question de Dieu manifesté dans
le monde avant de parler de la nécessité du repentir. [59] Cette première révélation offerte au païen change complètement sa conception du monde par rapport à Dieu. Le monde n'est plus seulement
une hiérophanie mais avant tout une véritable théophanie. Il rem-
plit une fonction symbolique par rapport à Dieu qui ne l'a pas
conçu comme une entité fermée sur elle-même et se suffisant pour
donner sa signification plénière. Le monde n'est pas seulement le
champ d'action de Dieu mais également la voie qui conduit à Lui.
L'erreur du païen fut qu'ayant perçu Dieu, il n'ait pas su l'atteindre
en Lui-même, et ne l'ayant pas atteint, n'ait pas su le désirer pour
Lui-même et le servir de tout son coeur et d'un amour totalement
gratuit. [60] Les valeurs changent radicalement. L'homme est appelé
à cesser de marcher vers le monde dans l'ombre de Dieu pour se
tourner vers Dieu seul où le conduit le véritable mouvement du
monde.

Cette vision nouvelle suffirait à ébranler la sécurité du païen,
mais Dieu va encore plus loin en lui révélant qui Il est véritablement. Emerveillé de la munificence constante de Dieu par ce qu'il
voit dans le monde, l'homme s'est confié à Lui comme à un Père
excellent. C'est là, en effet, le nom le plus communément donné à
Dieu par ces hommes religieux. [61] Mais pour juste qu'elle soit, cette
conception de Dieu reste encore très imparfaite parce que seuls certains aspects de sa paternité ont été découverts, particulièrement
celui où apparaît sa providence envers les hommes, dont dépend
sans cesse la vie et d'où viennent toute bénédiction et tout don. [62]
Mais Dieu est Père pour des raisons beaucoup plus profondes encore.
Aux fonctions de providence et de protection doivent s'ajouter celles
de paternité, d'adoption, de filiation et de participation à la vie et
à l'héritage divins. Comme les prophètes l'avaient annoncé aux
Juifs, Dieu a aimé les hommes au point de les choisir pour en faire

---

[59] *Actes*, XIV, 15-17; XVII, 24-28.
[60] *Actes*, XVII, 27; Luc, X, 27.
[61] Joseph GOETZ, s.j., *Dieu lointain*, p. 27.
[62] A. LEFÈVRE, *Saint est le Seigneur*, dans *Grands Thèmes bibliques*, pp. 52.

ses bien-aimés et de les adopter pour siens. Le Christ et les Apôtres complètent les révélations sur Dieu en montrant qu'il ne s'agit pas là de simple reconnaissance légale mais de participation réelle à Dieu puisqu'elle se fonde sur la participation à la vie même de Dieu. [63] Dieu a voulu faire des hommes ses fils. Cette révélation inattendue arrache de nouveau l'homme à son monde car, étant appelé à être véritablement fils de Dieu, il est aussi appelé à être l'héritier de la gloire divine et non seulement à participer à l'ordre cosmique. [64] Du même coup Dieu révèle à l'homme que, étant fils, il lui faut vivre et agir comme Dieu, son Père, et se conformer à Lui en tout. [65]

Cet appel à l'imitation de Dieu prend tout son sens lorsque le païen découvre les dimensions véritables de la perfection divine. Dieu n'est pas seulement mystérieux, prodigieux, terrifiant, fascinant et transcendant, il est aussi et surtout saint, c'est-à-dire qu'il est plénitude de justice, de pureté, de vérité, d'amour, de miséricorde, de don et de pardon. [66] En révélant sa sainteté, Dieu introduit dans la vie de l'homme une moralité jusqu'alors insoupçonnée, [67] car il lui apprend ce que veut dire vivre comme Dieu: il est invité à être juste, pur, vrai, bon comme Dieu, à aimer comme Dieu, à être saint parce que Dieu est saint. [68] L'homme découvre qu'il s'explique de moins en moins en fonction de lui-même et de son univers. En tout il est fonction de Dieu. De là naît en lui une détresse et une angoisse que ses valeurs ne peuvent calmer. Comme il savait déjà qu'il n'exerçait aucune véritable domination sur la vie, il ne peut s'expliquer comment il pourra participer à la vie même de Dieu. Si l'idéal n'est plus d'abord de se conformer à l'ordre du monde mais à celui de Dieu, quelle valeur a eue sa vie jusqu'ici, où trouvera-t-il la lumière capable de le guider et la puissance requise pour arriver jusqu'à Dieu?

---

[63] M. E. BOISMARD, *Dieu notre Père*, dans *Grands Thèmes bibliques*, p. 67, 72, 73.

[64] Henri RENARD et Pierre GRELOT, *Fils*, dans *Vocabulaire de théologie biblique*, col. 381, 384.

[65] M. E. BOISMARD, *art. cit.*, p. 71.

[66] Jules DE VAULX, *Saint*, dans *Vocabulaire de théologie biblique*, col. 983.

[67] A. LEFÈVRE, *art. cit.*, p. 2.

[68] M. E. BOISMARD, *art. cit.*, p. 71.

b. La révélation du péché

Le païen sait que le péché n'a de sens que par rapport à Dieu. [69]
Mais la révélation du mystère de Dieu et de son dessein par rapport
à l'homme donne un sens complètement nouveau et une extension
inattendue à cette réalité. Si le païen a eu horreur de s'opposer directement à Dieu et de le désavouer parce qu'il savait qu'un tel acte
ne pouvait que provenir de la malice et de la démence et que mener
à la mort, n'a-t-il pas manqué par omission? En recherchant la perfection dans une insertion toujours plus plénière au monde, ne
s'est-il pas détourné de Dieu? Même si l'absence d'un culte envers
Dieu peut se concevoir comme une façon symbolique d'affirmer
la dépendance directe et constante de l'homme envers Lui, [70] le
païen a-t-il vécu pour Dieu ou pour le monde? L'anthropomorphisme de sa vie religieuse permet-il de mettre Dieu au premier
plan? Beaucoup de païens pourraient faire leur l'aveu de ce Mosotho converti qui confessait que son plus grand péché fut de n'avoir
pas connu Dieu, c'est-à-dire de n'avoir eu aucune relation profonde
et intime avec Lui.

La révélation du péché va pourtant encore plus loin. En révélant aux hommes le mystère plénier de sa paternité, et donc celui
de leur filiation et de leur adoption divine, Dieu leur révélait que
tous leurs actes prenaient en Lui non seulement leur origine mais
aussi leur signification et leur valeur. Tout acte, secret ou non, a
non seulement une dimension cosmique et sociale mais une valeur
religieuse, car il est nécessairement ordonné à Dieu en tant que
créateur et Père. Tous les hommes sont solidaires en Dieu. Jésus l'a
souvent rappelé, ce que l'homme fait au plus petit de ses semblables,
c'est à Dieu qu'il le fait. [71] Une telle révélation augmente encore
l'angoisse du païen et affaiblit sa sécurité non seulement parce qu'il
découvre la dimension de sa faute mais parce qu'il se sait incapable
de se libérer de son péché par lui-même. Tout comme les Juifs de
l'Ancien Testament, il voit que le péché, en plus d'être une déso-
béissance contre un prescription morale, est aussi un acte irréligieux
qui s'oppose à Dieu. [72] La magie, la sorcellerie et la divination sont
incapables de lui fournir une solution valable. Ce qu'il sait car il n'a

---

[69] Joseph GOETZ, s.j., *Le péché*, p. 170.
[70] Joseph GOETZ, s.j., *Dieu lointain*, p. 31.
[71] MATTHIEU, XVIII, 5-7; MARC, IX, 37, 41, 42; LUC IX, 48; XII, 1, 2. *Actes,*
IX, 5. C. SPIC, *art. cit.,* pp. 110-111.
[72] C. SPIC, *ib.,* p. 109.

jamais employé ces techniques en fonction de Dieu. Les ancêtres et les bons esprits ne peuvent davantage, par eux-mêmes, renverser cet état d'aliénation car il les sait créatures comme lui. Les esprits aux fonctions dangereuses ou mauvaises, étant opposés à la sainteté de Dieu, n'entrent même pas en ligne de compte.

La révélation du péché dans toutes ses dimensions diminue aussi grandement la valeur sécurisante des mythes sur l'origine de la mort et des rites mystériques car la mort, pour naturelle qu'elle soit, se place maintenant dans le sillage du péché. [73] Bien plus, par l'action des esprits mauvais, le monde, loin d'être un havre de félicité, est lui-même en quête de salut et de libération. [74] De sauvé qu'il se croyait, l'homme se découvre pauvre, nécessiteux, sans assurance et en quête de salut. [75]

c. La révélation du Christ

Le païen ayant pris conscience de son besoin de salut et de l'impuissance de ses mythes, de ses rites et de ses techniques à le lui procurer, sa détresse et son angoisse se transformeraient en désespoir si Dieu ne complétait sa révélation par l'annonce de la Bonne Nouvelle, de la Voie, du Salut lui-même. Tout s'accomplit et tout s'éclaire en effet dans la révélation du mystère du Christ qui réalise en Lui les attentes vraies des hommes de tous les temps. [76] Dans leur kérygme aux Juifs et aux païens, les Apôtres firent de l'annonce du Christ sauveur, ressuscité des morts par la puissance de Dieu, l'élément central et décisif, [77] car, comme le dit Paul aux Athéniens, la résurrection est la garantie de Dieu sur l'authenticité de la mission salvatrice du Christ. En effet, pour qui est sensible aux dimensions du mystère de la vie et à son caractère sacré, la résurrection éclaire tout ou du moins met tout en question. Le Christ fut ressuscité ni par le pouvoir des rites, ni par les puissances ni par l'énergie du cosmos, mais par Dieu seul, l'unique maître de la vie. Avec la résurrection du Christ, le rythme des cycles perpétuels du monde

---

[73] *Romains*, V, 12 et suivants.
[74] *Romains*, VIII, 19-23.
[75] Marc-François LACAN, o.s.b., *Conversion et Royaume dans les évangiles synoptiques*, dans *Lumière et Vie*, no. 47 (1960), pp. 31, 32.
[76] Joseph GOETZ, s.j., *Les religions des primitifs*, p. 119.
[77] *Actes*, II, 22-24; III, 13-16; X, 40-43; XVII, 30. Jacques Dupont, o.s.b., *La conversion dans les Actes des Apôtres*, dans *Lumière et Vie*, no 47 (1960), p. 58.

est brisé. De sa mort dans le Christ, l'homme ressuscite à la vie qui ne cessera plus et qui n'a plus à être régénérée. [78]

Le Christ est vraiment sauveur car il n'accomplit pas sa volonté et ses desseins mais la volonté de son Père. Contrairement aux puissances mauvaises et à Satan qui asservissent l'homme contre Dieu, [79] et à l'homme lui-même qui, aveuglé par sa sagesse, se détourne du Dieu Vivant, [80] le Christ ne recherche que le dessein de son Père [81] qui, anticipant sur les désirs secrets de l'homme, le sauve par pur amour en lui donnant son Fils et, par Lui, sa vie. [82]

Le Christ est également sauveur parce qu'Il n'agit que par la puissance de Dieu, mieux parce qu'Il est la puissance même de Dieu parmi les hommes. [83] L'homme et le monde rendaient visibles la puissance et la grandeur de Dieu, mais le Christ, dépassant l'ordre des symboles, est lui-même ce qu'il signifie, la plénitude de la divinité, Dieu parmi les hommes. [84] Par son être et par l'origine de sa puissance, le Christ transcende les puissances elles-mêmes. Les bonnes le servent et les méchantes sont vraiment détrônées par Lui. En Lui, l'homme transcende également le monde des puissances et ne leur est plus asservi. L'homme est placé dans l'axe seul de Dieu. [85]

Homme ne faisant qu'un avec le Père, le Christ est sauveur enfin parce qu'il est le seul à pouvoir sauver les hommes comme Dieu le veut. Par son humanité qui le rend solidaire de tous les hommes, et par sa divinité qui fait qu'il soit un avec le Père, il rend possible le don de la vie de Dieu à tous les hommes par sa mort et sa résurrection. Par ce don qui comble sans mesure les aspirations des hommes, il fait d'eux ses propres frères et, par là, les fils adoptifs de son Père. [86] D'autre part, comme la communion de vie avec Dieu implique la sainteté, il obtient en même temps le pardon des péchés, ce que seul Il pouvait faire par le don de sa vie. [87] Seul,

---

[78] *Romains,* VIII, 2.
[79] L. Bouyer, *Les deux économies,* pp. 504, 505.
[80] Romains, I, 22.
[81] Jean, V, 19-21; VIII, 42.
[82] I Jean, IV, 9, 10.
[83] Jean, X, 25-30, 36-38.
[84] A. Leboisset, *Dieu parmi nous,* dans *Grands Thèmes bibliques,* p. 63. A. Feuillet, p.s.s., *Le plan salvifique de Dieu d'après l'épître aux Romains,* dans *Revue Biblique,* 1950, pp. 346.
[85] Henri Maurier, *op. cit.,* pp. 153-155. Pierre Antoine, *art. cit.,* pp. 65-68.
[86] *Ephésiens,* I, 4, 5.
[87] *Ephésiens,* I, 7. Jules Cambier, s.d.b., *La liberté chrétienne selon saint Paul,* dans *Lumière et Vie,* no. 63 (1963), pp. 12-15.

en effet, de tous les hommes, il pouvait avoir accès au pardon de Dieu car son amour et sa sainteté étaient ceux de Dieu.

Dieu cependant n'impose pas le Christ et son salut aux hommes. Il les leur offre. Pour être du Christ, les hommes doivent L'accepter librement, c'est-à-dire se convertir. [88]

2. *Adhésion et fidélité*

L'analyse de la structure de la conversion a jusqu'ici mis en lumière deux de ses éléments fondamentaux: la détresse née de la prise de conscience d'une situation religieuse insatisfaisante et l'espérance provoquée par l'annonce du salut dans le Christ. Il reste à en considérer deux autres éléments sans lesquels il ne saurait y avoir de conversion. La crainte et l'espoir, par eux-mêmes, ne transforment pas radicalement la vie du païen. Le changement s'effectue lorsqu'il accepte de s'engager dans la voie proposée avec l'intention de la suivre intégralement en toute circonstance. Les deux derniers éléments de la conversion, qui constituent en quelque sorte la réponse de l'homme aux interpellations de Dieu, sont donc l'adhésion, ou l'abandon, inconditionnée au Seigneur et la fidélité absolue à Celui-ci. Ce qui revient à dire que l'acte de conversion, dans ce qui la constitue, n'est autre chose que l'acte de foi initial du païen.

a. Se convertir est croire

A l'intérieur même de la foi, il importe de distinguer deux temps réellement distincts, tant au point de vue chronologique que dialectique: [89] celui de se donner à Dieu et celui d'accepter comme vrai ce qu'il propose. Cette distinction dans le mouvement de la foi qui s'observe dans l'expérience religieuse de tout croyant, est confirmée par le vocabulaire même de la Bible. En effet, comme l'explique Duplacy, « l'étude du vocabulaire révèle déjà que la foi selon la bible a deux pôles: la confiance qui s'adresse à une personne ' fidèle ' et engage l'homme tout entier; et, d'autre part, une démarche de l'intelligence à qui une parole ou des signes permettent d'accéder à des réalités qu'on ne voit pas. » [90] Loin de s'exclure mutuellement ou de s'opposer au point de former deux espèces de foi

---

[88] *Ad Gentes*, no. 13, Lucien JERPHAGNON, *Influence apostolique et liberté*, dans *Nouvelle Revue Théologique*, T. 81 (1959), pp. 817-820.

[89] P. A. LIÉGÉ, o.p., *Foi, Elaboration théologique*, dans *Catholicisme*, T. IV, col. 1380.

[90] J. DUPLACY, *Foi*, dans *Catholicisme*, T. IV, col. 389.

distinctes, ces deux aspects sont, au contraire, requis pour avoir une foi véritable et plénière. Or l'acte de foi qui s'identifie avec la conversion comme *épistrophè* est celui de la foi comme abandon à Dieu ou celui par lequel l'homme devient croyant.

L'identité qui existe entre la fonction première de la foi et celle de la conversion montre bien qu'il en est ainsi. Il s'agit, en effet, de déterminer l'acte par lequel le païen passe d'une vie religieuse imparfaite, née de ses intuitions et finalisée par le destin qu'il s'est forgé, à la véritable et authentique vie religieuse qui lui est révélée et offerte par Dieu. Le seul acte qui rend possible ce passage d'une vie à l'autre, est l'acte de foi car c'est par la foi que l'homme adhère à Dieu et à son dessein. [91] Comme, d'autre part, la conversion, dans sa phase initiale, n'est pas autre chose que l'adhésion à Dieu et à son plan de salut, il s'ensuit que l'acte de foi et l'acte de conversion s'identifient.

Les Evangiles et les Actes des Apôtres le démontrent constamment. Pour les Evangiles, il suffira de donner quelques indications à partir de Marc, Luc et Jean. Pour Marc, l'acte fondamental de la conversion est l'acte de foi. [92] La foi, en effet, est le facteur-clé de tous les miracles et de tout l'enseignement de Jésus qu'il rapporte. Les premiers convertis sont les Apôtres. Ils abandonnèrent tout et suivirent Jésus sur le témoignage de sa parole: ils crurent en Lui. [93] Au contraire, ceux du dehors ne se convertirent pas parce qu'ils ne crurent pas en Lui. [94] L'hémorroïsse et la fille de la phénicienne furent guéries, la fille de Jaïre fut ressuscitée, l'aveugle de Jéricho recouvra la vue et, par là, accédèrent tous à la voie du salut parce qu'ils crurent en Jésus. [95] Saint Luc, tout en donnant la priorité à la miséricorde de Dieu, [96], n'en insiste pas moins pour montrer que le facteur déterminant de la conversion, de la part de l'homme, est la foi. La pécheresse est pardonnée parce qu'elle a cru, [97] le larron reçoit la promesse du salut parce qu'il s'est tourné vers le Christ avec confiance, donc parce qu'il a cru. [98] Dans la parabole de l'enfant prodigue, Luc révèle d'abord la miséricorde infinie du Père

---

[91] J. DUPLACY, *ib.*, col. 389.
[92] François LACAN, *art. cit.*, p. 29.
[93] MARC, I, 16-20.
[94] MARC, IV, 10-12.
[95] MARC, V, 21-43; VII, 24-30; X, 46-56.
[96] François LACAN, *art. cit.*, p. 43.
[97] LUC, VII, 37-48.
[98] LUC, XXIII, 43.

mais il souligne avec force que le fils en a bénéficié parce qu'il s'est retourné avec confiance vers son Père et a cru en Lui et en son amour. [99] Tout l'évangile de saint Jean est traversé de ce même appel à la conversion qui n'est autre que l'appel à la foi. [100] Dans sa prédication aux Juifs de Jérusalem, Jésus révèle le mystère de sa divinité en langage clair, sans l'intermédiaire de paraboles, dans un ultime effort pour les amener à la conversion par la foi en Lui. [101]

Dans leur travail d'évangélisation, les Apôtres n'agirent pas autrement. Qu'il s'adresse aux Juifs ou aux païens, Pierre fait de l'acte de foi au Seigneur l'acte même de la conversion qui obtient le pardon des péchés et l'accès à la vie nouvelle. [102] La première prédication à Jérusalem le jour de la Pentecôte et l'enseignement kérygmatique donné à Corneille le montrent bien. Le récit de la vocation de saint Paul, que l'auteur des Actes rapporte par trois fois, est celui d'une conversion car il est dominé par l'adhésion de l'apôtre au Seigneur par la foi. [103] Dans sa mission apostolique, par la parole et par les signes, Paul amena les Juifs et les païens à la conversion par l'unique chemin de la foi au Christ. [104] Le thème central de l'épître aux Romains est justement celui de la justification par la foi. Seul celui qui croit au Seigneur, celui qui s'est converti à Lui, peut avoir accès à la justice de Dieu. [105] Pour le Nouveau Testament, l'appel à la foi se confond avec l'appel à la conversion. [106]

b. L'adhésion à Dieu

La démarche décisive du païen dans la conversion est donc l'adhésion confiante à Dieu qui propose le salut. Sans ce don de lui-même, le païen serait incapable de surmonter sa détresse et d'obtenir la paix qu'il recherche. [107] Dans cet acte, les personnes jouent un rôle prioritaire par rapport aux idées ou aux vérités abstraites. C'est pour cette raison qu'on a voulu parfois opposer la foi-conversion à la foi dogmatique. [108] L'homme, en effet, accepte de changer

---

[99] Luc, XV, 11-32.
[100] Donatien Mollat, s.j., *art. cit.*, pp. 101, 102.
[101] Jean, VII, 1-11, 42.
[102] Jacques Dupont, o.s.b., *art. cit.*, pp. 49-51. *Actes*, II, 37-41; III, 17-21; X, 34-43.
[103] *Actes*, I, 3-19; XXII, 6-16; XXVI, 12-18.
[104] *Actes*, XIII, 38; XXVI, 12-18.
[105] A. Feuillet, p.s.s., *art. cit.*, pp. 250 et suivantes. *Romains*, III, 21-31.
[106] Y. M. J. Congar, *art. cit.*, pp. 501, 515.
[107] J. Duplacy, *Foi, Ecriture Sainte*, dans *Catholicisme*, T. IV, col. 1371, 1372.
[108] P. A. Liégé, *art. cit.*, dans *Catholicisme*, col. 1380.

l'orientation de sa vie en raison du témoignage de Dieu qui est véridique et a la puissance de réaliser ce qu'il promet. Dieu est à la base de la confiance de l'homme. [109] La conversion est dominée par les personnes en raison également de son objet. Le croyant adhère à une personne avant de se donner à une doctrine ou à une idée. Toutes les références bibliques données au paragraphe précédent montrent que, pour le croyant, l'objet de sa foi, de sa conversion, est Dieu le Père en tant qu'Il est présent dans le Fils et qu'Il est manifesté par Lui. Pour Jésus, comme le répète sans cesse saint Jean, il est impossible de croire au Père sans croire en Lui. Dans leur prédication, les Apôtres mirent le Christ ressuscité dans la gloire au centre de leur témoignage car en Lui seul est le salut. Mais le mouvement de la conversion ne s'arrête pas au Christ. En passant nécessairement par le Fils, il va jusqu'au Père. L'objet de la conversion est donc en réalité très riche: il est le Seigneur, Dieu, le Pasteur, la Lumière. « Le Nouveau Testament ne manifeste nullement la préoccupation de distinguer [entre le Père et le Fils]. » [110] Tout est orienté vers la personne du Père par le Fils. Les Pères des premiers siècles continuèrent à donner à l'objet de la conversion la même richesse et la même plénitude. Ils virent cependant le Christ plutôt comme le milieu ou l'instrument de la conversion que comme sa fin. [111] C'est dans le même sens que le IIe concile du Vatican parle de l'objet de la conversion, excepté au no. 7 du décret *Ad Gentes* où il est simplement dit qu'il faut que tous se convertissent au Christ. [112] Mais évidemment il s'agit du Christ, Fils du Père.

---

[109] JEAN, X, 25-29.
[110] Paul AUBIN, s.j., *op. cit.*, p. 74.
[111] Paul AUBIN, s.j., *ib.*, p. 91.
[112] *Ad Gentes,* no. 7, 13; *Presbyterorum Ordinis,* no. 4, 5, 18. On reproche parfois aux missionnaires catholiques de faire de l'Eglise l'objet de la conversion. Malgré les ambiguïtés qu'elle comporte, cette façon de parler de la conversion n'est pas étrangère à la tradition. Saint Irénée employa souvent l'expression "se convertir à l'Eglise de Dieu." Il le fit surtout en fonction des hérétiques qu'il tâcha de ramener à la foi mais rien n'indique qu'il ait voulu en restreindre l'usage à ceux-ci. Si l'Eglise ne signifiait qu'un organisme humain, la critique serait justifiée. Mais pour les Pères et tous les vrais chrétiens, l'Eglise n'est pas d'abord cela. L'*Ecclesia Dei* est l'épouse mystique du Christ, son corps (personne) mystique, le mystère et le sacrement du salut. Ainsi se convertir à l'Eglise signifie réellement se convertir à Dieu, au Seigneur, dans et par l'Eglise qui est la vie et la vérité manifestées aux hommes. Le mouvement est donc encore, non vers une créature, mais vers Dieu par son instrument choisi de salut. Voir Paul AUBIN, s.j., *op. cit.,* pp. 107-109. Pour la position négative, voir Raoul Allier, *La Psychologie de la Conversion chez les peuples non-civilisés,* Paris, Payot, 1925, T. I, pp. 15, 16.

La conversion, en tant qu'elle est adhésion, relève donc largement de la volonté. L'importance qu'y prennent les relations interpersonnelles le montre assez. Mais ce rôle de la volonté s'impose encore du fait que la conversion implique nécessairement un choix. Par la révélation, l'homme est invité à choisir entre sa gloire et la gloire de Dieu, entre sa dépendance du monde et sa soumission à Dieu. Il adhère au Dieu du salut parce qu'il Le préfère au monde et à lui-même. [113]

La conversion n'est cependant pas moins un acte d'intelligence. [114] Elle prend en effet son point de départ dans la révélation par laquelle Dieu communique à l'homme une vérité qu'il ne pouvait découvrir par lui-même. Cette vérité est présentée à l'intelligence de l'homme qui seule peut en juger. Il lui revient d'apprécier la vérité des attributs de Dieu et de son action salvatrice dans le monde avant de les présenter au choix de la volonté. De plus, « la foi-conversion n'est pas dénuée de contenu doctrinal. Bien au contraire, elle implique en germe, et de façon déterminée, tout le contenu de la foi dogmatique, puisqu'elle est reconnaissance de l'identité divine de Jésus-Christ et de la signification de la venue divine dans son événement. » [115]

c. La fidélité

Le païen dépasse sa détresse et donne consistance à son espérance en se donnant à Dieu par la foi. Mais pour être véritable et authentique, ce don exige nécessairement l'engagement à une fidélité absolue envers Dieu. Aussi la conversion est-elle fidélité à Dieu, au Christ et à son Eglise. [116] Il ne s'agit pas bien sûr d'une fidélité rituelle et mécanique à laquelle le païen a donné tellement d'importance jusqu'ici, mais d'une fidélité consciente, délibérée et active de tout l'homme au Seigneur et à son enseignement. Par sa conversion, le païen se soumet aux exigences de toute alliance entre Dieu et les hommes. A la fidélité de Dieu, qui ne peut être mise en doute, doit correspondre la fidélité de l'homme. [117] Toute l'histoire d'Israël se résume en une série de conversions individuelles et collectives où le peuple et ses membres passent de l'infidélité à

---

[113] Donatien Mollat, s.j., *art. cit.*, p. 111.

[114] J. Duplacy, *art. cit.*, col. 1372. André Seumois, o.m.i., *Théologie missionnaire*, T. II, p. 196.

[115] P. A. Liégé, *art. cit.*, col. 1382.

[116] J. Duplacy, *Fidélité*, dans *Catholicisme*, T. IV, col. 1269-1275. *Foi*, dans *Catholicisme*, T. IV, col. 1372.

[117] J. Duplacy, *Fidélité*, col. 1273, 1274; *Foi*, col. 1374, 1375.

la fidélité. Leur foi en Dieu n'est vraie que dans la fidélité. [118] Dans le Nouveau Testament, la fidélité du croyant doit se faire plus exigeante, plus impérative et plus universelle, si possible, que dans l'Ancien Testament du fait d'une connaissance plus parfaite du mystère du Dieu Vivant et d'une participation plus grande à ses dons. L'homme n'espère pas seulement l'avènement des promesses, il participe déjà à l'ordre définitif du salut inauguré par le Christ. Pour saint Jean, seul est vrai le croyant qui accomplit la loi de Jésus en tout. Ceux qui n'agissent pas ainsi sont des menteurs. [119] La fidélité au Christ et aux Apôtres fut tellement leur caractéristique que dès les débuts de l'Eglise, les croyants s'appelaient les fidèles. [120] Au moment de la conversion, la fidélité n'a pas encore été mise à l'épreuve du temps, de la souffrance et de la tentation, et le converti peut ne pas avoir découvert toutes ses exigences. Mais elle doit être entière et inconditionnelle, prête à imposer tous ses impératifs. Tout comme l'adhésion initiale au Seigneur contient l'adhésion virtuelle à toutes les vérités qui seront explicitées par la suite, ainsi en va-t-il de la promesse de fidélité vouée à Dieu au moment de la conversion vis-à-vis des exigences de l'agir chrétien.

Au moment même de la conversion, la fidélité promise n'est du reste pas informe. Elle implique des démarches bien définies qui affectent la vie passée, présente et future du converti. Elle exige d'abord une réévaluation de la vie passée, qui imposera des ruptures nombreuses et souvent pénibles [121] ainsi que des transformations radicales. La première démarche, et celle qui est le plus facilement acceptée de tout vrai converti parce que clairement vue comme nécessaire, est celle de rompre avec le péché. Dans la révélation du Dieu Vivant, le païen a vu l'incompatibilité absolue qui existe entre la sainteté à laquelle il est appelé, et le péché. Il ne peut vouloir l'une sans renoncer à l'autre. Dans ses deux épîtres aux Corinthiens, en développant le thème de la créature nouvelle, saint Paul s'emploie à montrer que ce qui distingue la croyant du païen est précisément l'attitude de celui-là vis-à-vis du péché. En se convertissant, le chrétien a rompu avec toutes les perversités et les péchés de sa vie antérieure. Il est passé de la mort à la vie, du péché à la justice. [122]

---

[118] X. Léon-Dufour, *Croire en Dieu*, dans *Grands Thèmes bibliques*, p. 88.
[119] I Jean, II, 3-7.
[120] *Actes*, X, 4, 5; XVI, 1-15; *II Cor.*, VI, 15-18; *Eph.* I, 1; *Col.*, I, 2.
[121] P. A. Liégé, *art. cit.*, col. 1381. Alphonse Nebreda, s.j., *La conversion, clef de voûte de l'action missionnaire*, dans *Lumen Vitae*, 1963, pp. 495-498.
[122] M. E. Boismard, o. p., *Conversion et Vie nouvelle dans saint Paul*, dans *Lumière et Vie*, no. 47 (1960), pp. 72, 77, 80.

La rupture doit être également entière vis-à-vis des pratiques et des rites païens qui contredisent tout sentiment religieux vrai et qui n'ont de la religion que les apparences. C'est dire que le païen doit rejeter la sorcellerie, la divination et la magie sous toutes ses formes. La sainteté et le salut ne dérivent pas de l'utilisation des puissances et du sacré ou de l'usage mécanique de formules mais de la conversion à Dieu dans l'amour et le repentir et en une acceptation renouvelée par la joie filiale, de sa dépendance. Comme le montrent les événements concernant Simon le magicien et les convertis d'Ephèse, rapportés par les Actes des Apôtres, ceux-ci n'eurent aucune tolérance pour ces croyances et agissements. [123]

Mais qu'en est-il de la vie et des pratiques antérieures vraiment religieuses? Sa fidélité au Seigneur exige-t-elle une rupture? Renouant avec la pratique et l'enseignement traditionnels de l'Eglise, le IIe concile du Vatican donne, sur cette question, des directives qui invitent à la modération et au discernement. [124] L'Eglise ne rejette rien de ce qui est saint et vrai dans ces religions. [125] Elle considère même ces éléments comme des préparations évangéliques. [126] Ce qui est vraiment religieux se rapporte au sacré et à Dieu. Il ne peut donc y avoir rupture au sens fort du terme. D'autre part, il ne peut s'agir non plus d'intégration pure et simple ou de coexistence parallèle comme si la foi et la religion antérieure étaient du même ordre ou de même nature. Il faut au contraire que la vie religieuse antérieure passe par le mystère pascal de la mort et de la résurrection, tout comme le converti lui-même, pour être intégrée à la vie nouvelle. [127] Et cela pour deux raisons. La vie religieuse antérieure du païen était une création humaine par laquelle l'homme

---

[123] *Actes,* VII, 9-24; XIX, 18-20. Nous ne décrivons pas un itinéraire de la conversion qui n'aurait aucun rapport avec les faits. Les païens qui se convertissent réellement ont comme l'intuition immédiate de l'incompatibilité qui existe entre la magie, la divination et la sorcellerie d'une part, et la vraie foi d'autre part. De nombreux païens, surtout les spécialistes de ces arts, ont demandé spontanément, au moment de leur conversion, avant même que le missionnaire n'en ait fait la requête, que tous leurs instruments magiques soient détruits. Pour eux, c'était là la garantie la plus forte de la sincérité de leur conversion. Les retours à ces pratiques, lorsqu'ils se produisent, démontrent, non pas qu'ils ignoraient cette exigence de leur conversion, mais qu'ils n'ont pas su y rester fidèles. Il en va de même, du reste, pour le péché.

[124] Sur cette question, voir André SEUMOIS, o.m.i., *La papauté et les missions au cours des six premiers siècles,* Paris, Eglise Vivante, 1951, pp. 38, 87-90, 180-184.

[125] *Nostra Aetate,* no. 2.

[126] *Lumen Gentium,* no. 16.

[127] *Lumen Gentium,* no. 17; *Ad Gentes,* no. 9.

exprimait et vivait ses expériences les plus profondes et les plus essentielles. Elle représentait sa façon de voir le monde et Dieu. De soi, elle n'a aucune puissance de salut. La révélation et la foi, au contraire, sont des dons de Dieu seul et conduisent l'homme à l'union à Dieu qui seul peut sauver. [128] Conséquemment, la vie religieuse antérieure n'a de valeur et ne peut subsister qu'en autant qu'elle se soumet à la foi et devient un moyen pour la compréhension, l'expression et la traduction de la foi. Mais cette transformation ne sera possible que si la vie religieuse antérieure prend une signification nouvelle, que si ses symboles signifient autre chose ou reflètent le sacré d'une nouvelle manière. La religion, en effet, exprime ses sentiments profonds et sa vie par le langage des symboles. Donc la vie religieuse passée restera valable si les rites, les gestes, les objets sacrés, les paroles peuvent changer de signification et en venir à signifier, non plus le dessein de l'homme, mais celui de Dieu.

Cette traduction nouvelle des symboles est du reste possible, — et c'est là la deuxième raison —, car, par sa nature, le symbole véritable est capable d'une infinité de significations qui convergent toutes vers la manifestation de l'Absolu et dont aucune ne peut en épuiser les virtualités. [129] La transformation du langage religieux antérieur qu'exige la fidélité au Dieu révélé, est sans doute le travail le plus difficile et le plus purifiant qu'accepte d'accomplir le converti car il ne s'agit pas d'amputer ce qui est mort mais de restructurer la vie en ce qu'elle a de plus profond.

La conversion est également fidélité par rapport au présent. Elle signifie alors obéissance absolue et humble au Seigneur. Les ruptures et les transformations acceptées par rapport au passé se vivent aujourd'hui dans la soumission, la recherche active de la volonté de Dieu et l'observance de la loi du Christ. [130] Dans le présent, la fidelité signifie encore l'acceptation de l'épreuve qui est supportée avec constance au nom de la foi. La nature des épreuves pourra varier. Certaines s'attaqueront directement à la foi, d'autres causeront des souffrances que seule la fidélité à la foi permettront d'accepter. Le temps de l'épreuve ne sera pas le même pour tous, mais toujours Dieu permettra qu'elle purifie la fidélité. Dans les paraboles du majordome, des dix vierges et des talents, Jésus donne

---

[128] Jean DANIÉLOU, *Christianisme et religions non chrétiennes,* dans *Etudes,* t. 321 (1964), pp. 321, 326, 327.

[129] Mircea ELIADE, *Traité d'histoire des religions,* Paris, Payot, 1949, pp. 384, 385.

[130] *Actes,* VI, 7; *Galates,* VI, 2.

la signification de l'épreuve dans la vie du croyant et met en lumière la nécessité de la fidélité. [131] Dans l'épître aux Hébreux, saint Paul encourage la communauté chrétienne soumise à l'épreuve en lui démontrant qu'à la suite du Christ, grand prêtre et serviteur fidèle, le salut est dans la fidélité à la foi. [132] Dès sa conversion, l'épreuve du païen sera le Christ ressucité lui-même qui exige que le salut passe par la mort. La fidélité doit aller jusque-là pour que le don soit agréable à Dieu.

La fidélité de la conversion est enfin liée aux options décisives du converti et à sa recherche du salut définitif. [133] Sans la volonté de vouloir et de rechercher avant tout les dons promis par Dieu, la promesse de fidélité est vaine tout comme l'espérance d'obtenir ces dons est illusoire sans la détermination d'être fidèle au Christ en tout. Le don par excellence, que le Père et son Fils promettent aux croyants et qui rend actuelles toutes les promesses, est l'Esprit Saint. [134] Par son effusion dans les coeurs, le Père sanctifie et communique sa vie, [135] le Christ fait de ses fidèles son corps mystique et rend présentes les réalités du royaume eschatologique. [136] Seul est vraiment fidèle le converti qui s'engage à rechercher d'abord le Don de Dieu, l'Esprit Saint, source de tous les autres dons. Bien sûr, au moment de la conversion, le païen peut ne pas voir clairement l'incompatibilité qui existe entre la recherche de l'Esprit et certaines poursuites terrestres, et il peut être mû par la crainte plus que par l'amour. Mais si la volonté de rechercher le Seigneur et son Esprit n'est nullement présente, il est fort douteux que cet homme se soit converti. Saint Grégoire le Grand qui ne recula pas devant l'offre de certains avantages matériels pour convertir des Juifs, n'entretenait pourtant aucune illusion sur la valeur de telles conversions. Il concédait même que ceux qui étaient venus à l'Eglise pour ces seuls motifs, n'étaient pas vraiment convertis. Il mettait son espérance dans la purification ultérieure de leur geste ou, à tout le moins, dans le développement de la foi véritable chez les fils. [137] Aussi est-ce avec insistance que l'Eglise demande « d'examiner avec

---

[131] Matthieu, XXIV, 45 - XXV, 30.

[132] J. Duplacy, *Fidélité*, col. 1275.

[133] André Seumois, o.m.i., *Théologie missionnaire*, T. III, p. 202.

[134] X. Léon-Dufour, *art. cit.*, pp. 94, 95. Jean, XVI, 7-15; *Galates*, III, 10-14.

[135] Donatien Mollat, s.j., *art. cit.*, p. 103.

[136] J. Duplacy, *Foi*, col. 1377, 1378.

[137] André Seumois, o.m.i., *La papauté et les missions*, p. 92.

soin les motifs de conversion », [138] car il en va non seulement de sa qualité mais souvent de son existence même.

La fidélité vouée au Christ et au Père dans la conversion inclut enfin l'obligation de rechercher l'unique royaume promis, [139] qui n'est pas de ce temps mais commence à se vivre dès maintenant, ici-bas, [140] et qui n'est pas de ce monde mais d'en haut. [141] La vraie conversion projette le païen dans la communion avec le monde céleste. Mais il n'y persévérera que par la constance de sa fidélité à le rechercher. L'ascèse de transformation et de rénovation de la vie antérieure qu'exige la conversion, n'est possible que dans la vision toujours poursuivie du salut eschatologique promis par le Christ. [142]

III - NATURE DE LA CONVERSION

Après avoir identifié les éléments structuraux du phénomène de la conversion et les relations qui les unissent, [143] il reste à en préciser la nature ou le caractère spécifique, à démontrer, après l'avoir simplement affirmé dans l'introduction du chapitre, [144] qu'elle est essentiellement un acte surnaturel, une grâce, non pas la grâce sanctifiante, mais une grâce actuelle. Les convertis véritables ont toujours perçu que leur conversion ne pouvait s'expliquer principalement par des facteurs purement humains mais qu'elle relevait, en dernière analyse, du mystère de la grâce de Dieu. [145] Leur sentiment intime rejoignait ainsi les impératifs de leur foi.

Une des constantes du présent chapitre est qu'on ne peut parler de conversion sans que Dieu et l'homme soient constamment mis en rapport. L'accumulation des données a démontré qu'ils sont les deux termes nécessaires de cette démarche. La démonstration du caractère surnaturel de la conversion permet d'aller plus loin et de préciser la nature et le niveau de ces rapports.

Contre les erreurs des semi-pélagiens et des protestants, le magistère de l'Eglise, par le IIe concile d'Orange et le concile de

---

[138] *Ad Gentes,* no. 13.
[139] LUC, XII, 31-33; *Actes,* XIV, 22; *I Th.,* II, 12.
[140] Raymond DEVILLE et Pierre GRELOT, *Royaume,* dans *Vocabulaire de théologie biblique,* col. 953-958.
[141] *Hébreux,* III, 1; JEAN, XVIII, 36, 37.
[142] *Ad Gentes,* no. 9.
[143] Voir pages 165-175.
[144] Voir page 156.
[145] André FROSSARD, *Dieu existe, je l'ai rencontré,* Paris, Fayard, 1969, pp. 11-15.

Trente, a précisé et défini le contenu de la foi catholique sur la justification et, par là, sur la conversion. [146] Ces définitions serviront de base aux réflexions qui suivent.

1. *La conversion est une grâce*

Les semi-pélagiens soutenaient que la conversion, ou l'entrée dans la vie de foi, était l'oeuvre de la seule volonté humaine et que la grâce n'était requise que pour le progrès dans cette voie. [147] Contre cette doctrine, le IIe concile d'Orange définit que « celui qui affirme que l'entrée dans la foi et l'acte de foi ... par lequel nous croyons en celui qui justifie et nous parvenons à la régénération baptismale, est produit en nous non par le don de la grâce ... mais par les seules forces de la nature, est en contradiction avec l'enseignement des Apôtres. » [148] Le concile de Trente reprit ces définitions en affirmant d'abord que l'homme se prépare à la justification (il s'agit donc de la conversion) lorsque mû et aidé par la grâce divine, contractant la foi grâce à l'annonce de la Bonne Nouvelle, il adhère librement à Dieu; [149] puis en ajoutant qu'il est dans l'erreur celui qui professe que sans l'inspiration prévenante du Saint-Esprit et son aide, l'homme puisse croire, [150] ou que la grâce divine est donnée uniquement pour que l'homme puisse plus facilement vivre en juste et mériter la vie éternelle. [151]

Les deux conciles fondent expressément leurs définitions sur les Saintes Ecritures. Les évangiles affirment d'une façon plutôt implicite que la conversion, ou l'acte de foi, est une pure grâce mais tout le présuppose. Comme le montre saint Jean dans le prologue de son évangile et dans le discours de Jésus à la dernière cène, l'homme reçoit tout de la plénitude du Verbe, grâce pour grâce, et il est conduit vers la vérité entière, donc vers la Vérité, par l'Esprit Saint. [152] Toutes les hésitations pouvant subsister disparaissent cependant devant l'enseignement explicite de saint Paul. Aux Philippiens, il rappelle que c'est par la faveur de Dieu qu'il leur a été

---

[146] Henricus DENZINGER, *Enchiridion Symbolorum,* Barcelona, Herder, 1951. Pour le concile d'Orange, les no. 174-201. Pour le concile de Trente, les no. 792a-843.

[147] P. A. LIÉGÉ, *art. cit.,* col. 1379.

[148] DENZINGER, no. 178.

[149] DENZINGER, no. 798.

[150] DENZINGER, no. 813.

[151] DENZINGER, no. 812.

[152] JEAN, I, 16-18; XVI, 13-15.

donné non pas seulement de croire au Christ mais aussi de souffrir avec Lui; [153] aux Ephésiens, qu'ils ont été sauvés par la grâce moyennant la foi, que le salut ne vient pas d'eux mais qu'il est un don de Dieu; [154] aux Romains, enfin, qu'ils sont justifiés par la faveur de la grâce de Dieu en vertu de la rédemption accomplie dans le Christ Jésus. [155]

Que la conversion soit entièrement grâce ressort particulièrement de sa fin ultime qui est la gloire de Dieu et du Christ et la vie éternelle qui consiste à participer à cette gloire. [156] En Effet, dit saint Paul aux Ephésiens, Dieu a élu les hommes ... pour être saints et immaculés en sa présence, dans l'amour, déterminant d'avance qu'ils seraient pour Lui des fils adoptifs par Jésus Christ. [157] Par la fin ultime qu'il assigne à l'homme, Dieu le soumet à un gouvernement qui n'est plus du domaine de sa providence ordinaire uniquement. Cela pour deux raisons qui sont du reste liées entre elles. Toute créature qui est en mouvement vers sa fin, dépend de Dieu en tant qu'il en est le premier moteur. Mais comme l'agent doit être proportionné à la fin recherchée, être du même ordre qu'elle, il s'ensuit que la motion de Dieu ne sera pas la même selon que l'homme tend à une fin qui lui est proportionnée ou à une fin qui ne le lui est pas ou qui n'est pas de son ordre. S'il tend à une fin (intermédiaire) qui correspond à son ordre, comme connaître une vérité scientifique, l'homme reste le moteur principal de son mouvement et requiert uniquement la motion ordinaire de Dieu en tant qu'Il est le premier moteur de toutes les créatures dans la recherche de leur bien propre. Mais si l'homme tend vers une fin (ultime) qui dépasse l'ordre de sa nature, en tant qu'agent il n'a plus la puissance de l'obtenir par lui-même car il n'y a plus de proportion entre ce qu'il veut et ce qu'il peut. Il lui faut alors une motion spéciale de Dieu qui fera qu'Il soit l'unique agent principal du mouvement vers la fin. [158] Or, par la conversion, dans un acte de pur amour, Dieu appelle l'homme à sortir de sa condition terrestre de pécheur et à s'élever à la participation du bien divin infini. Mais ce bien, l'homme ne peut le vouloir et l'obtenir sans que Dieu intervienne librement en lui donnant une motion surnaturelle qui le rend apte

---

[153] *Philippiens*, I, 29.
[154] *Ephésiens*, II, 8.
[155] *Romains*, III, 24.
[156] Denzinger, no. 799.
[157] *Ephésiens*, I, 4, 5.
[158] Saint Thomas d'Aquin, *Summa Theologiae*, Ia-IIae qu. 109, art. 1, 3, 6.

à tendre vers la fin recherchée. Cette motion surnaturelle n'est autre que la grâce. [159]

Etant une grâce, la conversion est un pur don et l'effet du bon plaisir souverain de Dieu. [160] C'est dans ces perspectives que prend toute sa valeur l'enseignement de Jésus et des Apôtres concernant l'élection des hommes à la vie divine. L'initiative de la conversion revient entièrement à Dieu et au Christ. [161] Ce n'est pas l'homme qui choisit Dieu mais c'est le Christ et son Père qui l'ont choisi de toute éternité. [162]

Comme la conversion est une grâce, tout ce qui y concourt et la prépare, est aussi de l'ordre de la grâce. C'est ce qu'enseignent clairement le IIe concile d'Orange et le concile de Trente. [163] Ceci vaut en premier lieu pour les valeurs positives qui se trouvent dans la vie religieuse antérieure du païen. Elles sont préparations évangéliques de la conversion [164] si, à travers elles, Dieu meut le païen par sa grâce vers l'acceptation du Christ et du salut. Tout comme la loi mosaïque, elles n'ont pas par elles-mêmes la puissance de justifier et de préparer efficacement à la justification.

La nécessité de la grâce n'est pas moins impérative par rapport à l'annonce de l'évangile et aux signes qui l'accompagnent. « Ce n'est pas la manifestation empirique du fait de la révélation historique, ni les signes qui l'accompagnent, qui à eux seuls et dans leur extériorité peuvent rendre compte de la causalité efficiente et formelle de la conversion; mais l'acte éternel (toujours contemporain à tout croyant) de la Parole qui anime divinement la révélation historique et ses signes: le Dieu vivant et vrai dans l'acte même de sa communication aux hommes. » [165] La parole et les signes sont instruments vrais de conversion en tant qu'ils sont animés par la grâce et que par eux l'Esprit rejoint l'homme et le pousse à croire.

Les grâces qui préparent à la conversion et la grâce elle-même de la conversion ne s'identifient pas avec la grâce sanctifiante tout comme elles n'en procèdent pas. [166] Comme le remarque Gillon après

---

[159] Saint Thomas d'Aquin, *ib.,* Ia-IIae, qu. 110, art. 1.

[160] Y. M. J. Congar, *art. cit.,* p. 513.

[161] P. A. Liégé, *art. cit.,* col. 1381.

[162] *Ephésiens,* I, 4. Jean, XV, 16.

[163] Denzinger, no. 178, 179, 200b, 797-799, 811-813.

[164] *Lumen Gentium,* no. 16.

[165] P. A. Liégé, *art. cit.,* col. 1386.

[166] Sur cette question, voir Henri Bouillard, *Conversion et grâce chez s. Thomas d'Aquin, étude historique,* Paris, Aubier, 1941, XV, 246 p. Th. Deman, dans *Bulletin*

saint Thomas d'Aquin, logiquement la justification, et donc l'infusion de la grâce sanctifiante, suit la conversion. La grâce de la conversion est la cause plutôt que l'effet de la grâce sanctifiante. [167] Ces motions divines surnaturelles sont, en fait, des grâces actuelles procédant immédiatement de Dieu, qui, selon qu'elles disposent et meuvent la volonté à adhérer à Dieu, sont dites opérantes, et selon qu'elles l'affermissent dans l'exécution de l'élection, sont dites coopérantes. [168]

2. La liberté humaine et la conversion

Si, contre les semi-pélagiens, le IIe Concile d'Orange a surtout insisté pour réaffirmer l'incapacité de l'homme à se convertir par ses propres forces et par conséquent l'absolue nécessité de la grâce pour y parvenir, le concile de Trente, face aux erreurs du protestantisme sur la déchéance radicale de la nature humaine après le péché et sur la prédestination, a pour sa part voulu réaffirmer l'existence de la liberté humaine. Sans la liberté, il ne saurait être question de conversion. [169] Le concile déclare en effet que pour comprendre correctement la doctrine de la justification, il faut que tous reconnaissent que le libre arbitre n'a pas été détruit par le péché mais seulement diminué, [170] et que l'homme s'y dispose en consentant et coopérant librement à la grâce. [171] Les canons 4 et 5 de ce décret sur la justification reprennent les mêmes énoncés sous forme d'anathèmes. [172] L'enseignement du magistère rejoint une des données fondamentales des Saintes Ecritures. « Toute la tradition biblique [en effet] considère l'homme capable d'exercer son libre arbitre: elle fait constamment appel à son pouvoir de choix et souligne en même temps sa responsabilité dès le récit du premier péché. [173] Il appartient à l'homme de choisir entre la bénédiction et la malédiction, la vie et la mort, [174] de se convertir, et cela jus-

---

Thomiste, T. VII, pp. 46-58. L. B. GILLON, o.p., *Théologie de la grâce,* dans *Revue Thomiste,* T. XLVI, 1946, pp. 603-612.

[167] St Thomas D'AQUIN, *op. cit.,* Ia-IIae, qu. 113, art. 1, ad 3m. L. B. GILLON, o.p., *art. cit.,* pp. 607-608.

[168] St Thomas D'AQUIN, *ib.,* Ia-IIae, qu. 111, art. 2.

[169] P. A. LIÉGÉ, *art. cit.,* col. 1379.

[170] DENZINGER, no. 793.

[171] DENZINGER, no. 797.

[172] DENZINGER, no. 814, 815.

[173] *Genèse,* chap. 2, 3.

[174] *Deut.,* XI, 26 et suivants; XXX, 15-20.

qu'au terme de son existence ... [175] Les auteurs sacrés n'ont pas fait disparaître l'apparente antinomie entre la souveraineté divine et la liberté humaine, mais ils en ont assez dit en affirmant que la grâce de Dieu et la libre obéissance de l'homme sont toutes les deux nécessaires pour le salut. » [176]

Dans la déclaration sur la liberté religieuse, le IIe concile du Vatican, après avoir rappelé que celle-ci se fonde sur la révélation et la nature même de l'homme qui, parce que libre, doit donner une libre réponse à l'appel de Dieu, [177] traite surtout de la liberté religieuse en tant qu'elle est absence de contraintes, physiques et morales. [178] Le décret *Ad Gentes* touche la question dans les mêmes perspectives. [179] L'enseignement du concile se ramène aux deux principes suivants. Premièrement, l'Eglise revendique de la part des États le droit, pour Elle, d'évangéliser librement et, pour les hommes, la liberté de se convertir au Christ. Deuxièmement, par rapport à son action missionnaire, l'Eglise affirme le droit sacré de l'homme à rechercher librement la vérité et condamne absolument l'emploi de la force, de la violence et des méthodes de pression morale indignes de l'évangile et de la dignité humaine. Comme le montre admirablement la déclaration *Dignitatis Humanae,* personne ne fut plus respectueux de la dignité et de la liberté de l'homme que le Christ et les Apôtres. Le Christ qui défend de briser le roseau froissé et d'éteindre la mèche qui fume, n'a pas imposé la vérité mais l'a rendue désirable par son amour et sa miséricorde. De même les Apôtres s'employèrent à amener les hommes à confesser le Christ non par la contrainte ou par des basses habiletés mais par la puissance de la Parole et par le témoignage de l'Esprit manifesté à travers les signes. [180]

L'absence de contrainte et de coercition n'est cependant que la condition externe permettant l'exercice valable et méritoire de la liberté interne de choix, et elle ne peut être revendiquée qu'en autant que l'homme est un être essentiellement libre dans sa volonté, c'est-à-dire en tant qu'il a le libre arbitre. En dernière analyse, par

---

[175] *Romains,* XI, 22; *I Cor.,* IX, 27.
[176] *Actes,* XXII, 6-10; *I Cor.,* XV, 10; *Phil.,* II, 12. Léon Roy, o.s.b., *Le libre-arbitre,* dans *Vocabulaire de théologie biblique,* col. 537. D. Duquoc, *Le croyants, des hommes libres,* dans *Lumière et Vie,* no. 61 (1963), pp. 160-164.
[177] *Dignitatis Humanae,* no. 10.
[178] *Dignitatis Humanae,* no. 11, 12, 13.
[179] *Ad Gentes,* no. 13.
[180] *Dignitatis Humanae,* no. 11.

rapport à l'homme, la conversion ne s'explique que par son libre arbitre. Bien que ce soit Dieu qui justifie par sa grâce, Il le fait dans le respect de cette nature qui vient de Lui et qui est d'être libre. Dieu communique la grâce de la conversion de telle sorte qu'Il meut en même temps la volonté à accepter librement le don de la grâce. [181]

La grâce de Dieu et l'exercice de la liberté humaine posent donc le problème de la nature des relations entre Dieu et l'homme dans l'acte de la conversion. [182] Si tout est de Dieu sans que rien ne se fasse sans l'homme, il faut que l'action de Dieu et celle de l'homme soient ordonnées de telle façon que rien ne puisse être attribué à l'homme seul et que Dieu n'agisse jamais en marge de l'homme. Cette association constante entre Dieu et l'homme par laquelle celui-ci accède à la foi, est possible, non par la juxtaposition des agents mais par leur subordination. Dieu est l'unique cause première en tout ce qui concerne la conversion libre parce que l'acte de la volonté libre de l'homme est toujours subordonné à l'acte divin. [183]

Reste le mystère des relations entre la volonté et la grâce efficace de Dieu d'une part, et l'exercice de la volonté libre de l'homme d'autre part. Aucune explication humaine ne peut résoudre cette difficulté totalement, mais saint Thomas d'Aquin a su montrer comment ces deux termes ne sont cependant pas irréconciliables. Parlant de la volonté de Dieu, il explique que précisément parce que la volonté de Dieu est absolument efficace, le résultat de son action s'ensuit non seulement quant à la substance du fait mais encore quant à la manière dont le fait se produit. Or Dieu veut que certaines choses se produisent nécessairement et d'autres avec contingence. [184] Ainsi en est-il de la conversion. La grâce de Dieu y montre toute son efficacité en ce que Dieu veut non seulement qu'elle se réalise mais qu'elle se réalise avec contingence, c'est-à-dire librement, dans le respect de la nature libre de l'homme.

---

[181] St Thomas d'Aquin, *Summa Theologiae,* Ia-IIae, qu. 113, art., 3.
[182] Voir pages 184, 185.
[183] R. Mullard, o.p., *Notes explicatives,* dans saint Thomas d'Aquin, *Somme théologique, la grâce,* éd. de la Revue des Jeunes, Paris, Desclée, 1929, pp. 272, 273.
[184] St Thomas d'Aquin, *op. cit.,* Ia qu. 19, art. 8.

Conclusion

1. *Les effets de la conversion*

L'analyse de la conversion a montré que celle-ci ne s'identifie pas ou ne se limite pas à l'acte officiel par lequel le païen déclare publiquement son intention de devenir chrétien et par lequel l'Eglise l'accepte parmi les catéchumènes. Il se peut même qu'à ce moment-là, la véritable conversion ne se soit pas encore produite. Il y a conversion véritable lorsque, sous la motion prévenante et efficace de la grâce, l'homme pose un acte de foi délibéré et libre au Dieu sauveur. C'est uniquement cet acte plénier de la grâce qui nous intéresse et dont il faut découvrir les effets chez le converti.

Le premier et le plus important de tous est que, par sa conversion, l'homme est justifié, est fait le saint de Dieu. Nous avons démontré précédemment que l'acte de conversion consiste à poser un acte de foi. [185] Or le concile de Trente enseigne que la foi est le commencement du salut de l'homme, le fondement et la racine de toute justification. [186] Ce qui est une explicitation de l'enseignement de saint Paul sur la question. [17] D'autre part, le fondement et la racine de la justification ne peuvent être d'une nature différente de la justification elle-même. Certes il s'agit d'une justification encore débile qui n'a pas manifesté toutes ses potentialités et ses exigences et qui est à l'état germinal et au stage de la conception plutôt qu'à celui de l'éclosion et de la naissance, mais elle existe vraiment. [188] Il en est ainsi en raison de la qualité de l'acte de foi de la conversion. Comme nous l'avons vu, [189] l'acte porte sur la personne de Dieu dans le Christ plutôt que sur des vérités abstraites. Il est abandon, soumission confiante et adhésion à Lui comme

---

[185] Voir pages 171-173.

[186] Denzinger, no. 801.

[187] *Romains,* I, 17; III, 28; V, 1, 2.

[188] P. A. Liégé, *art. cit.,* col. 1282, 1283. De se savoir justifié par la grâce de la conversion ne peut évidemment pas détourner le converti du baptême. Au contraire, il ne saurait y avoir de véritable conversion sans le désir, au moins implicite, du baptême. "La foi et le baptême, dit saint Basile, sont deux moyens de salut conjugués et inséparables. La foi trouve son achèvement dans le baptême et le baptême se fonde sur la foi ... D'abord vient la profession de foi qui mène au salut; alors suit le baptême qui met le sceau à notre adhésion." Saint Basile, *De Spiritu Sancto,* I, 17, P. G., 32, 117. Cité par P. A. Liégé, *Le catéchuménat dans l'édification de l'Eglise,* dans *Parole et Mission,* no. 1 (1958), p. 41.

[189] Voir pages 173-175.

Père et Sauveur. Une telle foi appelle la charité et en est normalement informée et animée. [190] Si elle ne l'était pas, elle ne pourrait
pas évidemment être la cause de la justification. [191] Mais comment
s'abandonner au Père et tout espérer de Lui sans L'aimer?

Positivement, la justification signifie pour le converti l'infusion
de la grâce sanctifiante, [192] des vertus et des dons, [193] mais plus
encore, comme le montrent les événements qui se produisirent chez
Corneille avant son baptême, la venue et l'habitation de l'Esprit
Saint en son coeur. [194] Négativement, elle signifie la rémission de
tous les péchés. [195]

La grâce de la conversion change également les relations du
converti avec l'Eglise. Même s'il n'y est pas parfaitement incorporé
vu qu'il n'a pas encore reçu le baptême, il lui est quand même
réellement uni et il en fait partie. Sans en avoir précisé la nature,
le IIe concile du Vatican affirme l'existence de ce lien au moins
à deux reprises. [196] Il ne peut s'agir d'un lien purement juridique
vu que, comme le dit *Ad Gentes,* « il n'est pas rare qu'ils vivent
une vie de foi, d'espérance et de charité. » [197]

2. *La société et la conversion*

Le converti n'est pas un être isolé. Il fait partie d'un ensemble humain, d'une société. [198] Dans la plupart des milieux traditionnels, la société relie ses membres par des liens puissants et nombreux car elle est l'expression d'une culture vivante et bien définie.
Aussi son rôle vis-à-vis de la conversion est-il ambigu et ambivalent.
En tant que dépositaire et gardienne de la culture, elle résiste aux
innovations et aux changements qui s'attaquent à ses valeurs fondamentales. [199] Intuitivement, les hommes perçoivent que s'ils sont

---

[190] St Thomas d'Aquin, *op. cit.,* Ia-IIae, qu. 113, art. 4, ad 1m.
[191] Denzinger, no. 819.
[192] St Thomas d'Aquin, *op. cit.,* Ia-IIae, qu. 113, art. 2.
[193] St Thomas d'Aquin, *ib.,* IIIa, qu. 69, art. 4, ad 2m.
[194] *Actes,* X, 44-48.
[195] St Thomas d'Aquin, *op. cit.,* Ia-IIae, qu. 113, art. 1, ad 3m.
[196] *Lumen Gentium,* no. 14; *Ad Gentes,* no. 14.
[197] *Ad Gentes,* no. 14. Les dimensions pastorales de l'enseignement de l'Eglise
sur la vie surnaturelle des convertis sont de la plus grande importance. Cet enseignement donne une orientation nettement positive et dynamique à toute la période caté-
chuménale. Les convertis s'entraînent à la vie chrétienne en la vivant réellement
et non en s'imaginant de la vivre.
[198] P. A. Liégé, *Foi,* dans *Catholicisme,* T. IV, col. 1387.
[199] Louis J. Luzbetak, s.v.d., *L'Eglise et les cultures,* Bruxelles, *Lumen Vitae,*
1968, pp. 215, 244-247.

atteints dans ce qui constitue le moteur et l'âme de leur culture, ils sont menacés dans leur existence même. Aussi la réaction première de la société face à l'évangélisation et au travail de conversion est-elle le plus souvent de les combattre ou, du moins, d'y résister. [200] Trop de coutumes et de valeurs fondamentales sont impliquées pour qu'il en soit autrement. [201] Si le missionnaire ignore presque tout de la culture du peuple qu'il évangélise ou s'il la juge sans sympathie, la résistance augmentera encore en raison des confusions qu'une telle attitude provoquera. L'obligation, pour les missionnaires, de connaître les peuples qu'il évangélise et leur culture, ne découle pas d'une nécessité tactique visant à rendre le travail plus facile mais de la dignité de l'évangile et des hommes qui la reçoivent. [202]

D'autre part, comme la culture est un ensemble de solutions empiriques visant à protéger et à promouvoir des valeurs communes, elle ne se refuse pas absolument aux changements. Elle les postule même dans un besoin d'adaptation constante aux circonstances et aux contacts nouveaux. [203] Chez aucun des peuples primitifs connus est-il possible de trouver une religion qui n'ait jamais changé ou une structure sociale qui n'ait bougé. La sacralité des cultures qui, à première vue, peut sembler être un obstacle majeur à l'évangélisation, est en fait l'ouverture la plus prometteuse vers la vérité et le Dieu Vivant car elle est inspirée par le besoin et le respect du sacré et de Dieu. Où peut mieux s'assouvir cette soif du divin que dans la révélation du Seigneur et Sauveur, le Christ Jésus?

3. L'Eglise et la conversion

La conversion chrétienne se distingue de toutes les autres en ce qu'elle consiste non seulement à adhérer à Dieu mais à y adhérer par le Christ et l'Esprit Saint, et à vivre en communion de vie avec Eux. Elle a, par nature, une dimension trinitaire. Mais il y a plus encore. Elle a aussi, et nécessairement, une dimension ecclésiale. En constituant l'Eglise mystère et sacrement de salut et en lui donnant comme mission propre d'annoncer l'évangile, [204] Le Christ en

---

[200] *Le Père Gérard,* vol. 2, pp. 9, 62.
[201] Henri MAURIER, *op. cit.,* p. 155.
[202] *Ad Gentes,* no. 11, 26.
[203] Robert H. LOWIE, *Manuel d'anthropologie culturelle,* Paris, Payot, 1936, pp. 294-296.
[204] *Ad Gentes,* no. 5.

a fait l'instrument de sa grâce et le moyen normal de la révélation du salut et donc de la conversion.

L'annonce de la Bonne Nouvelle en vue de la conversion se fait de deux façons qui ne sont pas nécessairement subséquentes l'une à l'autre dans le temps, bien qu'elles peuvent l'être en raison des circonstances. Les deux cependant sont oeuvres d'évangélisation car la fin recherchée est toujours le salut des hommes. Le premier mode d'action est celui du témoignage vécu de la vie chrétienne, spécialement par la pratique d'un amour fraternel actif, respectueux et universel. [205] Le deuxième est celui de l'annonce directe de l'évangile dans la puissance de l'Esprit Saint. [206]

Cette mission prophétique est la responsabilité de l'Eglise qui mandate d'une façon spéciale ses envoyés pour la remplir. [207] Mais concrètement, l'Eglise vit dans les Eglises particulières qui sont elles-mêmes formées de communautés locales. Aussi la reconnaissance par l'Eglise d'une vocation spécifiquement missionnaire n'a rien de restrictif quant aux personnes. Il ne s'agit pas d'exclusivité par rapport au devoir missionnaire mais de hiérarchisation. Les missionnaires, locaux ou étrangers, prêtres, religieux ou laïcs, sont les spécialistes de la mission, qui inspirent et guident l'action évangélisatrice de tous les membres de leurs communautés. Il en fut ainsi déjà au temps du Christ et des Apôtres. Nombreux furent les disciples, hommes et femmes, qui suivirent Jésus partout et furent envoyés annoncer l'évangile. Les Actes des Apôtres et les lettres de saint Paul donnent les noms de nombreux chrétiens, hommes et femmes, qui se donnèrent entièrement à l'annonce de l'évangile. [208] Il en fut toujours ainsi dans toutes les communautés chrétiennes vraiment vivantes, [209] tout particulièrement dans les jeunes Eglises ferventes. Car il revient surtout aux laïcs de répandre la foi et d'y rendre témoignage dans leur milieu. Jean XXIII le rappelle dans des pages d'une grande beauté dans son encyclique *Princeps Pastorum* de 1959, qui a comme caractéristique d'aborder la question missionnaire à partir des problèmes et des besoins des jeunes Eglises plutôt qu'à partir des obligations des anciennes chrétientés. [210] A

---

[205] *Ad Gentes,* no. 11, 12.
[206] *Ad Gentes,* no. 13. Voir page 183.
[207] *Ad Gentes,* no. 23.
[208] André SEUMOIS, o.m.i., *La papauté et les missions,* pp. 32-35.
[209] P. A. LIÉGÉ, *Le catéchuménat,* p. 49.
[210] André RÉTIF, *Les papes contemporains et la mission,* Paris, Apostolat des Editions, 1966, pp. 146-148.

sa suite, le IIe concile du Vatican réaffirme l'obligation missionnaire de tous les chrétiens des jeunes Eglises avec grande insistance. [211] Une Eglise dont les membres ignorent ou négligent leurs
responsabilités missionnaires a déjà perdu sa vitalité. Il est rare que
les conversions se produisent en masse grâce à l'action directe du
kérygme des missionnaires. La foi pénètre dans le peuple comme
par osmose, surtout grâce aux familles. Les membres déjà convertis,
mûs par l'amour et la reconnaissance envers Dieu, se font les évangélisateurs des leurs afin que dans l'unité de la foi et de l'amour,
ils soient un dans le Christ.

---

[211] *Ad Gentes,* no. 21; *Lumen Gentium,* no. 33-35.

Chapitre VII

LES BASOTHO SE SONT-ILS VRAIMENT CONVERTIS?

Les analyses faites dans les trois chapitres précédents, portaient sur des objets distincts et se développèrent selon des méthodes différentes. L'objet des chapitres IV et V était l'expérience concrète de la conversion chrétienne que vécurent des milliers de Basotho. Le procédé utilisé pour l'analyse de cette expérience fut largement inspiré par la méthode phénoménologique.[1] Ecoutant et observant constamment les convertis, mettant toujours en rapport leurs nombreux témoignages les uns avec les autres afin d'en faire ressortir les similarités tout comme les divergences, nous avons vu se préciser graduellement ce que fut pour eux cette expérience et ce qu'elle signifia dans leur vie. L'emploi de cette méthode exigeait de différer tout jugement sur la valeur chrétienne de l'expérience vu que, par sa nature, l'analyse empirique ne fournit aucune norme d'évaluation.

L'objet du chapitre VI était d'un autre ordre. Il ne s'agissait plus d'analyser une expérience concrète et singulière de la conversion, mais de déterminer la nature et les qualités de la conversion chrétienne elle-même. La méthode empirique ne pouvait plus suffire. Il fallait suivre la méthode théologique en se mettant à l'écoute, cette fois, de la révélation, de la tradition vivante de l'Eglise et de la foi pour savoir ce que devait être la conversion chrétienne selon Dieu et ce qu'elle devait signifier dans la vie de l'homme qui acceptait de la vivre.[2] De ce fait, les conclusions de l'analyse théologique de la conversion sont normatives. Une expérience concrète de conversion chrétienne ne peut s'évaluer en tant que chrétienne qu'à partir d'elles.

La présente recherche sur la conversion est ainsi arrivée au point où l'*épochê,* ou la suspension de tout jugement, n'a plus sa

---

[1] Mariasusai Dhavamony, *Phenomenology of Religion,* Rome, Gregorian University Press, 1973, pp. 15-27.

[2] Au sujet de la méthode, voir pages 4, 5.

place. Il est maintenant possible de proposer une appréciation de l'expérience de la conversion des Basotho au point de vue chrétien. Nous avons, en effet, tous les éléments requis pour le faire, soit l'expérience elle-même, les circonstances qui en ont vu le développement, et les normes d'évaluation. Il suffira de comparer l'expérience à l'idéal pour déterminer jusqu'à quel point elle lui est conforme. Il va sans dire qu'il s'agit d'une évaluation valable non pas nécessairement pour chaque cas particulier mais plutôt pour l'ensemble, que seules peuvent justifier la véracité et l'authenticité des témoignages recueillis. Il ne saurait être question également d'arriver à un jugement d'une certitude absolue, pour ne pas dire métaphysique. Trop d'impondérables entrent dans l'action de la grâce et dans la texture de l'acte humain pour le suggérer. Nous pensons cependant pouvoir arriver à une évaluation moralement sûre en tant qu'elle se base, d'une part, sur le respect des données recueillies et sur l'objectivité de leur analyse, et d'autre part, sur la valeur des normes que nous a fournies l'analyse théologique. Nous établirons la valeur de la conversion des Basotho en la comparant à l'idéal de la conversion chrétienne sous cinq aspects différents qui furent étudiés tant dans l'analyse théologique que dans l'analyse empirique, à savoir, l'acte de la conversion, ses instruments, son objet, sa fin et ses conséquences.

I - Quel fut l'acte-clé de leur expérience

Il ne peut y avoir de conversion chrétienne sans que le sujet qui la vit pose un acte personnel libre et qu'il pose cet acte librement non seulement en tant qu'il n'y a pas de coercition, mais aussi, comme le rappelle le concile de Trente, en tant qu'il y a exercice du libre arbitre. [3] Les Basotho en sont certains, ils ont décidé de leur conversion par un choix personnel. [4] Ils ont eu à choisir entre deux modes de vie: leur vie religieuse traditionnelle et la nouvelle Voie que leur proposa l'Eglise. Ils ont choisi la Voie du Christ. La seule difficulté réelle qui se pose au sujet de la liberté de leur dé-

---

[3] Voir pages 184-186. Nous n'avons pas jugé nécessaire de répéter dans ce chapitre les notes bibliographiques qui apparaissent déjà dans les chapitres précédents. Grâce aux nombreux renvois, le lecteur pourra facilement trouver toutes les références utiles. Seules sont données dans le présent chapitre les références qui n'apparaissent pas ailleurs dans le travail.

[4] Voir pages 138-140.

marche a trait aux pressions sociales qui, selon certains missionnaires, expliqueraient leur choix de la vie chrétienne. [5] Sans vouloir
nier l'importance de l'influence du milieu chrétien sur les convertis,
il serait faux d'en parler comme d'une action oppressive qui aurait
privé les Basotho de la possibilité d'une libre détermination, sans
compter que la pression contraire exercée par le milieu païen a, dans
la plupart des cas, été plus forte que la première. Il ne convient
pas également de parler des conversions collectives comme d'un
moyen permettant aux Basotho de suivre l'ensemble de la population chrétienne sans qu'ils aient eu à prendre une décision personnelle. Et cela pour deux raisons. Premièrement, trop de convertis
ont tenu à affirmer explicitement le caractère absolument libre et
personnel de leur conversion pour pouvoir soutenir le contraire. [6]
D'autre part, bien que dans l'histoire de l'Eglise du Lesotho on
trouve des périodes où il y a eu de véritables mouvements de conversions, [7] on ne trouve aucune évidence de véritables conversions
de masse, tant au niveau des villages qu'à celui des régions. Il est
plutôt question de conversions individuelles ou familiales qui se multipliaient. [8] La préférence indéniable des adultes de se convertir avec
leur conjoint ou avec leurs enfants est loin d'impliquer nécessairement l'abdication de leurs responsabilités personnelles devant les
fortes pressions de la communauté. Elle suggère plutôt la volonté
d'une réflexion et d'une détermination au niveau de la famille et,
de la part des parents, le désir qui se retrouve chez tout vrai croyant,
de donner à leurs enfants le don précieux de la foi. [9]

La conversion est également un acte qui relève de la vie religieuse. L'homme n'est pas invité seulement et d'abord à changer
ses moeurs, ses habitudes et son éthique. Il est appelé à changer
l'orientation de toute sa vie par rapport à Dieu, au monde et à lui-
même. Il lui faut donner un autre sens à sa vie et à son monde. [10]
Il est incontestable que, malgré un kérygme fortement axé sur la
réforme morale de leur vie, [11] les Basotho comprirent le message
évangélique principalement comme un appel à une vie nouvelle
où, grâce au pardon des péchés, les relations avec Dieu étaient com-

[5] Voir pages 138, 139.
[6] Voir page 138.
[7] Voir pages 34-38.
[8] Voir pages 47, 57, 58.
[9] Voir pages 108, 109.
[10] Voir pages 156, 166.
[11] Voir page 43.

plètement changées. Dieu les invitait à participer à sa vie et à entrer dans son royaume. [12] Les préoccupations de transformation morale sont restées secondaires par rapport à ces impératifs fondamentaux. L'appel du Christ en vue d'une justice, d'une honnêteté, d'une franchise, d'une fidélité et d'une pureté renouvelées est passé presque inaperçu. Seule une minorité souligne l'importance de l'amour fraternel et du pardon mutuel. Les Basotho n'ont certes pas délibérérement éliminé du message évangélique son contenu moral mais il ne semble pas qu'ils aient vu là sa signification première. Pour eux, le plus important fut que le Christ leur demandait de changer toute leur vie. [13]

Si la conversion se situe dans l'ordre de l'expérience religieuse, comme phénomène chrétien elle atteint à un niveau qui dépasse l'expérience religieuse naturelle et a, de ce fait, une signification que le païen, laissé à lui-même, ne peut soupçonner. La conversion, en effet, est un acte surnaturel. Elle prend son origine en Dieu qui en révèle la nécessité [14] et s'actualise par le don gratuit de la grâce de Dieu. [15] Qu'en fut-il pour les Basotho? Tout, dans leurs témoignages, concourt à démontrer que leur conversion ne se situe pas au niveau des expériences purement humaines. Selon eux, leur conversion a pris son origine non pas en eux mais dans le peuple chrétien par l'annonce de la Bonne Nouvelle [16] et par le témoignage de la foi vécue rendu par le plus humble des croyants. [17] Ils ont réfléchi sur la signification chrétienne des événements ordinaires et extraordinaires de leur vie après avoir été éveillés au mystère du Christ par le kérygme. [18] La Parole de Dieu est ainsi à l'origine de leur conversion.

Les convertis ne sont pas moins unanimes quant au caractère gratuit de leur conversion. Ils l'ont vu comme un don de Dieu, comme un acte que, d'eux-mêmes, ils n'auraient pu poser. Elle ne fut possible que par la grâce de Dieu. [19] Cet acte n'est du reste

---

[12] Voir pages 132, 133.

[13] Voir page 131. Nous soulignons dans ce paragraphe ce qu'il peut y avoir de positif dans cette attitude des Basotho vis-à-vis du message évangélique. Nous verrons aux pages 205, 206 que cette même attitude n'est pas sans impliquer des aspects négatifs d'importance.

[14] Voir pages 165, 166.

[15] Voir pages 181-184.

[16] Voir pages 105, 106.

[17] Voir pages 108, 109.

[18] Voir pages 103, 104.

[19] Voir pages 135-137.

pas sans avoir son identité. Réfléchissant sur leur expérience de la
conversion, les Basotho ont pu repérer parmi tous les actes qui y
ont conduit, celui qui a radicalement changé leur vie. Pour eux, tout
fut nouveau à partir du moment où ils ont cru au Dieu Sauveur
révélé dans le Christ. [20] Leur foi au Dieu Sauveur étant en effet
animée de l'amour qu'ils Lui vouèrent et de l'espérance qu'ils mirent
en Lui pour le pardon de leurs péchés et la participation à sa vie,
ils ont su qu'ils étaient renés à la Vie au moment où ils ont cru. [21]
Les Basotho virent donc l'acte de leur conversion comme un acte
de foi surnaturelle provoquée par la grâce de Dieu, ce qui est une
des notes essentielles de toute véritable conversion chrétienne.

II - Quels furent les instruments de leur expérience?

Pour déterminer la valeur totale de la conversion des Basotho,
il ne suffit pas d'évaluer l'acte-clé de cette expérience. Il faut aussi
examiner les moyens et les instruments qui y ont contribué. Si la
conversion est une grâce, les instruments vraiment proportionnés
doivent également participer à l'ordre de la grâce. La vie religieuse
antérieure du païen, de soi, ne le conduit pas à chercher un salut
hors de son univers. Il est déjà sauvé par sa conformité au dessein
qu'il s'est formé et par l'utilisation des moyens qu'il s'est donnés. [22]
Il ne peut en être ainsi pour la conversion. La cause méritoire première et nécessaire de la conversion voulue par Dieu est le Christ.
Aucune conversion ne peut se produire sans Lui. [23] Vient ensuite
l'Eglise, peuple de Dieu et personne mystique du Christ, qui, en
conformité à Sa volonté, agit dans l'ordre de la grâce pour obtenir
et communiquer le don de la conversion. [24] Les convertis eux-mêmes,
enfin, contribuent efficacement à leur propre conversion, mais dans
la mesure où ils participent à l'ordre de la grâce.

Par quels moyens les Basotho ont-ils contribué à leur propre
conversion? Si, comme païens, ils ont respecté et même aimé Dieu,
ils ne L'ont cependant jamais entendu les appeler à vivre une vie
nouvelle ou à Le servir autrement qu'ils l'avaient toujours fait.

---

[20] Voir pages 140, 141.
[21] Voir pages 129-131.
[22] Voir page 161.
[23] Voir pages 169-171.
[24] Voir pages 189-191.

Ils étaient satisfaits de vivre sous sa providence dans leur monde. [25] Ils s'efforçaient de se concilier leurs ancêtres mais ne les ont jamais entendus les inviter à changer de vie. Ce n'est pas ce qu'ils attendaient d'eux. Ils étaient satisfaits d'être en communion avec la source de leur vie. [26] Ils n'étaient pas indûment troublés par leurs fautes car elles étaient d'abord d'ordre social et ils y remédiaient par les moyens fournis par la société. [27] Laissés à eux-mêmes, il est fort douteux qu'ils auraient cherché à instaurer un nouvel ordre du monde.

D'autre part, leurs témoignages montrent que le merveilleux et l'extraordinaire ont joué un rôle extrêmement modeste dans leur conversion. Une faible minorité avoue avoir eu des expériences insolites comme des rêves et des visions, et la plupart d'entre eux admettent les avoir vécues une fois que le processus de conversion eût été amorcé. [28] On trouve difficilement des traces d'expériences psychologiques pathologiques où l'exaltation extatique et la peur hallucinatoire auraient été des facteurs déterminants de conversion. [29] Au contraire, il se dégage de leurs témoignages une atmosphère de sérénité, de joie et d'équilibre.

Ils ont reconnu que leur conversion ne fut pas le fruit de leurs seuls efforts naturels, et presque tous ont déclaré avoir eu recours à la prière avec une intensité inconnue jusque-là dans leur vie, au temps où s'approchait l'instant de la décision de se convertir. [30] Il n'est pas douteux que certains événements ordinaires, mais importants, de leur vie aient contribué à leur conversion. [31] Mais il en fut ainsi parce qu'ils pouvaient déjà les considérer dans des perspectives de foi.

Il est non moins certain que la communauté chrétienne a contribué à leur conversion grâce à des facteurs purement humains comme l'amitié, l'hospitalité et l'autorité. Mais, aux yeux des Basotho, ce n'est pas ce qui fut décisif dans l'apport de l'Eglise ou du peuple chrétien dans leur conversion. Pour eux, l'Eglise y a contribué de deux façons principales. La première fut l'annonce de la Bonne Nouvelle tant par la parole que par le témoignage de la foi,

---

[25] Voir pages 85, 89.
[26] Voir pages 89, 90.
[27] Voir pages 93, 95, 96.
[28] Voir pages 99-101.
[29] Voir pages 101, 102.
[30] Voir page 137.
[31] Voir pages 103-104.

de l'amour fraternel et du zèle apostolique. [32] Le second moyen
d'intervention des chrétiens fut la prière d'intercession. Les convertis ont la conviction qu'ils se sont convertis grâce à la puissance
de la prière des chrétiens. [33] Ils ont expérimenté la valeur de la
sollicitude aimante des croyants. Ainsi, dès le temps de leur conversion, les Basotho ont saisi presque sensiblement une des données
fondamentales du mystère de l'Eglise. Ils l'ont vue comme une communion agissante de tous les croyants. Prédisposés sans doute par
leur croyance traditionnelle à la réalité de la communion qui unit
tous les Basotho, vivants et morts, ils ont perçu immédiatement le
mystère de la communion des saints.

Mais l'agent privilégié, unique et indispensable de leur conversion fut, pour eux, le Christ. Ils ont cru qu'Il les avait aimés, leur
avait obtenu le pardon de leurs péchés, les avait sauvés et leur avait
donné la vie nouvelle. [34] Au temps des hésitations, c'est encore Lui
qu'ils ont prié en union avec son Père et c'est en Lui qu'ils ont
trouvé la force de se convertir. [35] Par le Christ, ils se sont réconciliés
avec Dieu et avec les hommes et ont eu accès à la grâce de Dieu. [36]
Si les moyens humains ont joué un rôle dans la conversion des
Basotho, ils ne l'expliquent pas totalement. C'est essentiellement
par la grâce du Christ agissant en eux et dans l'Eglise qu'ils reconnaissent avoir pu le faire. Voilà une seconde note essentielle de la
vraie conversion qui se vérifie dans l'expérience des Basotho.

III - A qui se sont-ils voués?

La valeur de la conversion, en plus de dépendre de la qualité
de l'acte lui-même de conversion et des instruments qui y ont contribué, est aussi déterminée par son objet. Il importe donc de voir
si les Basotho se sont conformés au dessein de Dieu quant à l'objet
qu'ils ont donné à leur conversion. Le Nouveau Testament, nous
l'avons vu, donne comme objet de cet acte une réalité très riche.
Cet objet est le Seigneur, Dieu, le bon Pasteur, la Lumière. Les
Apôtres ne se préoccupent pas de distinguer entre le Père et le Fils.
Les premiers Pères continuent à parler à la manière des Apôtres. [37]

[32] Voir pages 106-109.
[33] Voir pages 136, 137.
[34] Voir pages 129, 130.
[35] Voir page 137.
[36] *Ephésiens,* II, 11-13.
[37] Voir page 174.

Avant d'entrer en contact avec le christianisme, les païens connaissaient Dieu. Ils reconnaissaient sa domination absolue sur la vie et sa providence constante. [38] Mais avec la révélation, ils connurent Dieu comme ils ne L'avaient jamais connu et selon des perspectives toutes nouvelles. Dieu se révèle comme le Sauveur miséricordieux dont le dessein est de faire participer les hommes à sa propre vie, et Il propose aux hommes de renoncer au salut qu'ils avaient cru trouver dans la regénérescence cyclique jamais terminée pour embrasser son plan de salut qui aboutit à la vie parfaite dans la résurrection. [39] Dieu ne se révèle pas seulement par la parole mais aussi, et surtout, par et dans son Fils, le Christ Jésus, en qui s'accomplissent les promesses par sa mort et sa résurrection. Le Christ est la grande révélation car en Lui seul est le salut. Et le Christ que proclament les Apôtres, est le Christ vainqueur, ressuscité et glorieux. [40]

A lire les témoignages des Basotho, on se croirait revenu à l'Eglise primitive. L'objet de leur foi-conversion est tantôt Dieu, tantôt le Christ ou le Sauveur. Ils ne se préoccupent pas de poser entre l'Un et l'Autre, du moins sur ce point, des distinctions trop précises, bien que spontanément ils parlent plus facilement de Dieu que du Christ comme l'objet de leur conversion. [41] La révélation a confirmé pour eux que Dieu était Père et Providence, qu'Il avait domination sur tous les êtres et qu'Il les aimait. [42] Elle leur a donné une vision plus claire de son éternité et de son universalité qu'ils n'avaient perçues que confusément. Mais elle leur a surtout révélé la vie intime de Dieu et ses desseins de salut dont ils ignoraient tout. Ce qui fut capital pour les Basotho dans la révélation de Dieu, fut de savoir qu'Il les aimait non seulement comme Providence mais comme Sauveur et que les hommes devaient l'aimer et le servir pour Lui-même sans partager. [43]

Mais le Christ qu'ils ignoraient totalement avant leurs contacts avec les chrétiens, [44] comment l'ont-ils connu, quelle image s'en sont-ils fait? Quel Christ leur fut annoncé? Tout ce qu'est le Christ et tout ce qu'il a fait se retrouve dans les témoignages des convertis:

---

[38] Voir page 160.
[39] Voir pages 165-167.
[40] Voir pages 169, 174.
[41] Voir pages 140, 141.
[42] Voir pages 85, 86.
[43] Voir pages 119, 120.
[44] Bien que, après l'annonce du message, ils aient cru l'avoir reconnu dans le héros Litaolane. Voir page 127.

sa divinité, sa naissance, sa mort rédemptrice, sa résurrection, sa
miséricorde, sa sainteté, son obéissance. Pour eux, il est le sauveur. [45]
Mais à travers toutes ces perceptions, l'image qui domine, n'est
pas celle du Christ ressuscité et glorieux qu'aimaient tant à procla-
mer les Apôtres, mais celle du Christ qui meurt pour sauver les
hommes. [46] Ils connaissent la résurrection et y croient. Historique-
ment, la célébration de la fête de Pâques a toujours été la plus
solennelle et la plus populaire au Lesotho. [47] Pourtant l'acte du
Christ vers lequel tous les autres convergent, n'est pas sa résurrection mais sa mort. Le lien nécessaire qui unit la mort et la résurrection du Christ dans l'accomplissement du salut ne semble pas avoir
été vu par l'ensemble, du moins pas avec la vivacité désirée. [48] Pour
eux, le salut vient de la mort du Christ plutôt que de sa résurrection ou des deux actes réunis. L'accent mis sur la mort du Christ,
au détriment de la résurrection, les a empêchés de découvrir la signification plénière non seulement de la résurrection elle-même mais
aussi du mystère du salut, à savoir que le Christ vainc la mort et
le péché par son passage de la mort à la vie. [49] L'incapacité d'un
grand nombre de convertis de voir la mort et la résurrection comme
deux temps d'un seul mystère, ou comme des réalités inséparables,
a eu des répercussions dans la conception de leur propre salut et
dans la façon de le vivre. [50]

Au temps de l'Eglise des premiers siècles, il arriva qu'on parlât
de l'Eglise comme de l'objet de la conversion. Les hommes étaient
invités à se convertir à l'Eglise de Dieu, épouse et corps mystique
du Christ. [51] On a également observé l'emploi de cette expression
au Lesotho. [52] Mais tout comme dans l'Eglise des premiers siècles,
il semblerait que ce furent les missionnaires qui l'employèrent plutôt que les convertis, et dans un sens équivalent à celui que lui donnait saint Irénée. [53] Ordinairement, les convertis emploient une expression sensiblement différente. Ils disent: *Ke inehela Kerekeng,*

---

[45] Voir pages 129, 130.

[46] Voir page 130.

[47] Voir page 59.

[48] Voir page 130.

[49] Jean GALOT, s.j., *La Rédemption Mystère d'Alliance,* Paris-Bruges, Desclée de
Brouwer, 1965, pp. 312-324; Jean DANIÉLOU, *Approches du Christ,* Paris, Bernard
Grasset, 1960, pp. 160-162.

[50] Voir pages 203, 206-208.

[51] Voir page, 174, note 112.

[52] Voir pages 145-147.

[53] Voir page 146.

ce qui veut dire: je fais don de moi-même à l'Eglise. En plus de suggérer fortement l'idée d'une décision réfléchie, cette expression exprime leur désir de s'abandonner à l'Eglise afin qu'Elle les conduise là où Dieu les veut.

Ainsi, par son objet, la conversion des Basotho se conforme pleinement au dessein de Dieu. Il est seulement regrettable que leur vision du Christ ne se soit pas synthétisée dans sa résurrection qui unifie et illumine tout le mystère du salut.

IV - Pourquoi se sont-ils faits chrétiens?

Le quatrième aspect de la conversion des Basotho qu'il faut maintenant considérer pour en déterminer la valeur, est celui des fins et des motifs. En l'appelant à se convertir à Lui, Dieu n'exige pas seulement du païen qu'il admette son péché et y renonce. Il lui demande aussi de renaître à une vie nouvelle qui est la sienne même, et de tendre de tout son être vers la possession du royaume eschatologique par la renonciation à celui du monde. [54] Dieu lui demande de revivre en lui-même, à la suite du Christ et par la puissance de sa grâce, le mystère du salut qui est mort au péché et au non-être et résurrection à la vie éternelle. La conversion chrétienne va ainsi à l'encontre des biens recherchés par le païen à travers son expérience religieuse antérieure. Jusqu'ici, il a maintenu et développé sa dépendance envers Dieu pour s'assurer d'une condition humaine satisfaisante et harmonieuse. Son horizon se limitait à son univers et il s'était forgé lui-même les moyens nécessaires pour assurer son insertion dans l'ordre du monde. [55] Par la conversion, Dieu lui demande de renoncer à sa condition purement humaine pour embrasser Son propre projet de salut. Car il n'y a vraiment conversion que si le païen renonce au projet de salut qu'il s'est fabriqué pour adhérer par la foi à celui conçu et révélé par Dieu. [56]

Il ne saurait être question de nier que des Basotho qui se sont officiellement convertis, l'aient fait pour des motifs faux. Les missionnaires n'ont eu aucune difficulté à dresser la liste de ces

---

[54] Voir pages 179-180.
[55] Voir page 159.
[56] Voir pages 159, 167, 175. H. Maurier, p.b., *Lecture de la Déclaration par un missionnaire d'Afrique*, dans *Les Relations de l'Eglise avec les Religions non chrétiennes, Déclaration "Nostra Aetate"*, collection *Unam Sanctam*, no. 61, Paris, les éditions du Cerf, 1966, pp. 151-154.

faux motifs. [57] Il est même certain qu'un assez grand nombre de
Basotho se soient ainsi convertis. En effet les missionnaires estiment
à au moins 20% le nombre de leurs convertis officiels qui ne par-
viennent jamais au baptême. [58] Il est permis de penser que la majorité d'entre eux n'ont pas persévéré parce qu'ils n'avaient pas de
motifs suffisants. Les missionnaires nous ont dit, en effet, que d'après
leur expérience, c'était là le sort habituel de pareils convertis. [59]
On peut cependant difficilement parler de conversion pour ces
païens car rien n'indique qu'ils aient vécu une expérience religieuse
nouvelle quelconque par le geste qu'ils ont posé.

Que dire de ceux qui croient s'être vraiment convertis? Nous
l'avons vu, [60] une minorité de convertis a avoué avoir espéré profiter matériellement ou socialement de la conversion. Mais est-ce
que ce fut là le motif déterminant de la conversion des Basotho?
Il ne le semble pas. Il n'est pas douteux qu'ils ont fait entrer en
ligne de compte ces considérations purement humaines au moment
où ils supputaient le pour et le contre de la conversion. Il est également probable qu'ils ont fait les premiers pas vers l'Eglise sous
la poussée de certains de ces avantages entrevus. Mais il est peu probable que ces avantages aient suffi à les faire se convertir. Comme
viennent de l'affirmer les missionnaires, les païens qui n'ont pas de
motifs vrais de conversion n'accèdent pas à la foi et, généralement,
ne sont pas baptisés. Il reste que, pour ces convertis, une part d'humain s'est mêlée à leurs préoccupations religieuses. Et ce faisant, ils
ont dévoilé la faiblesse de leur foi-conversion.

Les missionnaires et les convertis s'entendent cependant pour
affirmer que les motifs réels et décisifs de conversion pour la grande
majorité furent d'un tout autre ordre. Pour les missionnaires, les
motifs vrais de conversion qu'ils ont découverts furent principalement le désir qu'eurent les Basotho de servir et d'aimer Dieu d'une
part, et celui d'être sauvés par le Christ d'autre part. [61] Quant à
eux, les convertis en ajoutent d'autres. Au désir, fortement exprimé,
d'être sauvés par le Christ, [62] ils en ajoutent deux autres de la plus
grande importance: celui de renaître à la vie nouvelle offerte par

---

[57] Voir pages 142, 143.
[58] QM1d: Parmi vos convertis, y en a-t-il beaucoup qui n'arrivent jamais au
baptême?
[59] Voir pages 143, 144.
[60] Voir page 144.
[61] Voir pages 143-145.
[62] Voir pages 129, 130.

le Christ [63] et celui de faire partie du royaume de Dieu. [64] Ce furent les révélations de Jésus qui les marquèrent le plus profondément. Lorsqu'ils parlent du salut par la mort rédemptrice de Jésus, tout indique qu'ils pensent principalement au salut en tant qu'il est pardon des péchés. Jésus les a arrachés au mal et à la mort. Lorsqu'ils parlent de la vie nouvelle et du royaume, ils décrivent, à n'en pas douter, des réalités surnaturelles car toujours ces questions sont abordées en fonction du Christ et de l'évangile. En effet, le thème de la vie nouvelle est sans cesse lié au discours de Jésus à Nicodème et celui du royaume aux paraboles qui l'annoncent comme celles de Lazare, des vierges et de l'enfant prodigue, ou aux paroles de Jésus où il en est question comme celles qu'il adressa au bon larron sur la croix. Les convertis ont donc recherché des réalités entièrement nouvelles et d'un tout autre ordre que celles qu'ils avaient possédées ou recherchées jusque-là. Germinalement, leur acte de foi-conversion à Dieu qui sauve et donne une vie nouvelle contient l'acceptation de tout l'ordre nouveau et le rejet de l'ancien.

Il y a cependant des aspects moins lumineux dans leur façon de voir et de rechercher ces fins. On retrouve ici encore quelque chose de la brisure détectée dans leur vision du Christ. Les convertis ne disent pas qu'ils recherchent le salut (le pardon des péchés), la vie nouvelle et le royaume comme des réalités conjointes. Ils voient ces mystères plutôt comme des éléments juxtaposés. Très peu parmi eux en ont entrevu l'unité dynamique. Bien sûr, ils savent que le pardon des péchés implique le don de la grâce sanctifiante et que la nouvelle naissance à la vie divine présuppose le rejet du mal. Mais ils ne semblent pas voir le lien causal et organique qui unit ces deux réalités, [65] tout comme ils n'ont pas vu pleinement l'unité de la Pâque du Christ. Le danger de ce manque de convergence dans la vision du mystère chrétien est évident. Les convertis auront tendance à transformer la vie chrétienne en une morale où tout est ordonné à éviter le péché. Par contre, si la mort au péché était entrevue spontanément dans sa relation nécessaire avec la résurrection à la vie, le moteur de leur agir serait le besoin de développer toujours plus en eux la vie divine et le salut de Dieu. Dans de

---

[63] Voir page 131.

[64] Voir page 132.

[65] L. CERFAUX, *Le chrétien dans la théologie paulinienne*, Paris, les éditions du Cerf, 1962, pp. 314, 315. Comme le note Cerfaux, il ne s'agit pas d'exiger des convertis une expérience mystique réservée à quelques initiés mais simplement une vision évangélique du Christ et du chrétien que tous peuvent avoir.

telles perspectives de vie divine, le péché n'a plus de place car tout
est vie sainte.

Ainsi, par les motifs qu'ils se sont donnés, les convertis, dans
leur ensemble, se sont conformés au plan de Dieu. Ils ont recherché
le salut et la vie divine dans le Christ. Il ne leur reste qu'à appren-
dre à mieux unifier la vision de ce salut où, comme chez le Christ,
tout converge vers la résurrection à la vie éternelle. Tout les dispose
à y parvenir car ils ont été fascinés par le mystère de la vie nouvelle et du royaume dès leurs premiers contacts avec le Christ.

V - Ont-ils accepté de suivre le Christ?

Il reste à déterminer la valeur de la conversion des Basotho
en fonction des effets ou des conséquences qu'elle eut dans leur
vie. Comment se sont-ils engagés dans la voie de la fidélité envers
Dieu et le Christ auxquels ils venaient de se donner? Une foi qui
n'implique pas la fidélité à celui en qui on croit est une foi vaine. [66]
Cependant, comme on l'a vu, [67] la fidélité dont il est question au
sujet de la première conversion, consiste plutôt en un engagement
qu'en une réalisation. L'examen porte sur un projet de fidélité plutôt que sur son accomplissement. Rien ne sera dit sur l'obligation
de tendre vers le royaume eschatologique, la question ayant été trai-
tée dans la section précédente. L'obligation la plus obvie et la plus
immédiate du converti est de renoncer au péché, à tout ce qui est
moralement mauvais et à tout ce qui est du diable. [68] Positivement,
l'engagement de fidélité signifie la volonté d'accomplir en tout la
loi du Christ, de rechercher d'abord la volonté du Père, même au
prix des renoncements les plus coûteux et des souffrances les plus
crucifiantes. [69] Mais l'engagement de fidélité implique beaucoup plus
qu'une rectitude morale. Dans sa plénitude, elle signifie l'engagement
de transformer la vie entière, de procéder à l'édification de l'Homme Nouveau où tout meurt dans la mort du Christ et où tout ce
qui peut renaître, renaît à la vie de Dieu. Il ne s'agit pas de transformer uniquement la vie spirituelle, ou intérieure, de l'homme mais
de créer un homme nouveau dont la pensée, les valeurs, les cou-

---

[66] Voir page 175.
[67] Voir page 176.
[68] Voir page 176.
[69] Voir page 178.

tumes et les institutions prennent un sens nouveau et une valeur nouvelle dans le Christ. [70] L'homme, en fait, dans tout ce qu'il est, s'engage à revivre le mystère pascal du Christ.

Leurs témoignages l'attestent, les Basotho convertis ont eu conscience des changements que devait apporter la conversion dans leur vie. [71] De l'avis des missionnaires, ils furent prêts à entreprendre la tâche de leur transformation, même si certains ne réalisèrent pas toujours pleinement son ampleur et sa rigueur. [72] Il n'y eut cependant aucune demi-mesure vis-à-vis du péché qu'ils connaissaient. Ils ont sincèrement voulu le rejeter. Une des grâces de lumière qu'ils ont reçues fut de voir l'incompatibilité absolue qui existe entre Dieu et le péché. Rien ne leur causa plus de peine que la vision de leurs péchés. Aucun n'essaya de se justifier ou de se disculper. [73] En se donnant au Christ, la première chose qu'ils demandèrent, fut d'en être libérés par le pardon et rien ne leur causa plus de joie que de se savoir exaucés. [74] Au moment de leur conversion, leur intention bien arrêtée fut de ne plus pécher. Il n'en va pas autrement pour les habitudes ou les pratiques qui leur sont apparues comme totalement mauvaises. Tous rejettent la sorcellerie, la magie et la divination. [75] Ils ne furent jamais plus catégoriques que dans leur détermination d'abandonner les pratiques païennes qu'ils jugeaient mauvaises. [76]

Aucun converti n'a exprimé explicitement l'intention de ne pas se soumettre à tous les commandements et à toutes les lois du Christ. Très peu également ont jugé exagérées ou excessives les demandes de l'Eglise. [77] Mais ils donnent l'impression de ne pas s'être arrêtés longuement à considérer en détail l'étendue et l'importance de leurs nouvelles obligations morales. Sauf quelques allusions à la charité fraternelle, rien de précis n'est mentionné au sujet des obligations morales contenues dans l'évangile. Alors que la question du salut par la mort du Christ et celle du péché ont pris une importance considérable à leurs yeux, ils ne semblent pas avoir été impression-

---

[70] Voir pages 177, 178. L. CERFAUX, *op. cit.,* pp. 317-319. Jean DANIÉLOU, *Le mystère du salut des nations,* Paris, les éditions du Seuil, 1948, pp. 64, 81-84.

[71] Voir pages 147, 150.

[72] Voir pages 147, 148.

[73] Voir pages 122, 123.

[74] Voir page 124.

[75] Voir page 151.

[76] Voir page 149.

[77] Voir page 148.

nés fortement par l'aspect moral du message évangélique. [78] Cette attitude peut s'expliquer, pour une part, par la répugnance initiale qu'ils éprouvèrent pour la loi évangélique du renoncement. [79] Mais il y a plus que cette disposition. Ils semblent avoir été incapables de voir la différence qui existe entre leur morale ancienne et celle proposée par le Christ. Ils ont réagi comme si, pour eux, l'élément nouveau et radical de l'évangile était ailleurs que dans sa morale. Leur grande découverte fut de savoir que Dieu, par le Christ, avait totalement transformé la vie de l'homme. Malheureusement, ils n'ont pas assez vu que précisément à cause de cette transformation radicale de l'être de l'homme dans le Christ ressuscité, leur vie morale était aussi totalement transformée. Il n'y a plus véritablement de commune mesure entre la morale du vieil homme et celle de l'Homme Nouveau. La lumière qui guide la vie morale du chrétien n'est plus la sagesse humaine et la loi purement naturelle, mais le Christ qui éclaire la raison et révèle les volontés de Dieu. Le moteur de la vie morale n'est plus la force de la volonté humaine seule, mais Dieu qui donne sa grâce et l'homme qui la reçoit en toute liberté. La fin de la vie morale n'est pas la soumission à une loi ou à un ordre du monde, mais la soumission libre à Dieu dans le Christ. La valeur de l'acte moral ne vient plus de sa conformité plus ou moins formaliste et externe à la loi, mais de sa conformité à l'action du Christ qui est entièrement animée par l'amour. Pour être bon, l'acte doit jaillir d'un coeur qui est bon, tout comme le bon fruit ne peut être produit que par un arbre bon. La morale chrétienne est aussi nouvelle que l'Homme Nouveau car, comme lui, elle ne s'explique qu'en fonction du Christ. [80]

Faute de n'avoir pas vu pleinement le caractère nouveau de la morale chrétienne, les convertis seront tentés de continuer à agir de façon formaliste, dissociant rectitude extérieure et rectitude intérieure, à mettre l'observance de la loi au-dessus de la vie vertueuse. Il leur sera également beaucoup plus difficile de réaliser que la vie

---

[78] Voir page 134.

[79] Opinion émise par les missionnaires dans leurs réponses aux deux questions suivantes: a) QM7c: Dans la personalité du Christ, qu'est-ce qui les attire le plus? Qu'est-ce qui les en éloigne le plus? b) QM12b: Quels sont les aspects de l'évangile qui, à première vue, répugnent aux Basotho?

[80] F. X. DURRWELL, c.ss.r., *La Résurrection de Jésus Mystère de salut, étude biblique,* Le Puy-Paris, éditions Xavier Mappus, 1954, pp. 284-291. C. SPICQ, o.p., *Théologie Morale du Nouveau Testament,* Paris, Librairie Lecoffre, 1965, T. I, pp. 17-53.

nouvelle transforme leur agir autant que leur être, que le péché qu'ils ont tellement détesté, n'est pas une simple dérogation à la loi mais le fruit d'un coeur mauvais et qu'il ne peut disparaître de leur vie sans la réforme de leur volonté et de leur esprit, et sans la recherche constante de la conformité au Christ plutôt qu'à la loi.

Dans l'examen de la fidélité-conversion, la question des coutumes et des institutions est de la plus grande importance car c'est par elles qu'un peuple vit et manifeste ses valeurs. Se servant exclusivement de critères moraux, tout comme les missionnaires, les convertis ont appris à classifier leurs coutumes en deux catégories: les bonnes et les mauvaises. [81] Mais un malaise évident persiste au sujet des coutumes et de leur classificantion. Les convertis sont loin d'être unanimes dans leur appréciation. Certains les rejettent toutes. D'autres, au contraire, manifestent une répugnance évidente à en condamner une seule, sauf pour ce qui est de la sorcellerie, des sociétés de possédés et d'autres coutumes de ce genre. [82] D'autre part, les coutumes et les institutions que les missionnaires ont jugées indifférentes par rapport à la morale chrétienne et dont ils se sont peu occupés, comme les institutions politiques, ou encore celles qu'ils ont jugées bonnes, comme le mariage coutumier, [83] occupent très peu de place dans l'ensemble de l'enquête. Les convertis n'en parlent pas ou très peu. Ils donnent l'impression d'établir leurs décisions non pas sur des convictions profondes et éclairées mais sur l'attitude du missionnaire.

Ces incertitudes, ces divisions et ces silences s'accompagnent d'une autre attitude, en soi plus grave, qui est la conséquence de la vision imparfaite du mystère du salut qu'eurent les convertis. Il s'agit de la conception qu'ils eurent de l'intégration de leur vie coutumière à leur vie chrétienne. Cette attitude, qui existe réellement et qui se retrouve dans les témoignages des convrtis, est grave car elle concerne le problème de la christianisation de la vie coutumière. Nous en donnons quelques aperçus afin de montrer où se situe la difficulté pour les Basotho. Subjectivement, cette attitude n'est pas aussi périlleuse qu'on pourrait le craindre car les convertis l'ont adoptée, non parce qu'ils la pensèrent mauvaise, mais au contraire parce qu'ils crurent que c'était là la véritable façon chrétienne

---

[81] Voir pages 150, 151.
[82] Voir page 151.
[83] Voir pages 53-57.

d'agir. Ni les convertis ni les missionnaires n'ont voulu sciemment
soustraire à l'action rédemptrice et sanctificatrice du Christ quoi que
ce soit de la vie des Basotho. Les convertis se sont engagés dans
cette voie au nom de leur fidélité au Christ. C'est du reste cette
attitude de disponibilité et d'ouverture à la vérité qui permet d'espérer, de la part des convertis, l'acceptation d'une vision plus parfaite de la transformation de leur vie. Voici donc de quoi il s'agit.

Les coutumes jugées moralement mauvaises sont rejetées, du
moins dans l'ordre de l'intention. Les convertis acceptent de procéder à une amputation, même si les besoins qu'elles signifiaient et
que, par elles, ils cherchaient à satisfaire, ne sont pas comblés ou ne
sont pas écartés comme illusoires. Il y a déjà là le danger de chercher
des compensations en faisant réapparaître ces coutumes sous d'autres formes ou dans des rites secrets. [84] Ces coutumes sont officiellement mortes, mais pas nécessairement dans la mort du Christ.
Mais qu'arrive-t-il aux coutumes que les convertis jugent bonnes?
Ils les gardent, sans plus. Rien n'indique, dans leurs réponses ou
dans leur attitude, qu'ils aient senti le besoin de les faire renaître avec
eux à la vie nouvelle de la foi. Le mystère de la mort et de la résurrection de l'homme dans le Christ ne semble pas les avoir atteintes. Elles ne font pas partie de l'Homme Nouveau. Là se trouve
sans doute la racine de la dualité de vie observée chez certains chrétiens. Comme ces coutumes furent jugées bonnes, on fit peu pour
solliciter les convertis à leur donner une signification et une valeur
chrétiennes. Les convertis ont continué à les pratiquer comme ils
l'avaient toujours fait avant leur conversion. Le mariage est un
exemple typique de la situation qui vient d'être décrite. Parce qu'il
fut jugé bon (moralement), le mariage coutumier des Basotho a continué à être célébré, mais non dans des perspectives chrétiennes.
Les convertis continuent à le célébrér dans leur village comme les
anciens l'avaient fait, avec les mêmes intentions de légitimité et
de solidarité, sans la présence de l'Eglise et sans l'intention d'agir
en chrétiens. L'aspect chrétien du mariage n'apparaît qu'à la mission où se célèbre un deuxième mariage selon les rites de l'Eglise.
Mais à ce moment-là, les jeunes époux ont la conviction d'être déjà
mariés, non dans le sens du mystère chrétien mais selon la coutume. [85]

De tous les aspects de la conversion des Basotho, aucun ne

[84] Voir page 51.
[85] Voir page 56.

suscite plus l'intérêt, en raison des problèmes fondamentaux qu'il soulève, que celui de la fidélité. Non pas que les convertis en aient ignoré ou refusé la nécessité. Loin de là. Ils en ont été fortement conscients. Ils se sont convertis à Dieu et au Christ dans un mouvement de grande générosité et avec la volonté de Leur être fidèles. Ils ont vraiment détesté le péché, ils ont recherché le royaume du ciel et ils ont voulu aimer et imiter le Christ en tout. Mais il leur reste à percevoir et à réaliser dans toute sa plénitude le mystère de l'Homme Nouveau qui, parce que recréé à la vie de Dieu, doit tout instaurer dans le Christ.

Conclusion

Conformément à la méthode annoncée au début de ce chapitre, nous avons comparé l'expérience de conversion des Basotho avec l'idéal authentique de la conversion proposé par Dieu et par l'Eglise. L'évaluation s'est faite entièrement à partir des données fournies par les chapitres IV et V qui décrivent l'expérience des Basotho, et du chapitre VI qui, traitant de la théologie de la conversion, en fournit les normes d'évaluation. Tous les éléments fondamentaux de la structure de la conversion se retrouvent dans l'expérience des Basotho. Après l'inquiétude née de la révélation de Dieu, de Son dessein et du péché de l'homme, les convertis ont senti naître en eux l'espérance, grâce à la révélation du mystère du Christ. Poussés par la grâce de Dieu, ils ont accepté le dessein de Dieu, ils ont cru au Christ Sauveur et ils se sont engagés à le suivre fidèlement pour réaliser en eux l'oeuvre de la rédemption. Leur expérience se conforme également aux données de la révélation quant à la nature de l'acte qu'ils ont posé au moment de leur conversion. Par un acte personnel et libre, mûs par l'amour de Dieu qui naissait en eux, ils ont cru au Dieu Sauveur de qui ils ont la certitude d'avoir reçu la vie nouvelle.

Les seules faiblesses relevées ont trait à la perception des mystères, d'abord celui du Christ lui-même et deuxièmement celui du chrétien. Du Christ, ils ont connu tous les éléments essentiels. Ils ont cru au Christ véritable et unique. Il ne leur reste qu'à procéder à l'unification de tous ces éléments dans la résurrection glorieuse du Christ pour tout voir sous le signe de la vie. Par rapport à eux-mêmes, il leur reste à parfaire, non seulement l'unité de leur

14

vision de l'homme chrétien, mais celle de leur vie afin que toute juxtaposition cesse, que tout s'ordonne dynamiquement vers la Vie qui est en eux, et que toutes les valeurs, toutes les coutumes, tous les rites qui sont de la vérité, renaissent purifiés et sanctifiés par la grâce du mystère pascal. De plus, il leur reste à comprendre davantage que leur vie morale ne peut se séparer de leur être chrétien, qu'elle est aussi de l'ordre de la grâce et qu'elle vient du Christ autant que la vie nouvelle en Dieu. En somme, il leur reste, comme à tous les chrétiens, à édifier en plénitude l'Homme Nouveau.

Ainsi la seule conclusion qui s'impose est que les Basotho se sont vraiment convertis. Ils ont eu une expérience nouvelle et exaltante de Dieu. A travers les témoignages des convertis, on sent une présence unique de Dieu qui a provoqué en eux non pas la crainte mais une joie palpitante qui demande à s'exprimer et à confesser sa gratitude envers Celui qui les a tant aimés. Si quelques missionnaires ont paru juger les convertis sévèrement, les autres, qui forment la grande majorité, ont montré non seulement qu'ils les connaissaient bien mais également qu'ils les aimaient et qu'ils croyaient à l'effusion prodigieuse de la grâce de Dieu sur ces hommes confiants. Ils ne sont toutefois pas aveugles. Ils savent les faiblesses, les hésitations et les déficiences de leurs convertis. Cependant, comme ils connaissent aussi leur amour pour le Christ et la sincérité de leur promesse de fidélité, ils savent que cette promesse deviendra réalité dans la mesure où ils les aideront à comprendre et à accepter pleinement le programme de vie tracé jadis par saint Paul à ses chrétiens d'Ephèse. « Je vous adjure dans le Seigneur, leur écrivait-il, de ne plus vous conduire comme le font les païens ... Il vous faut abandonner votre premier genre de vie et dépouiller le vieil homme ... pour vous renouveler par une transformation spirituelle de votre jugement et revêtir l'Homme Nouveau qui a été créé selon Dieu, dans la justice et la sainteté de la vérité. » [86]

---

[86] *Ephésiens*, IV, 17-24.

CONCLUSION

La conclusion de la recherche fut que les Basotho, en adhérant au Dieu du salut par la foi, avaient véritablement vécu l'expérience chrétienne de la conversion. Logiquement, la conclusion suivante, d'ordre plus général, serait d'affirmer qu'ils sont chrétiens. De fait, cette conclusion ne peut être rejetée simplement car par leur acte de foi-conversion, les Basotho convertis ont été justifiés dans la grâce du Christ et recréés à la vie divine. Mais être chrétien est et signifie encore plus que ce qui est impliqué dans l'adhésion initiale au Dieu du salut et dans la volonté de se conformer à Son dessein. Pour l'homme, être chrétien signifie passer de l'ordre de l'intention à celui de la réalisation, oeuvrer constamment à l'édification de l'Homme Nouveau pour en arriver à l'identification la plus parfaite possible avec le Christ ressuscité et glorieux, afin d'être dans le monde la manifestation du Christ comme le Christ l'est de son Père.

Pour savoir si les Basotho convertis sont ainsi pleinement chrétiens, il ne suffit pas de savoir s'ils ont été baptisés. Il faut poursuivre l'enquête et faire la lumière sur plusieurs questions. Baptisés, ils sont membres de l'Eglise et même, dans leur union au Christ, ils sont l'Eglise. Comment voient-ils leur appartenance à l'Eglise? Savent-ils s'élever au dessus de la participation sociale pour atteindre le mystère du Corps du Christ? Comment conçoivent-ils les relations de leur Eglise particulière avec l'Eglise une et sainte? Leur vie liturgique consiste-t-elle en des rites mécaniques sans signification ou est-elle conçue comme l'expression symbolique de la vie d'un peuple sacerdotal qui a accès à Dieu? Comme peuple de Dieu, sont-ils prêts à se donner les prêtres dont ils ont besoin? Comment voient-ils la fonction de leurs prêtres parmi eux? Comment les prêtres Basotho eux-mêmes envisagent-ils leur sacerdoce et quelle mission se sont-ils donnée auprès du peuple de Dieu? Comment l'Eglise du Lesotho réagit-elle devant ses obligations apostoliques et missionnaires?

Formant le peuple de Dieu, les chrétiens sont appelés à la sainteté. Mais, de fait, que recherchent-ils avant tout? Donnent-ils le témoignage d'une vie sans partage où la recherche du royaume prime tout? Les époux chrétiens vivent-ils leur vie conjugale comme une voie de sainteté ou comme l'accomplissement d'une simple loi naturelle? Ont-ils la hantise de faire de leurs foyers des centres de vie chrétienne où les enfants apprennent à vivre et à témoigner leur foi? Comment les chrétiens acceptent-ils, pour eux et pour leurs enfants, l'appel à la vie religieuse? Quel témoignage donnent à l'Eglise et à la société les religieux Basotho? Sont-ils les témoins de la sainteté de Dieu ou ceux d'une promotion purement humaine?

Par leur condition humaine, les chrétiens font partie de leur peuple et de leur société. Qu'ont-ils accompli jusqu'à ce jour pour faire renaître leur culture à la vie divine et quelles valeurs religieuses de leur culture, une fois renées à la foi, ont-ils offertes à l'Eglise afin qu'Elle puisse mettre en valeur des aspects ignorés ou négligés de son propre mystère? Comment le peuple de Dieu s'est-il servi de l'école pour transmettre le message du salut? Quelles valeurs chrétiennes et sociales l'école a-t-elle développées chez ceux qui l'ont fréquentée? Quel fut l'apport des chrétiens au développement social, politique et économique de leur pays? Y ont-ils donné le témoignage de la vérité, de la justice et de l'amour? Voilà quelques-unes des nombreuses questions auxquelles les chrétiens devront répondre avant qu'on puisse dire s'ils sont vraiment et intégralement chrétiens. [1]

Tâche immense qu'un homme pourrait difficilement réaliser seul et dans l'isolement. Mais la méthode de travail utilisée pour la présente recherche pourrait fournir des éléments de solution à cette difficulté. Presque toutes les questions à étudier sont d'ordre existentiel. Elles se rapportent aux expériences les plus importantes qu'ont vécues les Basotho chrétiens. Aussi aucune recherche sérieuse sur ces points ne peut se faire sans d'abord connaître ce que les Basotho en pensent et sans savoir ce qu'ils ont fait. Or un des éléments fondamentaux de la méthode utilisée dans la recherche sur la conversion consiste en la nécessité de recourir à ceux qui ont vécu l'expérience étudiée pour obtenir les réponses à ces questions fondamentales. Au début de la recherche actuelle, nous avons rangé parmi les éléments indispensables à notre méthode de travail la nécessité d'y impliquer les convertis. A ce moment-là, il était impos-

---

[1] Les documents du concile Vatican II sur l'Eglise, la liturgie, le sacerdoce, la vie religieuse et l'activité missionnaire, pourraient servir de base à une semblable enquête sur la valeur de la vie chrétienne des Basotho.

sible de prévoir quels seraient les résultats de cette décision. Plusieurs missionnaires se montrèrent pessimistes sur les chances de succès. Ils craignaient surtout que l'effort intellectuel qui serait exigé des chrétiens ne les décourageât, la plupart étant de simples paysans sans beaucoup d'instruction. Pourtant les résultats dépassèrent toutes les prévisions. Trente-huit pour-cent de tous les convertis invités à participer à l'enquête répondirent d'une façon pleinement satisfaisante. Ils passèrent de nombreuses heures à répondre au questionnaire, le plus souvent dans des conditions de travail très pénibles. Le sérieux et l'application qu'ils mirent à accomplir leur tâche, montrent le vif intérêt qu'ils portèrent au problème étudié une fois qu'ils en eurent compris le sens. Cette expérience démontre qu'il est non seulement possible mais nécessaire de faire participer activement les chrétiens dans toutes les recherches qui les concernent. Il ne suffit plus d'accepter le jugement d'une tierce personne pour savoir ce qu'ils ont fait, ce qu'ils pensent et ce qu'ils veulent. Ils sont capables de nous le dire eux-mêmes, et fort bien. Mais, la plupart du temps, la collaboration des chrétiens n'est possible que par l'intermédiaire des missionnaires. Non pas qu'il leur faille se substituer aux chrétiens. Leur rôle est tout autre. Comme ils connaissent leurs chrétiens et, normalement, leur sont unis par de forts liens de sympathie et d'affection, ils peuvent mieux que tout autre les stimuler et les soutenir dans leur travail. Sans la collaboration des missionnaires du Lesotho, nous n'aurions pas obtenu 5 % de réponses.

Si les chrétiens sont le facteur-clé dans toute analyse de la vie des jeunes Églises, les missionnaires, locaux et étrangers, en sont le plus souvent les instigateurs et les animateurs. Mais comme la complexité d'une telle entreprise ne leur échappe pas, ils se laissent facilement convaincre que ce travail ne les concerne pas. La méthode utilisée pour notre recherche, pourrait, ici encore, les aider à surmonter cette crainte. Elle ouvre, en effet, la voie au travail en collaboration. Les missionnaires n'ont pas tous les mêmes aptitudes et les mêmes connaissances. Souvent la contribution qu'ils peuvent apporter est déterminée par les ministères qu'ils ont eu à remplir. Ainsi, tandis que certains sont mieux préparés à entreprendre l'analyse théologique des expériences étudiées, d'autres le sont pour les questions historiques et ethnologiques. Ceux qui sont engagés directement dans le travail pastoral peuvent mieux que quiconque fournir la description des expériences vécues. Aussi la méthode la mieux

15

adaptée pour l'analyse des expériences de vie chrétienne d'un groupe donné apparaît-elle être celle du travail en équipe où chacun apporte la contribution qu'il est le plus apte à fournir. L'entreprise apparaît alors non pas comme une tâche impossible et écrasante mais comme un travail stimulant et enrichissant en raison de la collaboration et du partage qu'il provoque entre les missionnaires.

Il suffit de lire l'analyse de l'expérience de la conversion contenue dans les chapitres IV et V pour se rendre compte que presque tout ce que les convertis ont dit sur ce qu'ils ont découvert dans l'annonce de la Bonne Nouvelle comme sur ce qu'ils ont voulu vivre et obtenir, reproduit l'enseignement kérygmatique et catéchétique de même que la formation spirituelle et morale qu'ils ont reçus. Les missionnaires pourraient reconstituer leur enseignement et la formation qu'ils ont donnée, à la lecture des témoignages des convertis. De ce point de vue, une recherche sur les expériences chrétiennes d'un groupe donné est utile non seulement pour le chercheur lui-même mais aussi, et peut-être davantage, pour les missionnaires. Il leur devient possible d'évaluer leur propre travail d'évangélisation, de découvrir ce qui est bon, ce qui est faible et même ce qui est défectueux dans leur présentation de la Bonne Nouvelle et dans la formation chrétienne qu'ils donnent. Grâce à cette appréciation de leur travail fournie par ceux qui en ont été l'objet, ils pourront garder et développer ce qui est bon, et entreprendre la réforme de ce qui est insatisfaisant.

Ainsi, à la lecture de l'analyse de la conversion des Basotho, les missionnaires pourront trouver plusieurs aspects positifs de leur évangélisation. Le plus beau et le plus riche est sans doute celui d'avoir su donner aux convertis le sens du mystère de la vie nouvelle en Dieu, qui s'obtient par une nouvelle naissance dans l'Esprit. Mais ils découvriront également des aspects qui demandent à être approfondis de nouveau. Il suffira d'en mentionner deux qui sont particulièrement évidents. Le premier a trait à la vie traditionnelle des Basotho. Nous avons vu, non seulement par l'histoire de l'Eglise au Lesotho mais aussi par les témoignages des convertis, que beaucoup de chrétiens s'achoppent à cette question. Ils ne savent pas comment établir les relations qui conviennent entre leur vie coutumière et leur vie chrétienne. Le problème s'aggrave d'autant plus que le processus de changements culturels n'a jamais été aussi accéléré et brutal qu'il ne l'est actuellement. Quel service précieux les missionnaires rendraient à leurs chrétiens s'ils se remettaient à l'étude de la culture sesotho afin de pouvoir leur proposer une solution juste qui soit, à la fois, respectueuse des impératifs de la foi et du mystère pascal, et des aspirations profondes des Basotho imparfaitement exprimées par leurs coutumes et leurs institutions.

Le second aspect de l'évangélisation qui demande à être réétudié est celui de l'emploi de la Parole de Dieu. A n'en pas douter, les missionnaires ont annoncé le mystère du salut proclamé par le Christ et les Apôtres. Mais l'analyse des témoignages des convertis a démontré qu'ils connaissaient peu la parole de Dieu elle-même. Les évangiles sont connus superficiellement alors que les Actes des Apôtres et les épîtres semblent être pratiquement ignorés. Le problème du contenu et de la forme du kérygme et de la catéchèse se pose donc à nouveau. Ces deux modes d'enseignement doivent-ils être d'abord un résumé de doctrine ou l'annonce de la Bonne Nouvelle dans les mots mêmes du Christ et des Apôtres? La compréhension du mystère pascal du Christ et des chrétiens aurait-elle été la même si ce mystère leur avait été d'abord annoncé directement avec les paroles de l'évangile et des Actes?

L'évaluation des expériences chrétiennes d'une jeune Eglise ne se justifie pas par le besoin de satisfaire une vaine curiosité. Elle a pour but de rendre service à tous, pasteurs et fidèles, afin que devienne réalité parmi eux le mystère de l'Eglise que l'Esprit Saint dévoila à Pierre. « Vous-mêmes, écrivait-il à ses chrétiens, comme pierres vivantes, prêtez-vous à l'édification d'un édifice spirituel pour un sacerdoce saint, en vue d'offrir des sacrifices spirituels agréables à Dieu par Jésus Christ ... Vous, vous êtes une race élue, un sacerdoce royal, une nation sainte, un peuple acquis, pour annoncer les louanges de Celui qui vous a appelés des ténèbres à son admirable lumière, vous qui jadis n'étiez pas un peuple et qui êtes maintenant le Peuple de Dieu, qui n'obteniez pas miséricorde et qui, maintenant, avez obtenu miséricorde. » (I Pierre, II, 5-10).

APPENDICE I

Questionnaire sur la conversion
préparé à l'intention des convertis [1]

1 - Date de naissance.
2 - Sexe.
3 - Etudes.
4 - Marié(e): oui, non?
5 - District civil de la résidence.
6 - Date de votre conversion.
7 - Date de votre baptême.
8 - Avant votre conversion à l'Eglise catholique, étiez-vous: a) calviniste? b) anglican? c) membre d'une autre Eglise chrétienne? d) païen?
9 - Etes-vous allé à l'école d'initiation?
10 - Qu'est-ce qui a suscité en vous, pour la première fois, le désir de vous convertir: a) les exemples des chrétiens? b) l'enseignement des prêtres et des catéchistes? c) votre époux(se) et votre famille? d) vos amis? e) les oeuvres de miséricorde des prêtres et des religieuses? f) autre chose? Si oui, quoi?
11 - Qu'est-ce qui vous a fait le plus peur lorsque vous avez commencé à penser à vous convertir?
12 - Avez-vous désiré vous convertir avant d'entendre parler du Christ?
13 - Avez-vous rêvé avant de penser à vous convertir? Si oui, à quoi avez-vous rêvé?
14 - Avez-vous entendu des voix mystérieuses qui vous parlaient lorsque vous pensiez à vous convertir?
15 - Si oui, selon vous, d'où venaient ces voix?
Qui sont ceux qui vous parlaient?
16 - Avant votre conversion, saviez-vous que Dieu vous aimait?
17 - Avant votre conversion, saviez-vous que vous deviez aimer Dieu? L'aimiez-vous?
18 - Lorsque les chrétiens vous ont expliqué qui était le Christ, qu'est-ce qui vous a le plus impressionné: a) sa conception, sa naissance et sa

---

[1] Le questionnaire remis aux convertis était rédigé en sesotho. La traduction française est de nous.

mort? b) sa résurrection? c) sa bonté pour les malades et les pauvres? d) ses miracles? e) sa miséricorde pour les pécheurs? f) sa divinité? g) autre chose? Si oui, quoi?

19 - Avant votre conversion, vous est-il arrivé de penser que vous aviez offensé Dieu?

20 - Pensiez-vous qu'il était possible d'obtenir le pardon de vos péchés? Si oui, par quels moyens?
Qui pouvait vous pardonner?

21 - Avant votre conversion, qu'est-ce qui vous a fait le plus de peine?

22 - Qu'est-ce qui vous a le plus poussé à vous convertir: a) une mortalité dans votre famille? b) une maladie? c) la perte d'animaux? d) un mariage? e) une naissance? f) autre chose? Si oui, quoi?

23 - En vous convertissant, pensiez-vous a) que vous auriez à changer un grand nombre de vos coutumes? b) que vous n'auriez rien à changer dans votre vie?

24 - Avez-vous pensé qu'en vous convertissant, vous seriez mieux soigné à la clinique de la mission?

25 - Avez-vous pensé qu'en vous convertissant, vous seriez plus facilement admis dans les écoles catholiques ou que vos enfants y seraient plus facilement admis?

26 - Pensiez-vous qu'en vous convertissant, vous trouveriez plus facilement du travail?

27 - Lorsque vous avez décidé de vous convertir, quelle est la première chose que vous avez voulu changer dans votre vie?

28 - Avant votre conversion, avez-vous fréquenté les dispensaires de l'Eglise catholique?

29 - La première fois que vous avez rencontré les Soeurs infirmières, qu'est-ce qui vous a le plus impressionné dans leur vie et leur travail?

30 - Avez-vous fréquenté l'école catholique avant votre conversion?

31 - Vos enfants ont-ils fréquenté l'école catholique avant votre conversion?

32 - Lorsque vous avez entendu prêcher les missionnaires avant votre conversion, compreniez-vous ce qu'ils enseignaient?

33 - Dans leur prédication, qu'est-ce que vous avez aimé le plus?

34 - Dans leur prédication, qu'est-ce que vous n'avez pas aimé?

35 - Dans le mode de vie des chrétiens, qu'est-ce qui vous a le plus encouragé à vous convertir?

36 - Avant votre conversion, qu'est-ce qui vous a le plus scandalisé dans la conduite des chrétiens?

37 - La conduite des chrétiens a) a-t-elle accéléré votre conversion? b) ou l'a-t-elle retardée?

38 - Qui s'est opposé le plus à votre conversion?
Pourquoi?

39 - Qui vous a le plus encouragé à vous convertir?
     Pourquoi?

40 - Avez-vous craint que les chrétiens ne vous ensorcellent pour vous
     forcer à vous convertir?

41 - Aujourd'hui, avez-vous l'impression que vous vous êtes converti en
     parfaite liberté ou non?

42 - Avant votre conversion, aviez-vous l'habitude de prier?
     Si oui, qui aimiez-vous prier le plus souvent?

43 - Lorsque vous avez pensé à vous convertir, avez-vous senti le besoin
     de prier davantage?
     Si oui, qui aimiez-vous prier le plus souvent?

44 - Avez-vous craint parfois que vous n'auriez jamais la force de vous
     convertir?

45 - Selon vous, d'où vous est venue la force de vous convertir?

46 - Vous êtes-vous converti a) seul? b) ou avec d'autres?

47 - Si vous vous êtes converti avec d'autres personnes, qui étaient-elles:
     a) des membres de votre famille? b) des amis? c) des inconnus?

48 - Selon vous, qu'est-ce qui est le mieux pour un Mosotho: a) se con-
     vertir seul? b) ou se convertir avec sa famille?

49 - Comment les anciens Basotho parlaient-ils de Dieu: a) comme L'ap-
     pellaient-ils? b) selon eux, où vivait-Il? c) que faisait-Il? d) comment
     les anciens Basotho L'honoraient-ils?

50 - a) selon vous, y a-t-il des différences entre le Dieu des anciens Ba-
     sotho et le Dieu des chrétiens ou s'agit-il du même Dieu? b) expli-
     quez votre réponse.

51 - Quels sont les contes sesotho qui vous ont le plus aidé à compren-
     dre qui sont le Christ et la Vierge Marie?

52 - Lorsque vous avez pris la décision de vous convertir, avez-vous pen-
     sé a) que vous faisiez plaisir à vos ancêtres? b) ou que vous leur
     déplaisiez?

53 - Est-ce qu'un Mosotho peut renoncer à ses ancêtres et continuer à
     être un Mosotho?

54 - Depuis votre conversion, qu'avez-vous fait pour vos ancêtres?

55 - Qu'est-ce qui vous a le plus impressionné dans l'attitude des chré-
     tiens au moment de la mort?

56 - Selon vous, quelles sont les coutumes sesotho qui sont conformes à
     la foi chrétienne?

57 - Selon vous, quelles sont les coutumes sesotho qui sont contraires à
     la foi chrétienne?

58 - Selon vous, quelles sont les coutumes que l'Eglise a condamnées mais
     qui ne sont pas contraires à la foi?

59 - Selon vous, quel est le commandement de Jésus qui impressionne
     le plus un païen?

60 - Quel est le commandement de Jésus qui plaît le plus à un païen?

61 - Les païens vous ont-ils dit que le christianisme était une religion pour les étrangers et non pour les Basotho?

62 - Si oui, comment avez-vous répondu à cette accusation?

63 - Quelles sont les coutumes sesotho que vous avez aimées le plus avant votre conversion?

64 - Quelles sont les coutumes sesotho qui ont retardé le plus votre conversion?

65 - Quand un païen dit qu'il a commis une faute, que veut-il dire? Qui a-t-il offensé?

66 - Pour un païen, quelle est la plus grande faute?

67 - Selon vous, quelles différences y a-t-il entre le péché pour un païen et le péché pour un chrétien?

68 - Lorsque vous avez commencé à écouter l'enseignement de Jésus, avez-vous cru et accepté que vous étiez un pécheur?

69 - Si oui, avez-vous alors désiré obtenir le pardon de vos fautes? Qu'avez-vous fait pour l'obtenir?

70 - A ce moment-là, qu'est-ce qui vous est apparu comme étant votre plus grand péché?

71 - Avez-vous pensé qu'en vous convertissant, vous ne pourriez plus vivre comme les autres Basotho?

72 - Qu'est-ce qui a été le plus dur et le plus pénible pour vous lorsque vous avez décidé de vous convertir?

73 - Avant votre conversion, aimiez-vous fréquenter les chrétiens?

74 - Avant votre conversion, alliez-vous parfois à l'église catholique?

75 - Qu'avez-vous aimé le plus la première fois que vous êtes allé à l'église?

76 - Qu'est-ce que vous n'avez pas aimé la première fois que vous êtes allé à l'église?

77 - Quelles sont les cérémonies de l'Eglise qui ressemblent le plus aux cérémonies sesotho?

78 - Lorsque vous avez commencé à fréquenter les chrétiens, a) qu'est-ce qui vous a plu davantage chez euz?
b) qu'est-ce qui vous a déplu davantage chez eux?

79 - Selon vous, la force de vous convertir vous est venue: a) de vous seul? b) du Christ seul? c) de la prière et de l'exemple des chrétiens seulement? d) du Christ, des chrétiens et de vous, ensemble?

80 - Quelles différences avez-vous trouvées entre les sacrements et les médecines sesotho?

81 - Quelles sont les paroles de Jésus qui vous ont le plus impressionné?

82 - Quelles sont les paroles de Jésus qui vous ont le plus consolé et vous ont causé le plus de joie?

83 - Quelle est la parabole de Jésus qui vous a le plus impressionné?

84 - Quelle est celle qui vous a le plus encouragé?

85 - Selon vous, quelle est l'action la plus importante que le Christ ait faite pour vous et pour tous les hommes?

86 - Avez-vous pensé qu'en vous convertissant, a) toute votre vie serait changée? b) que rien n'y serait changé? c) que certaines choses seulement y seraient changées?

87 - Le jour de votre conversion, quel geste avez-vous posé pour bien montrer à votre famille et aux gens de votre village que vous vous étiez vraiment converti?

88 - Selon vous, quand avez-vous reçu le pardon de vos péchés: a) quand vous avez cru en Jésus et Lui avez demandé pardon? b) ou quand vous avez été baptisé?

89 - Avez-vous hésité fortement avant de prendre la décision de vous convertir?

90 - Si oui, qu'est-ce qui vous a fait hésiter le plus?

91 - Avez-vous tenté de fuir les chrétiens pour ne pas vous convertir?

92 - Lorsque vous avez pensé à vous convertir, avez-vous craint que l'Eglise ne vous demande trop ou qu'Elle ne soit trop exigeante? Si oui, en quoi?

93 - Avez-vous pensé que de devenir chétien serait pour vous a) impossible? b) difficile? c) facile?

94 - Lorsque vous avez pris la décision de vous convertir, croyiez-vous au Christ?

APPENDICE II

QUESTIONNAIRE SUR LA CONVERSION
PRÉPARÉ À L'INTENTION DES MISSIONNAIRES [1]

1 - *Les convertis*:

    a) Vos convertis viennent-ils surtout du protestantisme ou du papagnisme?

    b) Quelle est la proportion entre les païens et les protestants?

    c) Dans une famille, quels sont ceux qui se convertissent le plus plus facilement: a) le père? b) la mère? c) les enfants?

    d) Parmi vos convertis, y en a-t-il beaucoup qui n'arrivent jamais au baptême?

    e) Pourquoi ne parviennent-ils pas au baptême?

2 - *Ministère auprès des païens*:

    a) Dans votre mission, se fait-il un ministère spécial auprès des païens?

    b) Si oui, en quoi consiste ce ministère et par qui est-il fait?

    c) Si aucun ministère n'y est fait, pourquoi en est-il ainsi?

    d) Ordinairement, comment un converti vient-il à l'Eglise: 1) le trouvez-vous vous-même? 2) les chrétiens le trouvent-ils eux-mêmes?

3 - *Les agents de la conversion*:

D'après votre expérience, quel rôle jouent dans la conversion:

    a) votre prédication?

    b) votre ministère auprès des familles?

    c) les catéchistes?

    d) les membres des mouvements d'action catholique?

    e) la vie des chrétiens?

    f) le témoignage des religieux?

    g) les écoles?

    h) les dispensaires et les hôpitaux?

---

[1] Le questionnaire remis aux missionnaires était rédigé en anglais. La traduction française est de nous.

4 - *Certains aspects psychologiques de la conversion*:

     a) Avez-vous connu des convertis qui vous ont confié s'être convertis après avoir rêvé, avoir eu des visions ou avoir entendu des voix mystérieuses?

     b) Si oui, combien de cas semblables avez-vous eus?

     c) Ordinairement, de quoi était-il question dans ces rêves ou dans ces visions?

     d) Avez-vous connu des convertis qui se sont convertis sous l'influence d'une crainte qu'ils ne pouvaient s'expliquer?

     e) Si oui, combien de cas semblables avez-vous eus?

     f) Avez-vous connu des païens qui sont passés par une crise psychologique ou morale au temps de leur conversion?

     g) Si oui, quelles furent les causes de cette crise?

     h) D'après votre expérience, la conversion est-elle l'effet d'une décision instantanée ou le résultat d'une longue maturation où alternent les hésitations et les décisions?

5 - *Les motifs de la conversion*:

     a) Quels sont les motifs imparfaits et les motifs faux de conversion que vous avez rencontrés chez vos convertis?

     b) Quels sont les motifs vrais de conversion que vous avez rencontrés chez vos convertis?

     c) La majorité des Basotho se convertissent-ils pour des motifs vrais ou pour des motifs faux?

     d) Ordinairement, qu'arrive-t-il à ceux qui se convertissent pour des motifs imparfaits?

6 - *Dieu et la conversion*:

     a) Les païens qui désirent se convertir ont-ils une certaine notion de Dieu?

     b) Pensez-vous que Dieu exerce une certaine influence sur leur vie?

     c) Parlent-ils de Dieu comme s'Il était une personne ou comme s'Il était un être inanimé?

     d) Pensez-vous que les païens identifient Dieu, les esprits et les ancêtres?

     e) Avez-vous observé une certaine vie de prière chez les païens?

     f) Si oui, qui prient-ils?

7 - *Le Christ et la conversion*:

     a) Avez-vous connu des païens qui ont demandé de se convertir et qui ne connaissaient pas le Christ?

b) Ordinairement, que signifie le Christ pour les païens qui veulent se convertir?

c) Dans la personnalité du Christ, qu'est-ce qui les attire le plus? Qu'est-ce qui les en éloigne le plus?

8 - *L'Eglise et la conversion*:

a) Avez-vous connu des païens qui ont demandé de se convertir et qui ne connaissaient rien de l'Eglise?

b) Ordinairement, que signifie l'Eglise pour les païens qui veulent se convertir?

c) Croyez-vous que les Basotho se convertissent surtout pour devenir membres de l'Eglise ou pour des raisons purement personnelles et d'ordre spirituel?

9 - *Le péché et la conversion*:

a) Croyez-vous que les païens savent ce que sont le péché, la culpabilité et le regret?

b) Si oui, en quoi consiste le péché pour eux?
Comment expriment-ils leur regret?

c) Ordinairement, ceux qui se convertissent, sont-ils conscients d'avoir péché au cours de leur vie?

d) D'après votre expérience, quel rôle joue dans la conversion des païens la réalisation qu'ils ont offensé Dieu?

10 - *Obstacles à la conversion*:

a) Quelles sont les habitudes et les coutumes des Basotho que vous considérez comme de véritables obstacles à la conversion?

b) Ordinairement, quels sont ceux qui s'opposent le plus facilement à la conversion, tant pour eux-mêmes que pour les autres?

11 - *Facteurs favorables à la conversion*:

a) Ordinairement, quelles sont les habitudes et les coutumes des Basotho que vous considérez comme des facteurs favorables à la conversion?

b) Ordinairement, quels sont ceux qui sont le mieux disposés envers la conversion, tant pour eux-mêmes que pour les autres?

12 - *L'Evangile et la conversion*:

a) D'après vous, quels sont les aspects de l'évangile qui répondent le mieux aux aspirations des païens et qui, le plus souvent, provoquent leur conversion?

b) Quels sont les aspects de l'évangile qui, à première vue, leur répugnent et qui ont pour effet de retarder leur conversion?

13 - *Caractéristiques de la conversion*:

a) Les Basotho voient-ils leur conversion comme une question purement personnelle ou comme une démarche qui a des implications d'ordre social?

b) Pour eux, la conversion est-elle une décision purement humaine ou un effet de la grâce?

14 - *Les effets de la conversion*:

a) Ordinairement, les convertis sont-ils conscients des changements spirituels et moraux qu'exigera leur conversion?

b) Ordinairement, sont-ils disposés à entreprendre ce travail de transformation personnelle?

c) Ordinairement, ceux qui se convertissent, croient-ils en Dieu et au Christ?

d) Pensez-vous qu'un converti qui croit au Christ et Lui demande le pardon de ses fautes puisse être pardonné?

e) Pensez-vous qu'un converti qui, au moment de sa conversion, fait un acte véritable de foi, puisse recevoir la grâce sanctifiante et les vertus théologales?

f) Ordinairement, qu'enseignez-vous à vos convertis à ce sujet?

BIBLIOGRAPHIE

I - Histoire

1. Sources

a. Manuscrits

MASERU, The Archives of the Archdiocese of Maseru.

Status Missionum de l'archidiocèse de Maseru pour les années 1959, 1960, 1965 et 1971.

Status Missionum du vicariat apostolique du Basutoland, pour les années 1931 à 1952.

MASERU, The National Archives of Lesotho.

Basutoland Ecclesiastical Return, Census 1904.

Basutoland Census, 1904.

Basutoland Educational Return, 1904.

MAZENOD, The Archives of the Lesotho Oblate Province.

LANGEVIN Albert, *L'Afrique de demain par analogie à l'Afrique d'aujourd'hui,* Roma [sans date], 153 p.

LAYDEVANT François, o.m.i., *Le Révérend Père François LeBihan, o.m.i.,* [sans lieu ni date], 135 p.

LEBIHAN François, o.m.i., *Mes réminiscences sur la religion caffre* (sic), [sans lieu ni date], 27 p.

ROME, Les Archives de la maison générale des Missionnaires Oblats de Marie Immaculée.

ALLARD François, o.m.i., *Mémoires pour servir à l'histoire de la mission catholique de Natal, 1er janvier 1856 - 26 décembre 1868,* [sans lieu ni date], 190 p.

GERARD Joseph, o.m.i., *Codex Historicus de la Mission de Roma, 1864-1875,* 206 p.

————, *Codex Historicus de la Mission de Ste-Monique, 1875-1896,* 67 p.

————, *Notes de retraites,* 1863-1907, 59 p.

LAYDEVANT François, o.m.i., *Le Basutoland,* [sans lieu ni date], 239 p.

b. Ouvrages polycopiés

Le Père Gérard nous parle, Volume 2, *Son premier séjour à Roma, 1862-1875,* Roma, the Social Centre, 1969, 150 p. Volume 3, *Son séjour*

à Ste-Monique, 1876-1897, Roma, The Social Centre, 1970, 112 p.
Volume 4, *Son deuxième séjour à Roma, 1898-1914,* Roma, The
Social Centre, 1972, 112 p.

c. Livres

BONHOMME Joseph-Cyprien, o.m.i., *Lettres pastorales de Son Excellence
Mgr Joseph-Cyprien Bonhomme, o.m.i., évêque de Tulana, vicaire
apostolique du Basutoland, 1933-1939,* [sans lieu ni date], 140 p.
HALPERN Jack, *South Africa's Hostages, Basutoland Bechuanaland and
Swaziland,* Harmondsworth, Penguin Books, 1965, XV, 496 p.
LAGDEN Godfrey Sir, *The Basutos, the Mountainers and their country,
being a narrative of the events relating to the tribe from its for-
mation early in the nineteenth century to the present day,* London,
Hutchison, 1909, Vol. I, XVI, 337 p. Vol. II, XII, 345 p.
The Oxford History of South Africa, edited by Monica Wilson and Leo-
nard Thompson, Oxford, Clarendon Press, Vol. I, *South Africa to
1870,* 1969, XXIII, 502 p. Vol. II, *South Africa 1870-1966,* 1971,
XV, 584 p.

d. Périodiques

Missions de la Congrégation des Missionnaires Oblats de Marie Immaculée.
Années consultées: 1862 à 1953.
Les *Missions* sont publiées par l'administration générale des Oblats
de Marie Immaculée pour usage interne. Cette publication contient
les documents officiels de l'administration générale, les rapports des
chapitres généraux, des lettres et des articles de missionnaires tra-
vaillant en pays de missions.
Vinculum, années consultées: 1948 à 1970.
Vinculum est un bulletin d'information publié par l'archidiocèse de
Maseru. Il contient les circulaires de l'archevêque, des études sur
des points de doctrine et de pastorale, et des nouvelles sur l'archidiocèse et le Lesotho.
Vivant Univers, no. 284 (1973).
Voix du Basutoland, Années consultées: 1941 à 1964.
Cette revue était publiée par les missionnaires du Lesotho à l'inten-
tion de leurs parents et bienfaiteurs. Elle est entièrement consacrée
à l'activité des missionnaires.

2. *Autres ouvrages consultés*

a. Livres

African Systems of Kinship and Marriage, ed. by A. R. Radcliffe-Brown
and Daryll Forde, London, Oxford University Press, 1950, 339 p.

ASHTON Hugh, *The Basuto,* London, Oxford University Press, 1955, XI, 355 p.

BONHOMME Joseph Cyprien, *Noir Or, Le Basutoland Mission Noire Moisson d'or,* Montréal, les Missionnaires Oblats de M. I., [sans date], 281 p.

CASALIS Eugène, *Les Bassoutos, ou vingt-trois années d'études et d'observations au sud de l'Afrique,* Paris, Société des Missions Evangéliques, 1933, 435 p.

————, *Mes Souvenirs,* Paris, Société des Missions Evangéliques, 1933, 358 p.

ELLENBERGER D. Fred, *History of the Basuto, Ancient and Modern,* written in English by J. C. Macgreggor, London, Caxton, 1912, XXII, 393 p.

ELLENBERGER V., *Un siècle de mission au Lessouto (1833-1933),* Paris, Société des Missions Evangéliques, 1933, 447 p.

FERRAGNE Marcel, *Elle a visité son peuple, Notre-Dame de Fatima au Basutoland,* Roma (Lesotho), *Voix du Basutoland,* 1951, 130 p.

HAILEY Lord, *Native Administration in the British African Territories,* Part V, *The High Commission Territories: Basutoland, The Bechuanaland Protectorate and Swaziland,* London, Her Majesty's Stationery Office, 1953, 447 p.

HASTINGS Adrian, *Church and Mission in Modern Africa,* London, Burns and Oates, 1967, 263 p.

JOUSSE Théophile, *La Mission française évangélique au sud de l'Afrique, son origine et son développement jusqu'à nos jours,* Vol. II, Paris, Librairie Fischbacher, 1889, 403 p.

Kingdon of Lesotho 1966 Population Census Report, Vol. I, Part. I. *Administrative, Methodological and Financial Report,* Part II, *Census Tables,* Maseru, The Bureau of Statistics, 1968, 216 p.

LEFLON Jean, *Eugène de Mazenod, Evêque de Marseille, Fondateur des Missionnaires Oblats de Marie Immaculée, 1782-1861,* Tome III, *l'oeuvre pastorale et missionnaire, adaptation et extension, 1838-1861,* Paris, Plon, 1965, 861 p.

Lesotho, London, Central Office of Information, 1966, 32 p.

Lesotho, Report for the Year 1971, Maseru, Department of Information, 1973, 230 p.

MAIROT François, o.m.i., *Suivez le guide, Petite histoire des missions du Lesotho,* Mazenod, Mazenod Book Centre, [sans date], 300 p.

ROCHE Aimé, o.m.i., *Clartés Australes, Joseph Gérard, o.m.i., Le prêtre bien-aimé des Basotho, 1831-1914,* Lyon, Editions du Chalet, 1951, 399 p.

SACHOT Joseph, o.m.i., *Chez les Apollons de bronze,* Paris, éditions Spes, 1946, 364 p.

SPENCE J. E., *Lesotho, The Politics of Dependence,* London, Oxford University Press, 1968, 88 p.

Survey of African Marriage and Family Life, edited by Arthur Phillips, London, Oxford University Press, 1953, XLII, 462 p.

b. Articles

LAYDEVANT François, o.m.i., *Etude sur la famille en Basutoland,* dans *Journal de la Société des Africanistes,* Tome I, Fascicule II, 1931, pp. 205-257.

———, *L'Enfance chez les Basuto,* dans *Annali Lateranensi,* Vol. XII (1948), pp. 207-279.

———, *Les plantes et l'ethnologie au Basutoland,* dans *Annali Lateranensi,* Vol. VI (1942), pp. 237-284.

———, *Les rites de l'initiation au Basutoland,* dans *Anthropos,* Vol. XLVI (1951), pp. 221-255.

II - THÉOLOGIE

1. *Magistère*

Concile Oecuménique Vatican II. Pour notre travail, nous nous sommes servi exclusivement de la traduction française des documents conciliaires publiée par les Editions du Centurion dans la série « *Documents Conciliaires* ».

Enchiridion Symbolorum Definitionum et Declarationum de Rebus Fidei et Morum, cura Henrici Denzinger, Barcelona, Herder, 1951, XXXII, 688, 6, [71] pages.

2. *Ecriture Sainte*

La Sainte Bible traduite en français sous la direction de l'Ecole Biblique de Jérusalem, Paris, les Editions du Cerf, 1956, XV, 1669 pages. Dans tout le travail, seul ce texte français a été utilisé.

3. *Ouvrages fondamentaux*

a. Livres

AUBIN Paul, s.j., *Le Problème de la "Conversion", étude sur un terme commun à l'hellénisme et au christianisme des trois premiers siècles,* Paris, Beauchesne, 1963, 236 p.

BERGOUNIOUX F. M., o.f.m., et GOETZ Joseph, s.j., *Les religions des préhistoriques et des primitifs,* col. Je sais Je crois, Paris, Fayard, 1958, 123 p.

Grands Thèmes Bibliques, avec la collaboration de M. E. Boismard, A.

Descamps, A. Gellin, J. Giblet, J. Guillet, Soeur Jeanne d'Arc, A. Lefèvre, X. Léon-Dufour, J. Pierron, C. Spicq, Paris, Editions du Feu Nouveau, 1958, 190 p.

MASSON J., s.j., *L'Attività Missionaria della Chiesa,* Torino-Leumann, Elle Di Ci, 1967, 622 p.

MAURIER Henri, *Essai d'une Théologie du Paganisme,* Paris éd. de l'O-rante, 1965, 327 p.

S. THOMAE AQUINATIS, *Summa Theologiae,* cura et studio Sac. Petri Caramello, cum textu ex recensione Leonina, Taurini-Romae, Marietti, 1952.

Vocabulaire de Théologie Biblique, publié sous la direction de Xavier Léon-Dufour et de Jean Duplacy, Augustin George, Pierre Grelot, Jacques Guillet, Marc-François Lacan, Paris, Editions du Cerf, 1964, XXVIII, 1158 col.

b. Articles

CONGAR Y.-M.-J., *La Conversion, Etude théologique et psychologique,* dans *Parole et Mission,* no. 11 (1960), pp. 493-522.

DUPLACY J., *Fidélité,* dans *Catholicisme,* T. IV, col. 1269-1275.

———, *Foi, Ecriture Sainte,* dans *Catholicisme,* T. IV, col. 1370-1378.

GOETZ Joseph, s.j., *Le Péché chez les primitifs, Tabou et péché,* dans *Théologie du péché,* Paris, Desclée, 1960, pp. 125-188.

LIEGE P.-A., *Foi, Sources dogmatiques, Elaboration théologique,* dans *Catholicisme,* T. IV, col. 1378-1397.

PINARD de la BOULLAYE Henry, *Conversion,* dans *Dictionnaire de Spiritualité Ascétique et Mystique, Doctrine et Histoire,* T. II, deuxième partie, col. 2224-2265.

4. *Autres ouvrages*

a. Livres

BARDY Gustave, *La Conversion au Christianisme durant les premiers siècles,* Paris, Aubier, 1949, 336 pages.

BOUILLARD Henri, *Conversion et Grâce chez S. Thomas d'Aquin, étude historique,* Paris, Aubier, 1944, XV, 246 p.

CAPERAN Louis, *Le Problème du Salut des Infidèles, Essai historique,* Toulouse, Grand Séminaire, 1934, XI, 616 p.

CERFAUX Lucien, *Le Chrétien dans la théologie paulinienne,* Paris, éd. du Cerf, 1962, 539 p.

———, *Le Christ dans la théologie de saint Paul,* Paris, éd. du Cerf, 1951, 435 p.

DANIELOU Jean, *Approches du Christ,* Paris, Bernard Grasset, 1960, 254 p.

———, *Le Mystère du Salut des Nations,* Paris, Editions du Seuil, 1948, 144 p.

————, *Les Saints "Päiens" de l'Ancien Testament,* Paris, éditions du Seuil, 1956, 176 pages.

DURRWELL F. X., c.ss.r., *La Résurrection de Jésus Mystère du Salut, étude biblique,* Le Puy-Paris, éd. Xavier Mappus, 1954, 432 p.

GALOT Jean, s.j., *La Rédemption Mystère d'alliance,* Paris-Bruges, Desclée de Brouwer, 1965, 401 p.

LIGIER Louis, *Péché d'Adam et Péché du Monde,* T. I, *l'Ancien Testament,* 1960, 321 p. T. II, *le Nouveau Testament,* 1961, 487 p. Paris, Aubier.

NYS Hendrick, o.p., *Le Salut sans l'Evangile, étude historique et critique du problème du "salut des infidèles" dans la littérature théologique récente (1912-1964),* Paris, éd. du Cerf, 1966, 296 p.,

SEUMOIS André, o.m.i., *La Papauté et les Missions au cours des six premiers siècles, Méthodologie antique et orientations modernes,* Paris, Eglise Vivante, 1953, 224 p.

SPICQ C., o.p., *Théologie morale du Nouveau Testament,* Paris, librairie Lecoffre, 1965, T. I, 480 p.

b. Articles

ANTOINE Pierre, s.j., *Vous n'êtes plus esclaves mais fils,* dans *Christus,* no. 45 (1965), pp. 56-70.

BOISMARD M. E., *Conversion et vie nouvelle dans saint Paul,* dans *Lumière et Vie,* no. 47 (1960), pp. 71-94.

BOUYER L., *Les deux économies du gouvernement divin, Satan et le Christ,* dans *Initiation Théologique,* T. II, *Dieu et Sa Création,* Paris, éd. du Cerf, 1952, pp. 503-536.

BUIS Pierre, *Portée missionnaire du discours à l'aréopage,* dans *Spiritus,* no. 17 (1963), pp. 354-360.

CAMBIER Jules, s.d.b., *La liberté chrétienne selon saint Paul,* dans *Lumière et Vie,* no. 61 (1963), pp. 5-40.

CERFAUX Lucien, *Le monde päien vu par saint Paul,* dans *Recueil Lucien Cerfaux,* T. II, Gembloux, éd. Duclot, 1954, pp. 415-424.

CHARLES Pierre, s.j., *Théologie de la conversion, Théorie catholique et théorie protestante,* dans *Les Conversions, compte-rendu de la huitième semaine de missiologie de Louvain, 1930,* Louvain, éd. Museum Lessianum, 1930, pp. 28-38.

COUTURIER Charles, s.j., *Les saints päiens selon saint Augustin,* dans *Spiritus,* no. 17 (1963), pp. 392-404.

DANIELOU Jean, *Christianisme et religions non-chrétiennes,* dans *Etudes,* Tome 321 (1964), pp. 323-336.

DEMAN Th., *Compte-rendu sur le livre de H. Bouillard, s.j., Conversion et grâce chez S. Thomas d'Aquin,* dans *Bulletin Thomiste,* Tome VII, pp. 46-58.

DUPONT Jacques, o.s.b., *La conversion dans les Actes des Apôtres*, dans *Lumière et Vie*, no. 47 (1960), pp. 48-70.

DUQUOC C., *Les croyants, des hommes libres*, dans *Lumière et Vie*, no. 61 (1963), pp. 148-169.

FEUILLET A., p.s.s., *Le plan salvifique de Dieu d'après l'Epître aux Romains*, dans *Revue Biblique*, 1950, pp. 336-387, 489-529.

GILLON J.-B., *Théologie de la grâce*, dans *Revue Thomiste*, 1946, pp. 603-612.

GOETZ Joseph, s.j., *Dieu lointain et puissances proches dans les religions coutumières*, dans *Studia Missionalia*, vol. 21 (1972), pp. 21-55.

JERPHAGNON Lucien, *Influence apostolique et liberté*, dans *Nouvelle Revue Théologique*, Tome 81 (1959), pp. 811-823.

LACAN Marc-François, o.s.b., *Conversion et royaume dans les Evangiles synoptiques*, dans *Lumière et Vie*, no. 47 (1960), pp. 25-47.

MAURIER H., p.b., *Lecture de la déclaration par un missionnaire d'Afrique*, dans *Les Relations de l'Eglise avec les religions non chrétiennes, Déclaration Nostra Aetate*, col. *Unam Sanctam*, no. 61, Paris, éd. du Cerf, 1966, pp. 119-160.

MOLLAT Donatien, *Ils regarderont Celui qu'ils ont transpercé, la conversion chez saint Jean*, dans *Lumière et Vie*, no. 47 (1960), pp. 95-114.

NEBREDA Alphonse, s.j., *La conversion, clef de voûte de l'action missionnaire*, dans *Lumen Vitae*, 1963, pp. 481-498.

PIERRON Joseph, *Regards de Paul sur les mondes à évangéliser*, dans *Spiritus*, no. 17 (1963), pp. 361-376.

5. Ouvrages non théologiques consultés

ALLIER Raoul, *La Psychologie de la Conversion chez les Peuples non-civilisés*, Tome I, *Les Prodromes de la crise, la crise*, Paris, Payot, 1925, 595 pages.

BAUMANN H. et WESTERMANN D., *Les Peuples et les Civilisations de l'Afrique*, suivi de *Les Langues et l'Education*, Paris, Payot, 1957, 605 pages.

DHAVAMONY Mariasusai, *Phenomenology of Religion*, Rome, Gregorian University Press, *Documenta Missionalia*, no. 7, 1973, XI, 335 pages.

ELIADE Mircea, *Traité d'Histoire des Religions*, Paris, Payot, 1949, 405 pages.

LUZBETAK Louis-J., s.v.d., *L'Eglise et les Cultures, une anthropologie appliquée pour l'ouvrier apostolique*, Bruxelles, éd. *Lumen Vitae*, 1968, 431 pages.

TABLE DES MATIERES